빈 카페 & 디자인숍

빈을
소개합니다

국립중앙도서관 출판시도서목록(CIP)

빈을 소개합니다 = Vienna guide : culture & design
/ 노시내 지음.
-- 서울 : 마티, 2013
p.352 ; 150×198㎜

ISBN 978-89-92053-74-7 03920 : ₩16000

빈(오스트리아)[Wien]
925.5-KDC5
943.604-DDC21
CIP2013001338

모던하고 빈티지한 도시

빈을
소개합니다

Vienna Guide:
Culture & Design

노시내 지음

마티

차례

어제의 빈, 오늘의 빈

가톨릭 문화권에서는 매년 11월 1일을 '만성절'이라 하여 모든 성인을 기념하는 축일로 지정해 지킵니다. 오스트리아에서는 만성절이 아예 법정 공휴일이어서, 이날 오스트리아 사람들은 우리가 추석에 성묘하듯 조상의 묘를 찾아 꽃을 놓고 촛불을 밝힙니다. 평소에 고요하던 묘지들이 성묘객으로 북적이고 화사한 꽃들로 뒤덮이는 모습이 장관입니다. 빈 외곽에 위치한 면적 2.5제곱킬로미터의 빈 중앙묘지(Wiener Zentralfriedhof)에도 매해 만성절이면 어김없이 빈 시민 수천 명의 참배객이 몰려듭니다. 넓이로 유럽에서 두 번째, 무덤 숫자로 유럽 최대라는 방대한 규모도 주목할 만하지만, 이곳을 인상적으로 만드는 요소는 또 있습니다. 슈베르트, 베토벤, 살리에리, 요한 슈트라우스 부자, 브람스 등 빈에서 활동했던 쟁쟁한 작곡가들이 묻혀 있고 (단 모차르트는 빈 3구에 있는 성 마르크스 묘지에 엉성하게 공동매장되어 시신의 행방을 알 수 없고 중앙묘지에는 기념묘석만 서 있습니다), 요제프 호프만, 아돌프 로스, 카를 크라우스 같은 세기말 건축가와 문인들, 요절한 대중가수 팔코, 무조음악의 창시자 아르놀트 쇤베르크의 묘석들도 눈에 띕니다. 여행객의 입장에서는 빈을 빈답게 만들어준 세계적인 유명인들의 묘비 사이에서 특별한 감흥을 느껴볼 수 있는 곳입니다.

　　그런데 가만있자, 아르놀트 쇤베르크는 함께 언급한 다른 인물들과는 달리 무덤은 빈에 있지만 빈에서 사망하지 않았군요. 빈 출신 유대인인 그는 1930년대에 나치를 피해 미국으로 피신했다가 전쟁이 끝난 후에도 귀향하지 않은 채 1951년 로스앤젤레스에서 타계해 고인이 되어서야 고향 땅으로 돌아왔습니다. 역시 빈에서 태어난 유대인 과학철학자 칼 포퍼는 뉴질랜드와 영국에서 많은 시간을 보낸 후 한줌의 재가 되어 빈으로 돌아왔습니다. 그리고 포퍼와 친했고 노벨경제학상을 수상한 자유주의 경제학자 프리드리히 하이에크도 영국과 미국에 체류하는 동안 두 나라 경제사상에 엄청난 영향을 끼친 뒤 타향에서 별세한 후에야 빈에 돌아와 묻혔습니다. 오스트리아 땅에 일찌감치 사민주의를 확립시킨 이론가 겸 정치가 오토 바우어는 파리 망명 중에 사망해 2차 세계대전이 끝난 뒤 파리에서 빈으로 이장됐습니다.

이렇게 사후에라도 돌아온 이들이 있는가 하면, 또 죽어서도 귀향하지 않아서 빈의 묘지에서 찾아볼 수 없는 이름들이 있습니다. 예컨대 정신분석학의 창시자 지그문트 프로이트와 논리실증주의와 분석철학의 대가 루트비히 비트겐슈타인은 영국에 묻혔고, 오스트리아 헌법을 기초한 법실증주의자 한스 켈젠과 경제발전의 본질이 혁신과 '창조적 파괴'임을 꿰뚫어본 요제프 슘페터, 명감독 빌리 와일더와 프리츠 랑은 미국에, 소설가 슈테판 츠바이크는 브라질에, 표현주의 화가 오스카 코코슈카는 스위스에 각각 잠들어 있습니다. 나치즘의 부상과 2차 세계대전이라는 비극이 없었더라면 아마도 계속 빈을 주요 무대 삼아 활약하다 빈에서 사망해 거대한 이곳 중앙묘지나 그린칭, 히칭, 되블링 묘지 등 각 구역 주민들을 위해 마련된 동네 묘지에 안장되었을 인물들이, 파시즘의 득세, 그리고 나치 독일의 오스트리아 병합이라는 역사적 격랑을 맞아 빈을 떠나 외국에서 생을 마감한 것입니다. 흥미를 돋우는 것은, 역설적이게도 바로 그랬기 때문에 빈에서 싹튼 다양하고 혁신적인 사상과 예술사조가 전 세계로 더욱 활발하게 확산되면서 여러 변종을 만들어내며 진화해갔다는 사실입니다. 그 문화적 유산은 세계 지성사에 자양이 되었고 20세기의 틀을 이루는 데 지대한 영향을 끼쳤습니다.

　　　2차 세계대전이 끝난 후 오스트리아인들은 빈으로부터 비롯된 사상과 문화가 세상에 남긴 유산에 대한 자긍심과 함께, 그 유산을 퍼뜨리는 과정이 자기들이 기꺼이 지지했던 나치즘을 피해 외국으로 망명한 사상가들을 통한 것이었다는 데 대한 무안함이라는 이중적인 감정에 직면해야 했습니다. 그런 양면적 감정의 무게는 빈 사회를 무지근히 짓누르면서 직설법을 피하고 모호하게 에두르는 편을 선호하는 사회를 만들어 갔습니다. 그나마 냉전시대에는 유럽 가장 동편에서 동유럽 공산국가와 코를 맞대고 있는 서유럽 도시로서 다른 서방국가들의 비호와 중립주의라는 방패 아래 과거사 문제를 외면하는 일이 가능했지만, 성찰 없이 미래로 나아갈 수는 없다는 교훈을 증명이라도 하듯 오스트리아 사회는 결국 과거의 소용돌이에 휘말리기 시작했습니다. 결정적으로 1980년대에 일어난 이른바 발트하임 사건("헬덴플라츠" 참조)은 사회 전체를 과거청산과 반성을 촉구하는 측과 부인과 변명으로 일관하는 측으로 쪼개놓았습니다. 적어도 이전과 달라진 부분이 있다면 옛날에는 아예 논의조차 되지 않던 문제가 전 국가적으로 이슈화되었다는 점, 세대가 바뀌면서 많은 젊은이들이 이전 세대의 행태에 의문을 제기하고 반성과 엄정한 역사적 평가를 촉구하게 되었다는 점이지요. 그러나 한편으로는 이 예민한 이슈가 도리어 일부 극렬한 우경화 현상을 촉발한 것도 사실이어서, 과거사를 둘러싼 양

분화 현상은 지금까지도 수도 빈의 정치판에서 좌우를 가르는 하나의 기준점으로 작동하고 있습니다.

한편으로 빈을 조금 관찰하면 뚜렷이 모습을 드러내는 또 하나의 양면성이 있습니다. 바로 격식과 비격식의 공존입니다. 사민주의의 탄탄한 아성인 빈은 평등사상이 구석구석까지 스며들어 있는 도시지만, 붕괴한 지 벌써 100년이 다 되어가는 합스부르크 시대 예법의 잔재들이 남아 엉뚱한 곳에서 그 모습을 불쑥 드러내곤 합니다. 격식과 전통은 본성상 보수주의자들이 더 엄격히 고수하는 것은 사실이지만, 때로는 정치성향과 무관하게 빈 사회의 보편적인 성향으로 표출되는 경우도 적지 않습니다. 대표적인 예가 학위와 직함에 연연하는 현상입니다.

예를 들어 현지인들에게 받은 명함이나 이메일 서명란 등을 살펴보면 석사학위부터 시작해 그 사람이 지닌 학위와 직함 일체가 들어갑니다. 웬만한 상점 매니저의 명함에도 어김없이 마기스터(Magister: 석사)를 자랑스레 적어둡니다. 오스트리아는 최근에 일부 학사제도를 도입하긴 했지만 보통은 대학에 진학하면 5~6년 공부하고 석사로 졸업하는 시스템이어서 명함에 석사라고 적는 것은 '나 대졸임' 하고 자랑하는 거나 마찬가지죠. 제가 받은 인상적이었던 명함은 한 치과의사였습니다. 성명 앞에 "대학교수, 박사, 박사 아무개" 이렇게 적혀 있더군요. 의사 겸 교수에 박사학위가 두 개씩이나! 그런데 오스트리아는 박사가 흔한 편이고 명예박사도 많아서 위의 치과의사의 경우 '박사님'이 아닌 그보다 희귀해서 격이 높은 '교수님'으로 불리게 됩니다. 이런 분들은 어딜 가나 깍듯한 예우를 받는 것은 물론이고 거기다 옷까지 번듯하게 입으면 대접은 한층 더 좋아집니다. 빈의 옷가게나 가구점 같은 데서 점원들이 '박사님' '교수님' 하며 잘 차려

입은 단골고객 뒤를 졸졸 따라다니고 커피나 샴페인까지 대접하는 모습을 심심찮게 볼 수 있습니다.

직함에 대한 집착을 잘 보여주는 예로, 독어수업에서 만난 빈 주재 쿠바 대사관 직원이 껄껄 웃으며 들려준 얘기가 있습니다. 쿠바 방문비자를 신청하러 온 어느 오스트리아인이, "비자 신청서류에 왜 직함 쓰는 칸이 없느냐, 비자에 내가 박사임을 표기해주면 안 되느냐"고 떼를 쓰더랍니다. 빈에서 직함에 널리 뒤따르는 특권과 우대가 쿠바에서도 통하리라고 생각했을까요? 제 경험으로도 음악회 티켓 등 오스트리아 업체에서 판매하는 상품들을 인터넷으로 구입해보면, 고객정보 입력하는 페이지에 십중팔구 학위나 직함 표시하는 칸이 따로 마련되어 있습니다. 같은 독어권인 독일이나 스위스와 비교해도 오스트리아에서 한결 두드러진 이 현상을 두고, 어떤 이들은 정교하게 발달했던 합스부르크 귀족사회의 수직적 위계질서가 대제국의 붕괴와 함께 무너지자 학력과 직함이 그 공백을 메운 것이라고 풀이하기도 합니다.

그렇다고 해서 빈 사회가 매우 권위주의적이고 불평등한 사회일 것이라고 단정한다면 큰 오해입니다. 신분제 시대의 '작위'처럼 작동하는 직함들, "그뤼스 고트"(신의 가호를) 같은 종교적인 인사, "귀부인 손에 입맞춤을"(말로만 하고 실제로 손에 입을 맞추지는 않습니다) 같은 연세 있는 분들의 구식 인사가 과거에 대한 보수적인 향수를 자극하지만, 전통과 향수에서 벗어나 편안한 차림과 격식 없는 태도로 대안적 삶과 과거와 미래의 조화를 모색하는 시민들 또한 결코 적지 않습니다. 때로는 보수적인 옷차림에 전통적인 격식을 따르면서도 놀랍도록 진보적인 발언과 행동을 하는 이들도 찾아볼 수 있으니, 빈은 옛것과 새것이 이념과 복잡하게 뒤엉킨 재미있는 도시입니다.

벌써 1920년대부터 계급·인종·성 불평등을 극복하기 위한 정책을 펼쳤던 사민주의자들의 도시답게 오늘날에도 빈 시민들은 사람답게 살 수 있는 사회를 만들기 위한 궁리와 노력을 늦추지 않고 있습니다. 서민들에게 저렴한 임대주택을 공급하고, 대중교통시설과 보건시스템을 확충·개선하고, 도시면적의 거의 절반을 녹지로 유지하고, 다뉴브 강과 빈 숲을 신경 써서 보호하며, 유엔사무국 유치 도시로서 국제사회가 겪는 문제 해결에도 적극적으로 참여하고, 상점의 영업시간은 엄격히 제한해 노동자들의 쉴 권리가 침해되지 않도록 하는 등 숨통 트이는 문화, 여유로운 사회를 만들어가고 있습니다. 그러니 빈이 2009년부터 2012년까지 연속 4년째 삶의 질 세계 1위를 기록하고 있는 것도 어찌 보면 의외라 할 수 없습니다.

빈의 과거는 두말할 필요 없이 흥미진진합니다. 그 찬란한 역사와 유산이 감탄스럽습니다. 그래서 우리 여행객들은 주로 빈의 과거를 보러 옵니다. 모차르트와 요한 슈트라우스 부자의 흔적, 클림트와 실레의 그림, 슈테판 대성당이나 쇤브룬 궁전 같은 건축물에 마음을 빼앗깁니다. 그런데 조금만 시야를 확대해보면 빈의 현재도 과거만큼이나 흥미롭습니다. 빈 사람들이 어떤 사회적 이슈에 관심을 보이고 어떤 가치를 중요시하는가, 무엇을 어떻게 먹고 마시며 어디서 쇼핑하고 여가는 어떤 방식으로 즐기는가 하는 것들도 들여다보면 재미도 있을 뿐더러 우리에게 여러 가지 시사점을 제공합니다. 그래서 제가 이 책을 통해 자처하는 역할은 독자 여러분에게 이와 같은 빈의 오늘날을 일부나마 보여드리는 가이드가 되는 것입니다. 그리고 빈의 오늘이라는 거울이 빈의 어제를 어떤 식으로 투영하고 있는지, 거기서 어떤 미래가 그려지는지도 기회가 될 때마다 여러분과 함께 살펴보고자 합니다.

빈이라는 도시가 합스부르크 제국 말기, 즉 세기말에 수많은 걸출한 인물들과 혁신적인 사상들을 탄생시켰던 결정적인 요인은 당시 빈이 다양한 인종과 문화의 용광로였기 때문입니다. 합스부르크 제국과 그 수도 빈의 포용력은 제국 내부뿐만 아니라 전 유럽에서 온갖 인종적 배경을 지닌 재능 있는 이들을 끌어들이는 자석과 같았습니다. 빈에서 태어난 유대계 소설가 슈테판 츠바이크(1881~1942)는 회고록 『어제의 세계』에서 1918년 이전의 빈을 이렇게 찬양합니다.

"거기서 생활하고 일하던 사람들은 누구도 협량과 편견을 느끼지 못했다. 유럽인으로 살기에 그보다 더 쉬운 곳은 없었다. 내가 일찍부터 공동체라는 관념을 마음속으로 가장 고귀하게 여기고 이를 사랑하는 법을 배운 것은 […] 무엇보다도 이 도시 덕택이었다."

이랬던 빈에서 제국의 붕괴 후 "협량과 편견"이 창궐하면서 게르만민족 순혈주의가 득세했습니다. 다양성과 관용과 자유를 배척하고 파시즘의 유혹에 넘어가던 바로 그 순간, 빈은 무너졌습니다. 돌변한 도시에 상심한 창조적 인간들은 삶의 터전을 다른 곳으로 옮겨갔습니다. 그와 함께 빈은 위대한 창조력을 완전히 상실한 채 황량한 지성의 황무지가 되고 말았습니다.

그로부터 한 세기가 되어가는 지금, 패전의 상처를 씻고 삶의 질을 세계 최고 수준으로 끌어올리는 성취를 이뤄낸 빈이 또 한 번 비슷한 문제에 마주했습니다. 오늘날 빈은 외국인 비율이 22퍼센트에 달하는 활기찬 다민족 사회입니다. 그런데 바로 이 점이 못마땅해 새삼 다양성을 부인하고 억압하려는 세력들이 틈만 나면 준동합니다. 네오나치들이 담벼락과 대중교통수단에 인종주의적 낙서를 하고, 극우 정치가들이 어려운 경제상황을 외국인, 여성, 유대인 등 소수자들의 탓으로 돌리며 포퓰리즘에 영합합니다. 역사를 돌아보며 교훈을 얻을 의사도 능력도 없는 이들 때문에 빈에서 과거의 실수가 다시금 되풀이되는 것은 아닌지 시민들은 불안해합니다. 과연 빈은 국가주의와 순혈주의를 내세우지 않고 다시 한 번 츠바이크가 찬미했던 그 시절의 빈, 협량과 편견이 존재하지 않는, 사회구성원에게 공동체의 중요성을 일깨워주는 도시가 될 수 있을까요? '다양성'이라는 일견 다루기 까다로운 요소를 도리어 미래를 향한 신선한 추진력으로 삼아버리는 영리한 도시가 될 수 있을까요? 빈 시민들이 직면한 이 같은 과제가 우리 한국사회에 주는 함의는 무엇일까요? 이런 물음들을 독자 여러분과 함께 던져보고 그 해답의 실마리를 찾아보았으면 합니다.

────────── 숫자로 보는 빈 ──────────

170만 명
인구

415제곱킬로미터
면적

22%
외국인 비율

7월 평균 섭씨 20도,
1월 평균 섭씨 0도
기온

연간 평균 2242시간
일조량

8시간
일광절약기간
(3월 마지막 일요일~10월 마지막 일요일)에는
7시간
한국과의 시차

100개 이상
박물관

90여 개
책방

도시 면적의 46%
녹지

9%
실업률

2유로
지하철 1회 승차요금

연간 8억 4,000만 명
대중교통 이용자

600헥타르
포도밭

연간 800만 명
관광객

2009~2012
4년 연속 세계 1위
삶의 질
(머서 보고서)

비엔나소시지와
비엔나커피

빈으로 이사를 가게 되었다고 알린 날, 친구들은 헤어짐을 아쉬워하며 한 마디씩 했습니다.

"비엔나커피 많이 마시겠네."

"기념품으로 비엔나소시지 가지고 와."

심지어 이런 얘기도 들었지요.

"누나, 캥거루한테 안부 전해주세요."

하하 낄낄, 다들 뒤집어졌습니다. 빈에 와보니 실제로 기념품 상점에 다음 과 같은 문구가 박힌 티셔츠가 있더군요.

'오스트리아에는 캥거루가 없음.'

곧이어 비엔나커피와 비엔나소시지의 정체도 드러났습니다.

빈에는 '비엔나커피'가 따로 없다는 사실, 이제 많이들 알고 계시 더군요. 지난 몇 년 사이 빈을 찾는 여행자들이 많이 늘기도 했고 블로그 등의 소셜 매체를 통해 지식을 바로바로 공유하기 때문인 듯합니다. 정보 들을 살펴보니 대체로 '비엔나커피는 아인슈페너(Einspänner)'로 의견이 수렴 되는 분위기던데 꼭 그리 못 박을 필요가 있는지 사실 의문입니다. 어차 피 비엔나커피란 '빈 사람들이 흔히 마신다고 여겨지는, 커피 위에 모종의 크림을 얹은 커피'라는 이미지로 한국인, 일본인, 기타 외국인(미국인들도 비엔나커피라는 표현을 쓰는 경우를 보았습니다)들의 머릿속에서 재창조된 것에 불과하니까요.

빈에 그런 커피는 꽤 여러 종류 있습니다. 아래쪽에 담긴 커피가 진한 에스프레소나 엷은 블랙커피, 또는 밀크커피일 수도 있고, 커피는 뜨거울 수도 찰 수도 있으며, 술이 들어가기도 합니다. 위에 얹는 유제품 토핑은 카푸치노처럼 우유거품일 수도 있고, 진한 액체 크림일 수도 있고, 빳빳하게 거품을 낸 생크림일 수도 있으며, 때로는 아이스크림을 올리기도 하지요. 커피와 유제품 토핑을 어떤 조합으로 짝짓느냐에 따라 커피 이름이 각각 달라지는 건 물론이고요.

현지인이 아닌 방문자들의 눈에 그런 미묘한 차이들이 쉽게 눈에 뜨일 리 없고, 결국 비엔나커피는 두루뭉술하게 '빈 사람들이 애용하는 모종의 크림이 얹힌 커피'를 가리키는 고유명사처럼 되어버린 거죠. 일본에도 아주 예전부터 비엔나커피라는 것이 있었던 것으로 미루어 일본인들이 서양문물을 받아들이던 시기에 빈에서 그런 모습을 한 커피들을 보고 고국에 돌아와 이를 나름대로 재현하고, 한 가지 음료로 압축해 판매한 게 아닐까 짐작됩니다. 다양한 육류를 넓적하게 저며 튀기는 독일·오스트리아 지역의 몇 가지 슈니첼 요리들이 일본에서 '돈가스'로, 셀 수 없을 만큼 많은 종류의 인도 요리들이 그저 '카레'라는 하나의 요리로 요약·정리되어 거듭나는 것과 비슷한 과정이 아닐까요.

물론 한국과 일본에 비엔나커피라 불리는 커피가 왜 있는지 추측해보는 것과 현지에 가서 비엔나커피를 달라고 하는 것은 별개의 문제긴 합니다. 빈에서 비엔나커피를 달라고 조른 아시아 관광객이 정말 많긴 많았나봐요. 어느 식당에 갔더니 메뉴판에 '비너 멜랑주'(Wiener Melange) 옆에 괄호를 치고 "이게 비엔나커피임" 이렇게 써놨더라고요. 사실 비너 멜랑주는 우리가 생각하는 비엔나커피보다는 카푸치노에 가깝습니다만, 어차피 비엔나커피란 정확한 레시피 없이 모방을 통해 재창조된 것인 만큼 '현지의 뭐가 비엔나커피냐?' 같은 허무한 질문에 매달릴 일은 아니라고 생각합니다. 진한 에스프레소 위에 생크림을 두툼히 얹은 시각적 이미지를 중시하는 분은 (요즘 네티즌들 사이에 '이게 바로 비엔나커피'라고 알려져 있으나 정작 현지인들이 자주 마시는 음료는 아닌) 아인슈페너를 드시면 될 것이고, 제가 20년 전쯤 서울 어느 카페에서 맛본 비엔나커피처럼 아이스크림을 얹은 커피를 비엔나커피라고 여기는 분은 블랙커피와 아이스크림과 생크림이 각각 3분의 1씩 들어간 비너 아이스카페(Wiener Eiskaffee)를 주문하면 되겠습니다. 빈 사람들이 가장 흔히 마시는 커피야말로 비엔나커피라고 한다면 (앞의 식당 메뉴판에 적혀있던 대로) 비너 멜랑주를 즐기면 되는 것이죠.

　　이번엔 비엔나소시지 차례. 작고 동글동글해서 케첩에 버무려 도시락 반찬이나 술안주로 먹는 한입 사이즈의 줄줄이 비엔나소시지는 도대체 어디서 왔을까요? 정말 빈에서 물 건너온 걸까요? 그런데 문제는 우리가 아는 비엔나소시지와 똑같은 소시지가 일본에도 존재한다는 사실이죠. 그리고 일본사람들 역시 그걸 비엔나소시지라고 부릅니다. 반면에 이 특정한 모양의 비엔나소시지는 역시나 빈에선 찾아볼 수 없었습니다. 단, 독일 사람들이 흔히 비너 뷔르스트헨(Wiener Würstchen) 혹은 줄여서 '비너'라고 부르는 소시지가 있긴 한데, 동일한 종류의 소시지를 오스트리아에서는 묘하게도 '프랑크푸르터'라 부릅니다. 똑같은 소시지를 두고 서로 자기들 것이 아니라 옆 나라 것이라고 부르는 거지요.

　　일설에 따르면 이 '비너' 혹은 '프랑크푸르터'는 19세기 초에 프랑크푸르트에서 훈련받고 빈으로 이사와 푸줏간을 연 인물이 개발한 소시지라고 하는데 정설인지 확실치는 않습니다. 그 푸줏간 주인 가족이 지어낸 얘기라는 말도 있고요. 어쨌든 이 소시지가 빈에서 유명해진 것만은 사실인데 바로 그래서 독일에선 이것을 '비너'라고 부르게 된 것이고, 빈에서는 프랑크푸르트 출신 푸줏간 주인이 개발했다고 해서 '프랑크푸르터'라고 부르게 된 거지요. 이 소시지는 우리가 생각하는 줄줄이 비엔나소시지보다 커서 핫도그에 들어갈 만한 크기의 소시지이고, 소시지스탠드나 식당에서 주문하면 보통 한 접시에 서로 이어진 소시지 두 점이 쌍으로 오릅니다. 반드시 겨자가 곁들여지고요.

빈에서 파는 소시지 중에 프랑크푸르터와 비슷한 것으로 '자허뷔르스텔'(자허소시지)이라는 것도 있습니다. 크기가 프랑크푸르터보다 좀 더 푸짐하고 잡냄새가 덜해서 고급 카페나 레스토랑에서 주로 파는데 빈 사람들은 이 자허소시지에 대한 자부심이 크고 프랑크푸르터를 좀 더 빈 스타일로 한 단계 업그레이드했다는 우스운 우월의식이 있어요. 어느 것이든 우리가 아는 비엔나소시지와는 거리가 있지만, 만약 빈 사람들이 자주 즐기는 소시지를 비엔나소시지로 정의한다면 프랑크푸르터와 자허뷔르스텔

1

이야말로 바로 비엔나소시지라고 말할 수 있겠지요.

결국 비엔나소시지도 비엔나커피와 마찬가지로, 막연한 유럽 소시지의 이미지(독일이나 오스트리아 전통 푸줏간에 주렁주렁 걸려 있는 소시지들은 십중팔구 서로 '줄줄이' 이어져 있어서 손님이 원하는 만큼 끊어 팝니다)를 국내 소비자의 입맛에 맞게 재현하고, 소시지를 좋아하는 아이들이 한입에 먹기 좋고 도시락 싸기에도 알맞게 일부러 작은 크기로 생산한 게 아닐까요. 결국 비엔나커피와 비엔나소시지는 원판이 불분명하거나 아예 존재하지 않는 변종 복제품이지만, 일본과 한국 땅에서 나름대로의 독자성과 대중성을 획득하여 어느새 그냥 '우리 것'이 되어버린 아시아 근대화의 기념품이었던 셈입니다.

'비엔나 것'을 찾다가 엉뚱하게 '우리 것'을 되돌아보게 되는 바로 이 지점에서 우리는 드디어 비엔나 초보딱지를 뗍니다. 그것은 우리가 아는 것, 우리에게 친숙한 것을 잠시 놓아두고 좀 더 낯선 데로 나와 빈이라는 도시가 고유하게 보여주는 것을 있는 그대로 바라본다는 것을 의미합니다. 비엔나커피나 비엔나소시지로 상징되는 기존의 제한적인 참조 틀을 대범하게 내려놓고, 빈이라는 도시를 바라볼 새로운 눈을 스스로 만들어 간다는 것을 뜻합니다. 거기에는 선입관, 편견, 혹은 지나친 감상주의나 일방적인 찬양이 배제될수록 바람직합니다.

역마살이 잔뜩 낀 저는 이제껏 타국 생활을 꽤 오래 했습니다. 햇수로만 따지만 벌써 17년이 넘어가네요. 꽤 길었던 미국 생활과 반 년간의 스위스 체류, 그리고 4년간의 일본 생활을 거쳐 오스트리아 빈으로 건너온 지 또 4년이 되어갑니다. 대륙을 넘나들며 매번 너무나 다른 문화 속에서 좌충우돌하는 가운데, 현지인들뿐 아니라 저처럼 고향을 떠나 타지에서 길거나 짧은 시간을 보내는 이들을 지금껏 꽤 많이 만나보았습니다.

그렇지 않은 분도 있지만, 많은 분이 둘 중 한 쪽으로 기울어지곤 합니다. 한 부류는 지금 자신이 머무는 곳에 마음을 주지 못하는 경우입니다. 마음이 다른 데 가 있으니 체류지에 무관심하고 쉽게 정을 못 붙입니다. 게다가 낯선 곳에 정착하는 과정에서 겪게 마련인 불편하고 불쾌한 경험들이 그곳의 이미지를 안 좋은 쪽으로 증폭시켜 결국 현지의 모든 측면을 못마땅하게 여기고 기회 있을 때마다 흠 잡는 증상으로 나타납니다. 두 번째 유형은 정반대의 경우입니다. 자신이 체류하는 곳을 칭찬하고 이상화하다 못해 자신이 그 나라 사람인 양 행동하고, 때로는 한술 더 떠 그 나라의 문화와 전통을 현지인들보다 더 자기 것처럼 체화하는 분들이지요. (일본에 사는 서구인 중에 이런 사람 많습니다.) 이 분들은 누가 자기가 사는 나라와 국민을 비판하면 버럭 화를 내기도 합니다. 과잉동화가 심각한 경우이지요.

타지에 대한 거리감이든 과잉동화든 둘 다 새로운 곳에 적응하는 스트레스를 극복하기 위한 심리적인 전략일지 모릅니다. 저 역시 며칠에 한 번씩, 혹은 하루에도 여러 번 마음이 오락가락하기도 했으니까요. 낯선 곳에 체류하는 일이란 그만큼 스트레스 강도가 높고, 사실 긍정과 부정 한 쪽 편에 서는 것이 쉬운 일입니다. 양 시각 사이에서 균형을 잡기란 어렵습니다. 그러나 외국 사회를 바라보는 관찰자로서 그 사회에 마음을 열면서도 동시에 비판적인 시각을 늦추지 않는 자세를 유지하는 것은 꼭 필요한 일입니다.

저도 언젠가는 떠돌이 삶에 지쳐 섬세한 균형감각을 잃고 어느 한쪽으로 치우쳐버릴지도 모르지만, 아직까지는 자신이 머물고 있는 곳의 여러 측면에 무관심한 이들을 볼 때마다 안타까운 생각이 듭니다. 자기가 사는 곳에 무심하면 그곳에서 사는 삶은 그만큼 공허해지는 법이니까요.

이 책은 마침 제가 머물고 있는 이곳 빈에 대해 아직 호기심을 팽팽하게 유지하고 있는 동안 집필하게 되어 다행이 아닐 수 없습니다. 그렇지 않았다면 책을 쓸 수 없었을 겁니다. 아니, 오히려 신선한 관찰자의 눈을 잃어가려는 무렵 집필 제안을 받아 꺼져가는 호기심에 다시 활활 불이 붙은 측면도 없지 않습니다. 막 도착한 이의 마음으로 되돌아가, 외부자와 내부자의 시각에서 줄타기 하며, 질문하고 메모하고 사진 찍고 중급독어 실력으로 겁 없이 원문 자료까지 들춰보며 진땀을 흘려볼 수 있었습니다.

글을 쓰기 전 빈에 관해 국내에 어떤 책들이 나와 있는지 궁금해 조금 살펴보았습니다. 역시 고전음악, 세기말 미술과 건축 등에 대한 내용이 많아 저는 외려 안도했습니다. 그쪽 분야의 전문가가 아닌 제가 이 책에서 꼭 예술 이야기를 담아야 한다는 부담감 없이 그냥 내가 관심 있어 하는 얘기, 내가 하고 싶은 얘기를 하면 되겠구나 하는 생각이 들었기 때문입니다. 예술적 경향이나 성과물들도 결국은 어떤 역사적·사회적 맥락에서 도출되는 것이니만큼 제가 이 책에서 기회가 될 때마다 조금씩 언급하는 빈 사회와 역사, 빈의 가게와 먹거리, 그리고 사람들 이야기, 그밖에 제가 서투르게 풀어놓는 빈에 관한 온갖 잡다한 이야기들이 독자 여러분이 이미 알고 계시는 것들, 혹은 새로 알게 된 것들에 살을 붙이고 맥락을 부여하는 데 기여할 수 있었으면 합니다. 그렇게 해서 여러분이 비엔나커피와 비엔나소시지를 훌쩍 뛰어넘어 '비엔나 것'을 바라보는 일정한 시각을 나름대로 구축해볼 수 있었다면 그것만으로도 의미 있는 일이겠고, 그 과정에서 여러분이 다시 한 번 '우리 것'을, 더 나아가 인간 사회의 '보편적인 것'까지 생각해보게 되었다면 글쓴이로서는 더 바랄 것이 없습니다.

오스트리아에 하나뿐인 전통문패 공방

SCHILDERMANUFAKTUR

실더마누팍투어

– 위치 –

BRÄUNERSTRASSE 3, 1010 WIEN

– 웹사이트 –

WWW.SCHILDERUNDBILDER.COM

실더마누팍투어는 오스트리아의 전통적인 나무문패를 제작해
판매하는 회사입니다. 실더(Schilder)란 문패, 방패, 표지판 등을
뜻하고 마누팍투어(Manufaktur)는 제조업체, 공장, 공방 등을
말하므로, 실더마누팍투어는 '문패공방' 정도의 의미로 풀이할
수 있습니다. 매장이 입점해 있는 1구 브로이너슈트라세 3번지는
'오스트리아의 몰리에르'라고도 불리는 극작가 겸 배우 요한
네스트로이(Johann Nestroy, 1801~1862)가 태어난 18세기 건축물입니다.
상점 입구와는 별도로 오른편에 따로 건물 출입문이 있고 주중에는
일반인에게 개방되어 있으므로, 안으로 들어가 아담한 안뜰을
살짝 구경해보셔도 좋습니다.

문패공방 실더마누팍투어는 30년 전 쿠르트 바우어 씨가
창립했습니다. 그는 합스부르크 제국 시대의 다양한 문패와
표지판에 관심을 갖고 연구하다가 시험 삼아 전통적인 나무문패

— 1 —
문패로 장식된 현관

— 2 —
브로이너슈트라세 모습.
길 끝은 빈의 유명한
번화가 그라벤과
맞닿아 있습니다.

1

2

023

한 점을 직접 제작해보게 되는데, 그것이 바로 실더마누팍투어의 최초의 제품 '잘츠암트'(Salzamt)였습니다. 잘츠암트란 원래는 소금 거래를 관장하는 사무국을 일컫는 말이지만, 오스트리아에는 '잘츠암트에 제기하는 민원'(eine Beschwerde beim Salzamt)이라는 표현이 있어서, 제기해봐야 아무 소용도 없고 해결되지 않을 불만을 가리키는 말로 쓰입니다. 즉 바우어 씨는, '네가 여기서 암만 불만을 토로해봤자 헛수고'라는 메시지를 담은 유머 있는 문패를, 합스부르크 가문의 쌍두독수리 문양과 전통 글씨체를 이용해 만들어냈던 것이고, 이것이 인기를 끌자 본격적인 문패 제조사업에 뛰어들었습니다. 그는 화학약품 처리로 나무문패에 고풍스러운 느낌이 나도록 하는 기술을 고안해 특허를 얻었고, 그 덕분에 오스트리아에서 유일한 전통문패공방의 지위를 지켜왔습니다. 2007년 바우어 씨가 은퇴한 후 알베르트 레히너 씨가 그 뒤를 이어 업체를 운영하고 있으며, 2010년에는 오스트리아 전통 수공예 장인들의 모임인 '마이스터슈트라세'의 회원으로 받아들여졌습니다. 모든 생산 공정은 빈 2구에서 장인들의 수작업으로 이루어지고 있고, 최근에는 잘츠부르크와 티롤지역에도 매장을 열었습니다. 빈에 열리는 부활절과 크리스마스 장터에도 매년 판매대를 마련합니다. 제품의 성격상 과거에 대한 향수가 있는 연세 드신 분들이나 '바이즐'(Beisl)이라 불리는 오스트리아의 전통식당들이

— 3 —
브로이너슈트라세 3번지. 왼편이 상점 입구이고 오른편이 건물 출입문입니다.

— 4 —
출입문 옆에는 "1871년 12월 7일 이 집에서 요한 네스트로이가 태어났다"고 적힌 기념명판이 부착되어 있습니다.

— 5 —
실더마누팍투어 최초의 문패 '잘츠암트'(Salzamt)를 보여주고 있는 점원 리자 렌츠 씨

3   4   5

주로 고객층을 이루어왔지만, 최근에는 현대적인 문양이나
재치 있는 표현을 적극 활용해 젊은이들이나 관광객에게도
어필하고 있습니다. 매장에서 파는 다양한 제품 외에도 손님이
따로 원하는 문양이나 문구가 있으면 주문받아 제작하고 있으며,
그림이나 사진을 가져오면 나무판에 그대로 똑같이 그려주기도
합니다. 가격은 최하 24유로에서부터 시작하며, 별도로 주문하는
경우에 붙는 추가 비용은 업체에 이미 구비돼 있는 문양을
이용하느냐, 그 외 다른 문양이나 문구를 원하느냐에 따라
차이가 있습니다. 주문 후 보통 일주일이면 완성됩니다.

6

— 6 —
실더마누팍투어는
2010년 오스트리아
전통 수공예 장인들의
모임 '마이스터슈트라세'의
회원으로
받아들여졌습니다.

— 7 —
실더마누팍투어 내부

— 8 —
프라이웅 공터에 선
부활절 시장에 마련된
판매스탠드

7

8

마지막 황태자
오토 폰 합스부르크

"오스트리아와 유럽 역사의 주요 전환점들이 그의 삶 속에
투영되어 있다."
— 베르너 파이만 오스트리아 총리

2011년 7월 16일 토요일 오후. 여느 때처럼 빈 중심가인 1구로 산책하러
나섰다가 슈테판 대성당 부근에서 거뜬히 수천 명은 될 듯한 인파를 만
나고 깜짝 놀랐습니다. 몰려든 사람들 가운데에는 한여름 무더위에도 두
껍고 거창한 전통의상과 전통군복을 입고 깃발이나 악기 혹은 장총 등
을 들고 무리지어 서 있는 사람이 많았습니다. 저는 그제야 그날이 7월 4
일 향년 98세로 타계한 합스부르크 제국의 마지막 황태자 오토 폰 합스부
르크의 장례식일이라는 걸 알았습니다. 장례미사가 거행되고 있는 슈테판
대성당 안으로부터 둔탁하게 음악소리가 울렸습니다. 성당 안에는 하인츠
피셔 오스트리아 대통령 등 정계 유력인사는 물론, 칼 구스타프 16세 스
웨덴 국왕 부부, 한스 아담 2세 리히텐슈타인 공국 원수, 헨리 룩셈부르크

1   2

대공 등 오토 폰 합스부르크와 이런저런 혈연으로 얽힌 유럽 왕족들이 대거 참석하고 있었으니 경찰이 사방에 깔린 것도 무리는 아니었습니다. 옛 합스부르크 제국의 군복을 차려입고 몰려나온 사람들은, 대개 은근히 왕당파 성향을 지닌 각종 보수단체 소속의 중년, 노년 남성들이었습니다.

재미있는 것은 미사가 끝난 다음이었습니다. 슈테판 대성당에서 빠져나온 장례 행렬은 대성당에서 그리 멀지 않는 곳에 위치한 카푸치너 성당에 마련된 황가의 납골당 카이저그루프트(Kaisergruft)로 관을 운반합니다. 이곳에는 황족들의 유골이 안치되어 있고, 일반인들도 입장이 가능합니다. 물론 이날은 예외였지요. 카푸치너 성당 입구에 관이 도착하고, 황족이 무덤에 안치되기 전에 따라야 하는 보기 드문 의식이 거행됩니다. 일명 '노크 의례'(Klopfzeremonie)입니다. 의례는 이렇게 시작됩니다.

우선 의전관이 지팡이로 성당의 굳게 닫힌 철문을 천천히 '탁, 탁, 탁' 세 번 두드립니다.

수도사가 문 안쪽에서 묻습니다.

"누가 입장을 청하오?"

"한때 오스트리아-헝가리 제국의 황태자였고, 헝가리와 보헤미

3

— 1 —
오토 합스부르크(1936)
— 2 —
2011. 7. 16 장례행렬
— 3 —
오토 폰 합스부르크의
아들 카를 합스부르크와
그의 세 자녀

아, 달마티아, 크로아티아, 슬로베니아, 갈리치아, 로도메리아, 일리리아의
왕자였으며, 토스카나와 크라쿠프 대공, 로트링겐, 잘츠부르크, 슈타이어,
케른텐, 카르니올라, 부코비나 공작, 트란실바니아 대공, 모라비아 변경백
작, 오버·니더슐레지엔, 모데나, 파르마, 피아첸차, 과스탈라, 아우슈비츠와
자토르, 테셴, 프리아울, 라구사, 차라의 공작, 합스부르크와 티롤, 키부르
크, 괴르츠, 그라디스카 백작, 트렌토와 브릭센 후작, 오버·니더라우지츠
와 이스트리아 변경백작, 호엔엠스, 펠트키르헤, 브레겐츠, 조넨베르크 등
의 백작, 트리에스테, 카타로, 빈디셰마르크 영주, 세르비아의 대영주 등등
의 작위를 지녔던 오스트리아의 오토입니다."

　"우리는 그런 사람 모르오!"

　의전관은 다시 문을 세 번 두드립니다.

　"누가 입장을 청하오?"

　"범유럽연합 전 대표 및 명예대표이고, 유럽의회 의원을 지내고
최고령 원칙에 따라 유럽의회 의장직을 수행했으며, 수많은 대학의 명예박
사이자 중부유럽 여러 지역사회의 시민이고, 학계와 여러 기관의 존경받
는 회원이고, 민중의 자유와 법과 정의를 위해 수십 년간 싸워온 노고를
인정받아 국가와 교회로부터 최고의 표창, 훈장, 영예를 받은 오토 폰 합
스부르크 박사입니다."

　"우리는 그런 사람 모르오!"

　의전관은 또다시 문을 세 번 두드립니다.

　"누가 입장을 청하오?"

　"한낱 평범하고 죄 많은 인간 오토입니다!"

　"그렇다면 들어오시오!"

결국 황족도 신 앞에서는 직위도 명예도 화려한 이력도 다 소용
없고 그저 유한한 목숨을 지닌 인간이고 죄인일 뿐임을 보여준다는 것이
이 의례의 취지입니다. 그 점을 겸허하게 인정해야 비로소 평화롭게 묘소
에 안치될 자격이 주어진다는 것입니다. 그런데 제게는 조금 다른 측면도
눈에 띕니다. 앞서 두 차례 입장이 거절되는 과정에서 그 의식을 목격하
는 군중은 오히려 고인이 얼마나 신분이 높은 사람이었으며 대단한 경력
을 지녔던 사람인지를 새삼스럽게 상기하게 되기 때문입니다. 특히나 의
전관이 줄줄이 읽어 내리는 오토 폰 합스부르크의 작위를 보면 오스트리
아-헝가리 대제국이 얼마나 너른 영토를 지배했는지 드러납니다. 대번에
알 수 있는 국명 외에도 오늘날 체코 공화국의 동부와 서부를 얼추 아우
르는 모라비아와 보헤미아, 오늘날 루마니아의 일부에 해당하는 트란실바
니아가 등장하는 것은 물론이고, 오스트리아 사람들이 1차 세계대전 패
전 후 이탈리아에 빼앗긴 것에 대해 지금껏 자존심 상해하는 남티롤 지방
의 브릭센과 그보다 더 남쪽인 트렌티노 지방의 트렌토 후작이었다는 얘
기도 나옵니다. 지금까지도 양국 간에 이 영토 문제는 예민하기 짝이 없
고, 오스트리아의 일부 사람들은 여전히 남티롤 지방을 드러내놓고 자국

4 5

영토로 간주할 정도입니다. 잘츠부르크에 갔다가 호엔잘츠부르크 성에서 누군가가 벽에 붙여놓은 '남티롤은 우리땅'이라고 적힌 스티커를 본 적도 있습니다.

1차 세계대전 후 상실한 다른 영토에 비해 유독 오스트리아가 연연하는 남티롤. 기왕 얘기나온 김에 조금만 더 부연해볼까요?

이탈리아 사람들은 이 지방을 남티롤이라고 부르면 좋아하지 않습니다. 이탈리아에서는 이곳을 '알토아디제'라고 부릅니다. '아디제'는 알프스에서 발원해 스위스-오스트리아 경계를 지나 트렌티노를 가로질러 아드리아해로 들어가는 이탈리아에서 두 번째로 긴 강의 이름이고 '알토'는 위쪽이라는 뜻입니다. 즉 아디제 강의 북쪽이라는 뜻이지요. 아디제 강은 합스부르크 제국의 지배하에 독일문화의 영향이 미쳤던 경계선이기도 합니다. 독일인들이 에치(Etsch) 강이라고 부르는 아디제 강은 독일 국가 1절에도 등장합니다. 독일 국가 1절, 2절은 그 국수주의적 성격 때문에 지금은 국가에서 제외되고, 현재는 3절만 공식 가사로 사용되고 있어요. 1절을 보면 이렇습니다.

> 독일, 다른 모든 것,
> 세상 모든 것에 우선하는 독일,
> 국방을 위해 영원히
> 동지애로 단결한다면.
> 마스 강에서 네만 강까지,
> 아디제 강에서 릴레벨트 해협까지.
> Deutschland, Deutschland über alles,

Über alles in der Welt,

Wenn es stets zu Schutz und Trutze

Brüderlich zusammenhält.

Von der Maas bis an die Memel,

Von der Etsch bis an den Belt,

독일 국가는 원래 1797년 하이든이 오스트리아 황제 프란츠 2세에게 찬미가로 바쳤던 곡입니다. 사실 저도 이번에 알게 되었습니다. 오토 폰 합스부르크의 장례식이 있던 날 저녁 뉴스를 보는데 슈테판 대성당 장례미사 보도 장면 중에 독일 국가가 흘러나오기에 오스트리아 황태자가 죽었는데 왜 독일의 국가가 나오지, 독일에 오래 거주했기 때문인가 하고 궁금해 했더랬지요. 나중에 알고 보니 장례미사에서 그 곡이 연주되었던 연유는 그게 독일 국가여서가 아니라 바로 하이든의 '황제찬미가'(Kaiserhymne)였기 때문이었습니다. 1841년 독일 시인 호프만 폰 팔러슬레벤(Hoffmann von Fallersleben, 1798~1874)이 독일 통일을 도모하고 국민 국가의식과 민족주의를 고취하려는 취지로 같은 곡에 새로이 가사를 붙여 널리 퍼뜨렸는데, 이때 시인은 가사에 독일의 국경을 상징하는 지역 명칭 네 개를 삽입했습니다. 그는 독일어를 사용하는 독어문화권을 염두에 두고, 북으로는 릴레벨트 해협, 서로는 벨기에와 네덜란드를 거쳐 북해로 흘러드는 마스 강, 동으로는 벨라루스와 리투아니아를 지나 발트 해로 들어가는 네만 강, 그리고 남으로는 아디제 강까지를 이상적인 통일 독일 경계선으로 바라보았던 것입니다. 이 노래는 꾸준히 독일인들의 사랑을 받았고 드디어 1922년 바이마르 공화국이 정식으로 이를 국가로 채택했습니다. 나치독일 시대에는 바로 이 1절만 국가로 사용되었지요.

합스부르크 제국은 1차 세계대전에 패하기 전까지 자기들 영토였던 알토아디제와 트렌티노를 각각 '남티롤' '벨슈티롤'이라고 부르며 오스트리아 정체성을 이루는 '티롤'이라는 거대한 지역의 일부로 여겼습니다. 지금도 오스트리아는 '벨슈티롤'이라는 용어는 포기한 반면 '남티롤'이라는 용어는 고집하고 있는데 마치 그 지역이 오스트리아의 영토임을 주장하고 있는 듯한 인상을 풍깁니다. 아디제 강의 북쪽이다, 아니다 티롤지방의 남부다, 하며 싸움을 벌이고 있는 모습이 동해냐 일본해냐 하는 싸움과 어딘지 닮은 데가 있지요?

잠시 짚고 넘어가면, 벨슈티롤의 '벨슈'(welsch)는 라틴문화를 일컫는 말입니다. 예컨대 스위스인들은 자국 내의 프랑스어 사용 지역을 '벨슈슈바이츠'(Welschschweiz)라고 부르고, 벨기에의 프랑스어 사용 지역인 '왈롱'(Walon)이라는 용어도 '벨슈'와 같은 의미입니다. 즉, 대략 아디제 강을 경계로 북쪽인 남티롤은 독일어를 사용하는 독일문화 영향권이었고, 남쪽인 트렌티노는 이탈리아어를 사용하는 라틴문화 영향권이었고, 합스부르크 제국도 그 점을 선명히 인지하고 있었다는 것이 이 같은 용어에서 드러납니다. 그 때문에 두 지역을 이탈리아에 빼앗긴 이후로 이슈가 되었던 지역은 남티롤뿐이었고, 오스트리아는 트렌티노 지방에 대해서는 이의조차 제기한 일이 없습니다. 언어와 문화가 다른 곳이어서 쉽게 이탈리아 땅으로 인정했던 것입니다. 대신 독일문화권인 남티롤에 관해서는 그 지역 독어사용자 주민들의 권리와 자치권을 인정해달라고 요구하며 1980년대까지도 이탈리아와 신경전을 벌였습니다.

이런 역사는 엉뚱하게도 저의 시댁과도 살짝 얽혀 있습니다. 제시아버지는 벨슈티롤, 즉 알토아디제 남쪽 트렌티노 지방 출신입니다. 트렌티노의 중심 도시 트렌토 동쪽 산악지역 농민의 아들이었던 시아버지 빈첸초 그로프는 기술고등학교를 졸업하자마자 열여덟에 일자리를 찾아 스위스로 취업이민을 떠납니다. 시아버지의 조부모는 독어와 이탈리아어를 둘 다 구사했다고 하는데, 알토아디제와 트렌티노가 이탈리아로 넘어간 후 이미 이탈리아 문화와 언어에 완전히 동화된 부모 밑에서 자라 문화적으로 사실상 100퍼센트 이탈리아인인 시아버지는, 취리히 교외에 있는 소도시 빈터투어의 한 공장에서 일하며 전혀 모르는 독어를 기초부터 익혀야 했습니다. 시아버지의 성명에는 양쪽 문화의 흔적이 남아 있습니다. 빈첸초라는 이름에는 이탈리아의 흔적이, 그로프라는 성에는 독어권 문화의 흔적이 묻어 있습니다. 제 남편의 이름 '알베르토 그로프' 역시 그러합니다.

2010년 가을, 빈에 사는 저와 남편을 방문한 시아버지가 오래된 사진 한 장을 액자에 끼워 가져왔습니다. 역사책에서나 볼 법한 1916년에 촬영된 빛바랜 흑백사진이었습니다. 시아버지가 의미심장한 표정으로 건네는 사진을 받아들고 우리 부부는 조그만 탄성을 질렀습니다. 시아버지

6

— 6 —
저자의 시증조부모
첼레스티노와 로자.
가장 오른편에 있는
소년이 시조부 안젤로.

의 조부모, 즉 남편의 증조부모 사진이었는데 증조할아버님이 오스트리아-헝가리 제국군의 향토방위 보병연대 군복차림을 하고 있었습니다. 남편도 처음 보는 사진이라며 신기해했습니다. 차고 있는 혁대에는 합스부르크 제국의 상징인 쌍두독수리가 박혀 있었습니다. 1916년이니 1차 세계대전이 한창이었을 때입니다. 촬영 장소는 잘츠부르크와 빈의 중간쯤에 위치한 미테른도르프라는 작은 마을로 군 당국에서 특별히 최전방이던 '남티롤' '벨슈티롤'에 살던 민간인들을 수용할 목적으로 이곳에 최대 2만 명까지 수용할 수 있는, 당시로서는 대단한 규모의 난민캠프를 설치했습니다. 아내와 다섯 자녀들이 수용되어 있던 이 난민캠프에 휴가를 받은 시증조부가 찾아와 가족사진을 찍은 것입니다. 증조할아버지가 1차 세계대전에서 오스트리아-헝가리 제국을 위해 싸웠다니, 자신을 이제껏 이탈리아계 스위스인으로만 생각했던 남편은 실은 오스트리아와도 묘한 인연이 있었던 셈입니다. 시증조부는 생전에 자신이 이탈리아인이기보다 오스트리아-헝가리 제국의 시민이길 바랐다고 하는데, 조부와 사이가 좋았던 시아버지는 조부의 영향으로 약간의 정체성 혼란과 독어권에 대한 동경이 있었던 모양입니다. 시아버지가 부모의 반대를 무릅쓰고 독어권으로 이민을 떠난 것도 그냥 우연만은 아니었던 것으로 보입니다.

다시 처음 얘기로 돌아가서, 저 같은 한국인에게까지 개인적인 연관성을 부여해주는 합스부르크 제국의 복잡한 영토 관계가 오토 폰 합스부르크의 장례절차에 녹아 있었다는 얘기를 하려다가 설명이 길어졌습니다. 노크 의례가 외관상으로는 신 앞에서 소박과 겸허의 덕목을 일깨우는 절차의 형식을 띠고 있지만, 뒤집어보면 고인의 찬란했던 경력을 되짚어보고 대제국이었던 향수를 드러내는 기능을 하고 있었던 것입니다. 정말로 오토 폰 합스부르크가 죄 많은 인간일 뿐이라면 바쁜 경찰공무원들을 대거 동원해 온 도로를 다 막아가며 이처럼 성대하고 요란하게 장례식을 거행해줄 이유도 없겠지요. 그 의식을 구경하는 많은 시민들이 향수에 젖어 '아쉬움'과 '유감'의 감정을 느끼는 것도 인정은 할 수 없어도 이해는 갑니다.

1912년 오스트리아-헝가리 제국의 마지막 황제 카를 1세의 장남으로 태어나 급변하는 세계정세 속에서 구미를 떠돌며 살았던 오토 폰 합스부르크는 결국 조상들 옆에 안치되었습니다. 그리고 이튿날 오후 3시, 그의 심장은 본인의 희망에 따라 항아리에 따로 담겨 옛 황가의 전통대로 헝가리 부다페스트 인근의 한 성당에 묻혔습니다. 오스트리아가 1867년 헝가리와 대타협(Ausgleich)을 맺고 오스트리아-헝가리 제국을 확립한 이래로 오스트리아의 황제는 동시에 헝가리의 왕을 겸직했기 때문에 그런 전통이 생긴 것이지요. 합스부르크 황가를 의미하는 K. u. K.는 바로 카이저 운트 쾨니히(Kaiser und König), 황제 겸 왕, 즉 오스트리아의 황제 겸 헝가리의 왕이라는 직함의 머리글자를 딴 것입니다. 아까 합스부르크 제국을 상징하는 쌍두독수리 문양이 시증조부의 혁대에도 들어가 있었다고 말씀드렸지요? 쌍두독수리는 신성로마제국에서 비롯된 역사 깊은 문장이지만 1867년 대타협 이후로는 동서를 각각 바라보고 있는 두 개의 머리가 오스트리아와 헝가리를 상징하는 것으로 풀이되기도 했지요. 어떤 의미에서 오토 폰 합스부르크가 자기 심장을 헝가리에 묻어달라고 요청했다는 것은 스스로를 여전히 황제로 여겼다는 얘기도 됩니다. 충분히 근거 있는 추측입니다.

1차 세계대전 패전 후 군주제가 폐지되고 오스트리아 공화국이 수립된 이후로 오토 폰 합스부르크는 40년이 넘도록 오스트리아 입국을 금지 당했습니다. 행여나 폐위된 황태자와 황족들이 다시 돌아와 왕정복고를 도모하고 이전에 다스리던 땅의 소유권을 주장하는 일이 생길지 모른다는 우려 때문에 내려진 조치입니다. 그리하여 스페인, 벨기에, 미국, 독일 등지로 줄곧 망명생활을 해왔던 오토는 1961년 드디어 황족으로서의 모든 특권을 전적으로 포기한다는 문서에 서명하고서야 입국 허가를 받습니다.

강경한 공화파와 좌파들은 그의 진의를 의심해 입국 허가를 반대했지만 국내 보수파들의 강력한 비호 하에 오토 폰 합스부르크는 여권을 받아 1966년 고향 땅을 밟습니다. 원래 귀족제와 왕정이 폐지되면서 귀족을 의미하는 '폰'(von)을 쓰지 못하게 금했기 때문에 여권 등 공식 서류에 찍혀 나오는 정식 이름은 오토 합스부르크-로트링겐입니다. 합스부르크 뒤에 붙은 로트링겐(Lothringen) 혹은 프랑스어로 로렌(Lorraine)은 마리아 테레지아 여제가 로트링겐 가문의 남편과 혼인하면서 부부가 합스부르크-로트링겐 황가의 시조가 된 데서 기원합니다. 오스트리아의 국영방송 ORF에서 그의 장례식을 방송할 때에는 화면에 간단히 '오토 합스부르크'로만 표시했습니다. 그러나 '오토 폰 합스부르크'라는 명칭의 사용은 언론 등에서 관행으로 쓰이기에 저도 여기서 그 명칭을 따랐습니다. 물론 그의 귀족 혈통을 인정해준다는 의미는 아닙니다.

훗날 언론과의 인터뷰에서, 더 이상 잃을 것도 몸 사릴 것도 없다고 생각한 노쇠한 오토는 1961년 당시의 황권 포기는 순전히 편의에 의한 제스처였을 뿐 자신은 한 번도 황위를 포기해야겠다고 생각한 적이 없다고 밝혔습니다. 오히려 자신에게 황위 포기를 강요한 자들에 대해 적의와 유감을 드러낼 정도였으니까요. 실제로도 황가를 보필하는 임무를 맡은 남독일 가톨릭교회 특정분파의 사제들을 포함하여 가까이서 그를 보좌하던 여러 측근들은 그를 '전하'라고 불렀다고 합니다.

오토 폰 합스부르크는 히틀러와 나치를 혐오해 적극적인 반나치 활동을 벌인 것으로 유명하지만, 그렇다고 나치에 동조했던 동족 오스트리아인들에 대해서 똑같이 비판적인 시각을 견지하는 일관성은 없었습니다. 2008년 나치독일의 오스트리아 병합기념일에 있었던 의회 연설에서 그는 말했습니다. "유럽에서 오스트리아보다 더 합당하게 나치의 희생자라고 주장할 수 있는 나라는 없다." 그리고 이렇게 덧붙였습니다. "오스트리아가 공범이었냐 희생자였냐를 논한다는 것 자체가 격분할 일이다." 여론이 들끓었습니다. 나치의 진짜 희생자들을 모욕하는 발언이라는 비난이 쏟아졌습니다. 그러나 보수당, 각계 보수인사, 그리고 장남 카를은 우리 중에 죄 없는 자 누가 있냐며 오토의 말을 두둔했습니다. 오토는 또 이렇게도 말했습니다. "오스트리아만큼 적극적으로 나치에 반대하는 활동을 벌인 나라도 없다." 물론 전혀 사실이 아닙니다. 오히려 반대입니다. 2차 세계대전 기간 중에 오스트리아는 다수 국민이 나치에 열렬히 협조하거나 동정적이었습니다. 나치 시대와 관련한 오스트리아의 역사의식에 대해서는 다시 논할

—7—
납골당에 안치된
오토 폰 합스부르크의 관

7

기회가 있을 겁니다.

오토 폰 합스부르크는 종교적이고 보수적이었지만 국수적인 인물은 아니었습니다. 유럽연합을 옹호했고, 스스로 유럽의회 의원으로 20여 년간 일했으며, 동유럽 국가의 유럽연합 가입에도 앞장섰습니다. 유럽의 보수파들이 유럽연합에 회의적인 데 비하면 역설적으로 보이지만, 잘 생각해보면 납득할 수 있습니다. 유럽 한복판에서 엄청난 땅덩어리를 차지하고 다스렸던 '범유럽 대제국'의 황위 계승자로서 어쩌면 오토에게 유럽연합은 합스부르크의 또 다른 모습일 수 있었을 것입니다. 실제로 그가 대표를 지냈던 '범유럽연합'(Paneuropean Union)이라는 반공·친기독교 보수단체의 이름에서도 느껴지듯, 합스부르크는 아담한 사이즈가 되어버린 현재의 오스트리아를 다스리는 이름이 아닌, 전 유럽을 다스리는 이름이어야 했던 것입니다. 입국 금지로 각지를 떠돌며 살았던 탓도 있지만 실제로 오토의 자식들은 전 유럽에 퍼져 있습니다. 세 딸은 독일 등지에서 살고 있고, 넷째 딸 미술교수인 가브리엘라는 주 독일 조지아 대사로서 독일과 조지아를 오가며 살고, 다섯째 딸 발부르가는 스웨덴 귀족과 결혼해 스웨덴에서 국회의원을 지내고, 막내아들 게오르크는 헝가리에 살면서 헝가리 적십자사 대표를 맡고 있습니다. 그야말로 범유럽적인 가족입니다. 한편 (시절이 달랐다면 황태자였을, 그리고 지금쯤 황제로 등극했을) 장남 카를은 역시나 '본국' 오스트리아에 살면서 정치, 금융, 언론 분야에 두루 관여하고 있고 부친의 입국 허용에 공을 세웠던 보수당 오스트리아국민당(ÖVP) 소속 의원을 지내기도 했습니다. 부정부패 의혹으로 정치인 생활은 접은 상태이지만요.

거의 국장이라 할 만한 성대한 장례식으로 폐위된 황태자를 진

8

— 8 —
슈테판대성당 지붕에
들어간 쌍두독수리 문장

짜 황태자인 양 대접했다고 해서 공화국인 오스트리아가 갑자기 왕정으로 되돌아갈 리 만무하지만, 과거에 대한 향수에 젖어 있는 사람들이 상당하다는 점은 부인할 수 없는 사실입니다. 실제로 성대한 장례식에 대해 비종교적 공화파와 좌파들이 이의를 제기했던 모양입니다. 그러나 사민당 소속인 하인츠 피셔 대통령마저도 이번 장례 행사를 옹호하고 자신의 참석을 당연시 했다고 합니다. 공화국에서 폐위된 황태자에 대한 대접이 이토록 극진한 것을 보면 과거에 대한 그리움이 그저 합스부르크 황가를 통해 관광수입을 벌어들이려는 욕망만은 아닌가 봅니다. 과거에 대한 향수가 어느 정도이며 현대를 살아가는 오스트리아인에게 무엇을 의미하는지 궁금해지지 않을 수 없었습니다.

②

금박액자 공방

C. BÜHLMAYER

C. 뷜마이어

— 위치 —

MICHAELERPLATZ 6, 1010 WIEN

— 웹사이트 —

WWW.BUEHLMAYER.AT

로덴직물 옷가게 로덴 플랑클과 번지수를 공유하는 C. 뷜마이어는
미하엘러플라츠 6번지 건물 안뜰에 위치합니다. 동서 양쪽으로
문이 열려 있어 미하엘러 광장과 합스부르거가세를 잇는 지름길
역할을 하기도 하는 이 안뜰은 불과 몇 발짝 거리에 번잡하기 짝이
없는 미하엘러 광장이 있다는 것이 믿어지지 않을 정도로 고요하고
쾌적합니다. 이곳에 숨어 있는 C. 뷜마이어는 1820년에 설립된
금박액자 제조업체입니다.

업체명의 주인공 콘라트 뷜마이어(Conrad Bühlmayer)는 원래 화가였다가
전업하여, 나무에 금박을 입혀 그림틀·거울틀 등을 제작하는
마이스터 장인 자격을 획득하고 호프부르크 궁전 바로 옆인
현재의 매장 위치에 상점을 열었습니다. C. 뷜마이어는 곧
그 품질을 인정받아 1844년 황실 공식 납품업체로 지정됐고,
전성기에는 빈 7구에 있던 공방에 고용된 금박공예 전문장인만

— 1 —
상점 현관
— 2,3 —
C. 뷜마이어 내부

1   2

120명에 달할 정도였습니다. 그러나 합스부르크 제국의 붕괴로
C. 뷜마이어의 금박액자를 애용해왔던 황실과 귀족 등의 고객층이
함께 붕괴되면서 영업은 다격을 입었고, 세계 대공황은 새로운
고객을 찾는 노력에 또 한 번 찬물을 끼얹었습니다. 전쟁이 끝난 후
뷜마이어 집안에서 대를 이어 사업을 맡을 사람이 끊기자,
먼 친척이던 미하엘 하이더 씨가 빈 공과대학에서 인공두뇌학을
연구하던 삶을 접고 숙모로부터 이 사업을 이어받았고,
하이더 씨가 타계한 2010년부터는 부인 엘리자베트 씨가
총 책임을 맡고 있습니다.

엘리자베트 씨에 따르면, 지금은 C. 뷜마이어 소속 금박기술
전문장인이 단 한 명뿐일 정도로 19세기 전성기에 비할 바 없이
규모가 축소됐지만 3~4대째 C. 뷜마이어의 제품을 꾸준히
이용하는 단골 고객들이 존재하고, 귀중한 골동품 액자의 보수를
의뢰받는 일도 업무량의 절반에 이를 정도로 중요한 비중을
차지하며, 오늘날 공장에서 대량생산하지 않고 100퍼센트
수작업으로 제작하는 금박액자가 워낙 드문 까닭에 높은 가격에도
영업을 지속하는 것이 가능하다고 합니다. 디자인도 옛것과 새것을
적절히 조화시켜 변해가는 시대에 맞춰가고 있으며, 필요하면
고객의 집에 찾아가 그 집에 어울릴 만한 디자인을 조언하기도
합니다. 현재 하이더 씨 부부의 5남 1녀 가운데 세 명이 국내외에서

— 4 —
주인 엘리자베트 하이더
씨가 금박액자 제조
과정을 한눈에 살펴볼
수 있는 막대를 보여주고
있습니다.

— 5 —
피렌체 식 액자를
들고 있는 엘리자베트
하이더 씨
피렌체 식 액자처럼
장식이 화려한 액자의
경우 양각 부분은 광을
내고 음각 부분은
의도적으로 무광택
처리하여 강한 대조
효과를 연출합니다.
바탕이 되는 목재는
재질이 연해서 조각하기에
수월하고 해충에 강한
보리수를 주로 사용하지만
경우에 따라 호두나무나
참나무를 쓰기도 합니다.

3   4   5

금박공예 및 목공 장인으로 경험을 쌓으면서 C. 뷜마이어를 이어갈
준비를 하고 있습니다.

만드는 과정
---

1. 매끈하게 다듬기: 나무를 깎아 액자의 형태가 완성되면 사포로 나무의 표면을
매끈하게 다듬고, 분필의 원료인 백악 성분으로 된 약품으로 바탕칠을 해줍니다.

2. 약칠하기: 금박이 나무에 잘 붙도록 '폴리멘트'라 일컫는 붉은색 약칠을 합니다.
폴리멘트는 증류수, 붉은 점토, 동물성 콜라겐 성분으로 된 접착성 물질 등을
혼합해 만드는데, 이것은 금박공예에서 특히 중요한 과정으로, 자신만의 폴리멘트
제조법을 갖고 있는 C. 뷜마이어의 기량이 드러나는 부분이기도 합니다.

3. 금박 입히기: 금박을 입힙니다.

4. 금박 매끈하게 마무리: 입힌 금박을 매끈하게 다듬어 마무리합니다.

© C. 뷜마이어 제공

—6—
회사로고

6

3

반세기 전 모습 그대로

Café Hawelka

카페 하벨카

― 위치 ―
Dorotheergasse 6, 1010 Wien

결혼한 지 이틀 된 레오폴트·요제피네 하벨카 부부가 1936년에 먼저 문을 연 카페는 지금도 배커슈트라세 '비엔나백' 바로 옆에 남아 있는 카페 알트빈이었죠. 그러나 비싼 임대료를 감당치 못해 3년 뒤 도로테어가세로 옮겨 새로 개점했는데 바로 그곳이 전설의 카페 하벨카입니다. 카페 하벨카는 특히 50~70년대에 문인, 화가, 건축가들의 모임 장소로 명성을 얻었고, 그러는 사이 주인 부부도 빈에서 유명인이 되어버렸지요. 아쉽게도 안주인은 2005년에, 바깥주인은 2011년 100세의 나이로 별세했지만 아들은 지금도 어머니의 레시피로 빵을 구워냅니다. 카페 하벨카의 내부는 이제껏 한 번도 재단장한 적이 없어서 39년 개점 당시 그대로입니다. 반세기 전 카페 분위기를 느껴볼 수 있는 곳이라는 점에서 꼭 방문해볼 만한 빈의 명소입니다.

"사람들이 끊임없이 카페 하벨카 안으로 들어가긴 하는데 도무지 다시 나오는 사람이 없다. 하벨카 씨가 손님들에게 도대체 어떻게 하길래 그런 걸까?"

― 프리드리히 토르베르크
(빈 출신의 문인).

― 1 ―
상점 현관

― 2,3 ―
카페 하벨카 내부

1

2

3

나슈마르크트와
빈 강

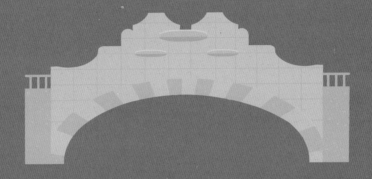

"사람들을 제대로 알려면 교회보다는 시장에 가라."
— 독일 속담

빈을 며칠간 여유롭게 구경하는 분들 중에는 카를스플라츠 지하철역 부근에서 시작해 제체시온에서 클림트의 「베토벤프리즈」를 감상하고 나슈마르크트(Naschmarkt)를 구경한 다음, 부근에 있는 미술사박물관 등으로 향하는 것을 한 코스로 잡는 분들이 있을 겁니다. 보석 같은 예술작품들 사이에 수수한 재래시장을 끼워 넣어 한 박자 쉬어가는 즐거움이 상당하지요. 한글표기법에 따르면 '나슈마르크트'라고 적는 게 맞지만, 말할 때는 짧게 '나슈막트'라고 부르시면 아마 현지인들이 더 쉽게 알아들을 겁니다. '마르크트'는 시장을 뜻하니 저는 여기서 쉽게 '나슈시장'이라는 표현과 혼용하고자 합니다.

마르크트가 시장이면 그럼 '나슈'는 뭘까요? 나슈는 군것질, 특히 과자나 사탕 같이 달달한 음식을 군것질하는 행위를 뜻하는 '나셴'(naschen)이라는 동사에서 유래합니다. 그러니까 나슈시장이란 '주전부리하러 가는 시장'인 셈입니다. 나슈마르크트라는 명칭이 공식화된 것은 1905년이지만, 일반인들 사이에서는 이미 1820년 경부터 그와 같은 별명으로 불리기 시작했습니다. 그 이전에는 시장 이름이 '아셴마르크트' 즉 '재(ash)의 시장'이었습니다. 시장 이름에 왜 '재'가 들어갔느냐에 대해서는 두 가지 설이 있습니다. 하나는 원래 시내 중심가인 1구 프라이웅에 있었던 청과물 시장이 지금의 나슈시장 자리에서 두 블록 떨어져 있는 비드너하웁트 거리(Wiednerhauptstrasse)로 옮겨왔는데, 그곳이 원래 재와 쓰레기를 매립하던 곳이어서 그렇다는 설입니다. 다른 하나는 그 매립지 옆에 청과물 시장이 옮겨오기 전부터 우유시장이 있었는데 당시 우유를 담아 보관하는 통을 독어나 영어로 '재나무'(Esche/ash tree)라고 일컫는 물푸레나무로 주로 만들어서 그렇다는 설입니다. 어쨌든 그렇게 시장 이름이 된 '아셴'이라는 단어 앞머리에, 사람들이 재치 있게 알파벳 n을 첨가해 군것질한다는 뜻인 '나셴'으로 만들었고, 결국 '나슈'시장으로 굳어졌다는 것입니다. 물론 그 시장에서 설탕에 절여 꾸득꾸득하게 말린 오렌지 껍질이나 대추 등 각종 달콤하고 이국적인 군것질거리를 팔았던 것과도 무관하지 않을 것입니다.

20세기 초에 나슈시장은 비드너하웁트 거리에서 오늘날의 위치로 또 한 번 이동해, 빈차일레(Wienzeile)라 이름 붙인 길을 따라 길게 펼쳐지기 시작합니다. 그런데 흥미롭게도 지금 나슈시장이 있는 곳을 따라 도로 밑으로 강이 흐르고 있습니다. 이것이 지하수가 아니라 실은 19세기 말까지 도심을 흐르며 큰 홍수를 내기도 하던 빈 강(Wienfluss)입니다. 빈 숲 속에 위치한 프레스바움 지역에서 발원하는 빈 강은 전체 길이가 34킬로미

— 1,2 —
나슈시장 모습

터이고 그 가운데 빈 시내를 지나는 구간은 15킬로미터 정도입니다. 이것이 히칭과 쇤브룬 궁전을 지나 나슈시장과 카를스플라츠를 통과하고, 시립공원인 슈타트파르크를 가로질러 우라니아(Urania) 천문대 지점에서 다뉴브 강의 지류 도나우카날(다뉴브 수로)과 합쳐집니다. 중요한 곳을 많이 지나지요? 그런데 지도를 한번 펼쳐보세요. 방금 제가 열거한 곳들을 전부 꿰뚫고 지나가는 지하철 노선이 하나 있습니다. 바로 U4입니다. 빈 강의 줄기와 U4 노선이 겹치는 것이 과연 우연일까요? 물론 아닙니다.

빈 강 때문에 시내에 발생하던 잦은 홍수와 그에 따른 콜레라 유행에 지쳐 있던 당국은 1890년대에 들어서면서 전면적인 하천 정비 공사를 계획합니다. 그리고 빈 분리파의 대표주자인 건축가 오토 바그너가 빈 강 정비 공사와 동시에 강을 따라 슈타트반, 즉 도심전차 노선 건설을 병행하는 임무를 맡았습니다. 그리하여 중앙정부, 주, 빈 시 당국이 협력하여 1893~99년 사이에 대대적인 빈 강 정비 및 도심전철 공사가 진행되었습니다. 휘텔도르프부터 도나우카날 합수부에 이르기까지 빈 강의 거의 전 구간은 양쪽 강둑과 강바닥에 콘크리트를 두른 네모반듯한 인공 수로로 변형됐습니다. 특히 빈차일레 남단에서 슈타트파르크 남단까지 하천의 도시 변화가 구간은 서울의 청계천처럼 복개공사로 덮어버렸습니다. 이렇게 수로화된 빈 강을 따라 한쪽 강기슭에 전철이 다닐 철로를 놓았습니다. 강과 철로 사이에는 벽을 하나 세워 공간을 분리시켰습니다.

1898년 6월 드디어 휘텔도르프에서 오늘날 란트슈트라세 역 사이를 운행하는, 지금의 U4의 일부에 해당하는 노선이 개통됩니다. U4는 달린 번호는 비록 4번일지라도 실은 U1~U3보다 역사가 오래된 노선으로, 개통 초기에는 이를 '빈탈리니에'(Wientallinie)라고 불렀습니다. 풀이하면 '빈 강 계곡을 따라 달리는 노선'이라는 의미가 되지요. 그러나 강을 낀 풍광 좋은 계곡을 상상한다면 실망하실 겁니다. 원래의 모습은 지금은 찾아볼 수 없으니까요. 빈 강이라는 거친 자연을 길들여 문명화하고 근대화하는 작업은 지극히 충실히 이행됐고, 강의 옛 모습은 이제 옅은 흔적만 남았을 뿐입니다.

빈탈리니에를 따라 건설된 전철역들은 오토 바그너의 지휘 하에 일관되게 유겐트슈틸로 지어졌고 지금까지도 빈의 세기말 사조를 보여주는 유물로 남아 있습니다. 그가 지은 역사, 철교, 그 외 전철 시설 곳곳에서 가득히 스며 나오는 청동색을 보며, 저는 왜 한풀 꺾인 부드러운 초록색이 U4 노선의 지정색이 되었는지를 어렴풋이 짐작해볼 수 있었습니다. 저런 우아한 녹색 건물과 고풍스런 녹색 전철 플랫폼에, 형광빛 뿜어내는 강렬한 색깔로 역 이름이나 각종 표지판을 붙여놨다면 얼마나 이상했을까요? 같은 시기에 지어진 오늘날 U6에 해당하는 노선은 오늘날 지정색이 황토색입니다. 칭찬해줄 만한 센스입니다.

슈타트파르크 남단 요하네스가세 쪽으로 나오는 지하철역 역시 오토 바그너의 작품인데요, 이 역사 바로 왼편에서 아래를 굽어보면 도로

3

—3—
철로와 빈 강이
나란히 달리는 모습을
한눈에 볼 수 있는
U4 쇤브룬 역

밑에 숨어 있던 빈 강이 갑자기 모습을 드러냅니다. 숨통이 트인 강물은 공원을 통과해 잠시 북으로 흐르다 곧 도나우카날로 합쳐집니다. 강이라고는 해도 평상시에 물이 별로 없기 때문에 콘크리트로 된 강바닥의 가장자리까지 슬슬 내려가 걸어 다녀도 될 정도입니다. 가운데만 물이 발목 정도의 깊이이고요. 그래도 예쁜 오리들이 이 '개천'에서 삼삼오오 무리지어 헤엄치는 모습을 볼 수 있습니다. 그리고 아무리 바닥이 다 드러났대도 거길 걷거나 자전거를 타는 행위는 금지되어 있습니다. 바닥이 물을 흡수하지 못하는 콘크리트이기에 혹시라도 폭우로 홍수가 나면 순식간에 물이 차오르기 때문이지요. 공사 덕택에 빈에서 홍수피해와 콜레라는 사라졌습니다. 그런데 콘크리트 수조가 되어버린 빈 강을 보고 있으려니, 덮었던 뚜껑을 간신히 열어놓고도 자연미보다는 인공미를 강조한, 그렇다고 인공미가 특별히 돋보이는 것도 아닌 우리의 청계천이 또 한 번 생각납니다.

다시 나슈시장 얘기로 돌아가겠습니다. 빈 강 복개 공사 후 나슈시장은 이 강을 덮은 부분으로 옮겨갔습니다. 나슈시장을 동서 양편에서 감싸는 우측의 '레히테 빈차일레'(Rechte Wienzeile)와 좌측의 '링케 빈차일레'(Linke Wienzeile)는 평범한 도로로 보이지만, 실은 수로화 내지 철로화된 빈

4

강의 양안 둔치 부분에 해당합니다. 오토 바그너는 전철 프로젝트가 완성된 후 이 빈차일레 전 구간을 유겐트슈틸 건축물로 꽉 채워 쉰브룬 궁전과 카를스플라츠를 직통으로 잇는 화려한 '유겐트슈틸 대로'로 닦으려는 계획을 세웠던 모양입니다. 계획은 실현되지 않았지만 그가 시도한 작업의 일부는 남아 있습니다. 바로 빈차일레에서 발견되는 오토 바그너의 건축물들입니다. 링케 빈차일러 40번지에는 분홍색 꽃무늬로 유명한 마욜리카하우스가 자리하고 있고, 콜로만 모저의 황금장식이 달린 바로 옆 38번지와 옆 골목 쾨스틀러가세 안쪽으로 이 38번지와 붙어 있는 쾨스틀러가세 3번지 건물도 그의 작품입니다.

　　오토 바그너의 이루지 못한 야심을 상징하는 듯 서 있는 이 건축물들은 나슈시장의 남단에 모여 있고, 빈 분리파 전시관 제체시온은 나슈시장 북단에 위치합니다. 이국적인 먹거리 재래시장이 대담하게도 이른바 '비너 모데르네'(Wiener Moderne) 혹은 빈 모더니즘이라 불리는 세기말 예술사조의 대표급 상징물들을 남북 양쪽으로 끼고 있는 것입니다. 그것도 옛날 청계천 상가처럼 강 위로 말이지요.

　　제가 빈에 도착해 한 달가량 머물던 임시 거처가 나슈시장 남단

5

에서 그리 멀지 않은 곳이었기 때문에, 흔히 관광객들이 경험하듯 제체시 온 건물 쪽에서 남하하는 대신 저는 거꾸로 남쪽에서 북상하며 길이 600미터에 달하는 시장을 구경했던 기억이 있습니다. 처음 시장통로를 따라 걸을 때, 가게마다 풍겨오는 온갖 오묘한 향기에 압도당했던 기억이 생생합니다. 허브, 향신료, 과일 향기, 풀 냄새, 치즈 냄새, 생선 비린내···. 그래서 저는 아예 눈보다 코에 주도권을 내주고는 영화 「향수」의 주인공마냥 한껏 들숨을 쉬며 천천히 걸었습니다. 첫 대면의 신선함과 경이로움이 가시자 후각에 압도당했던 시각이 슬슬 제 기능을 되찾았습니다. 그러자 조금씩 다른 것들이 접수되기 시작합니다. 우선, 빈 시내에 산재한 평범한 빵집 체인점이나 음식점의 지점들이 시장 안에도 파고들어 한자리씩 차지하고 있는 것이 보입니다. 체인점이 아닌 것에서도 획일화의 조짐이 비칩니다. 나슈시장에는 양젖치즈, 올리브, 가지, 파프리카 등을 주재료로 올리브유와 식초에 버무려 바로 먹을 수 있도록 만든 남유럽과 터키식 군것질 스탠드가 많습니다. 그런데 가게마다 자신들만의 독특한 음식을 파는 것이 아니라, 똑같은 공급처에서 대량 공급받는 것이 확실하다고 느낄 만큼 취급하는 상품이 동일합니다. 말린 허브나 견과류를 파는 가게도 마찬가지고요. 게다가 왠지 저렴할 것 같은 분위기와는 달리 물건 값이 결코 싸지 않습니다. 실제로 시내 수퍼와 야채 값을 비교해보니 나슈시장 쪽이 조금씩 더 비싼 경우도 드물지 않았습니다.

　　빈 토박이 독어 선생님 클라우디아는 이제 나슈시장에 옛날만큼 자주 가지 않는다고 합니다. 지난 10여 년 동안 다양성과 개성이 점차 사라지고 물건 가격이 눈에 띄게 올랐기 때문입니다. 선생님 말에 따르면 5~6년 전만 해도 빈 인근의 농민들이 일반 슈퍼에서는 더 이상 찾아보기 어려운 단종되다시피 한 다양한 품종의 감자를 나슈시장에 내다 팔았다는군요. 기업들이 수익성 있는 품종만 골라 대량 재배하면서 나머지 품종들이 외면당하고 점차 사라져가는 가운데, 일부 독립 농민들이 계속 그런 품종을 재배해 나슈시장 같은 곳에 내다 팔았던 겁니다. 많은 시민이 바로 그런 이점 때문에 편하게 동네 슈퍼를 이용하는 대신 일부러 이 시장을 찾은 것이고요. 그런데 최근에는 아쉽게도 다양한 감자나 청과물을 내다 파는 농민들이 눈에 띄게 줄고 일반 슈퍼와 비교해서도 상품 종류 면에서 큰 차이가 없어졌다고 합니다.

한편 나슈시장을 찾는 관광객과 이들의 지갑을 노리는 소매치기들이 늘어나면서 여유롭게 장을 볼 수 없게 된 것도 빈 주민들이 나슈시장을 덜 찾게 된 원인 가운데 하나라고 합니다. 흔히 빈을 안전한 도시라고 하는데, 대체로 맞는 말이긴 합니다. 여성이나 아동이 밤늦은 시간까지 혼자 돌아다녀도 별 문제가 없는 곳이니까요. 그러나 아무리 안전하다 해도 특히 여름철 관광시즌을 노리는 소매치기들이 꽤 있습니다. 관광객으로 붐비는 나슈시장과 케른트너 거리에서는 가방은 가능한 앞쪽으로 매고 방심하지 말아야 합니다.

나슈시장에서 관광객들은 강매하는 상인들과 맞닥뜨릴 수도 있습니다. 저는 식구도 적고 음식을 오래 보관하는 것을 싫어해서 한 번에 조금씩만 사는 편인데, 쩨쩨하게 그게 뭐냐 더 사라고 눈웃음 반, 협박 반이더군요. 제가 원하는 정확한 무게를 말해도, 꼭 저울에 그보다 많은 양을 얹어놓고 마음 약한 저를 시험하는 겁니다. 처음에는 팔아주지 뭐, 하는 심정으로 저울에 올라간 양을 그냥 사곤 했는데, 같은 일이 반복되자 나중에는 언어가 짧은 외국인이라 이용당하는 것 같은 기분이 들어 강경

노선으로 선회했습니다. 그랬더니 상대방의 태도도 바뀌더군요. 언어가 서
툴어도 기죽지 말고 내키지 않는 일은 하지 말아야 한다는 걸 새삼 배웠
습니다.

　　나슈시장에는 식료품 가게만이 아니라 음식점도 많습니다. 나슈
시장 안으로 들어서면 좌우 두 줄의 통로가 빈차일러와 평행하게 이어지
는데 오른편 통로에는 주로 식료품 가게가, 왼편 통로에는 주로 식당들이
모여 있습니다. 이곳 음식점들이 대대적으로 야외좌석을 설치하는 여름
관광철에는 "아우구스틴, 아우구스틴!" 하고 외치며 좌석마다 다가가 잡지
를 팔려는 사람들이 자주 눈에 띕니다. 여기서 "아우구스틴"이란 노숙인
을 비롯해 (흔히 집시로 불리는) 로마족, 장기실업자, 난민신청자 등 사회 음지
에 있는 이들의 자활을 돕는 사회프로젝트의 일환으로 1995년에 창간된
잡지를 가리킵니다. 이 잡지명에는 독특한 일화가 얽혀 있습니다. 여러분
은 혹시 초등학교 때 배운 동요, 「동무들아」를 기억하시나요? 1절 가사가
이렇죠: "동무들아 오너라 서로들 손잡고, 노래하며 춤추며 놀아 보자. 낮
에는 해동무 밤에는 달동무, 우리들은 즐거운 노래동무." 이 동요는 실은
요한 네포무크 훔멜(Johann Nepomuk Hummel, 1778~1837)이 작곡한 「O du lieber
Augustin」(오, 사랑스런 아우구스틴)이라는 빈의 민요로, 원 가사는 전혀 "동무"
에 관한 것이 아니라, 돈도 옷도 여자도 전부 잃고 절망의 나락에 떨어진
아우구스틴과 흑사병으로 폐허가 된 도시 빈에 관한 암울한 내용을 담고
있습니다. 가사의 주인공 마르쿠스 아우구스틴은 1643~85년에 빈에 살았
던 실존인물로, 흑사병이 돌던 시기에 백파이프를 들고 술집을 돌며 야하
고 상스러운 노래로 사람들의 기분을 돋아주어 인기를 모았습니다. 술꾼
이기도 했던 아우구스틴은, 민담에 따르면 어느 날 술에 취해 거리에서 잠

들었다가, 사체를 치우던 일군들에게 흑사병으로 죽은 것으로 오인 받아 흑사병 희생자 집단무덤 속에 던져졌습니다. 무덤 속에서 잠이 깬 그는 나갈 방법이 없자 백파이프를 불기 시작했고, 그 소리를 들은 행인들에 의해 구조되었습니다. 그로부터 아우구스틴은 하늘이 무너져도 솟아날 구멍이 있음을 보여주는 행운의 상징이 되었고, 노숙인들이 파는 잡지의 이름도 바로 그런 의미에서 그의 이름을 딴 것입니다.

격주로 나오는 『아우구스틴』의 가격은 2.50유로이고, 판매액은 판매원과 신문사가 절반씩 나눠 갖습니다. (한국에서도 영국 노숙인 잡지 『빅이슈』의 한국판이 2010년에 창간됐지요? 비슷한 잡지입니다.) 의미 있는 프로젝트인지라 지원하고는 싶은데 나슈시장 야외좌석에 앉아 있다 보면 상당히 많은 분들이 찾아옵니다. 매번 구매하기는 어려운 노릇이어서 당혹스럽습니다. 달리 보면 그만큼 빈에 노숙인이 많고 취약계층 문제가 심각하다는 얘기도 되겠지요. 실제로 2010년 빈 시 당국에서 마련해주는 쉼터를 이용한 노숙인만 8,200명이고, 그 수가 매년 1,000여 명씩 급증해왔습니다. 공식적으로 파악되지 않은 사람들까지 합하면 물론 더 많을 겁니다.

하루는 나슈시장에서 집시 소녀들을 보았습니다. 열 살, 많아봐야 열두 살이 안 돼 보이는 소녀 하나가 식당을 기웃거리더니, 식사를 다 마친 듯한 손님들에게 다가가 무언가를 끈질기게 설득했습니다. 동남아 관광객으로 보이는 손님 두 사람은 곤란한 표정을 짓고 있다가 그중 한 명이 결국 알았다는 듯 고개를 끄덕였고, 그러기가 무섭게 소녀가 음식이 아직 꽤 남아 있던 그 손님의 접시를 들고 다른 테이블을 살피던 친구를 불렀습니다. 두 아이가 접시를 들고 부리나케 어디론가 갔습니다. 제 눈이 저도 모르게 그 소녀들이 간 방향을 좇았습니다. 두 아이는 멀찌감치 떨어진 식당 구석 자리에 가 앉아 손으로가 아니라 그 식당 포크와 나이프로 관광객이 남긴 음식을 나눠 먹었습니다. 식당 웨이터는 그 장면을 다 보고 있었지만 느긋하게 모른 척해주고 있었습니다. 자주 있는 일이었던 모양입니다. 저렇게 어린 아이들이 낯선 사람이 남긴 음식을 구걸해 먹는 장면에 마음 아팠지만, 사람을 설득해 밥을 구하고 식당 테이블에 제대로 앉아 밥을 먹는 소녀들의 억센 모습에 감탄했습니다.

　　나슈시장의 상인들이나, 나슈시장이 빚어내는 공간 속에서 살 길을 도모하는 사회취약자들이나, 관광객에 크게 의존하고 있는 것은 사실입니다. 오히려 이렇게 관광명소로 확고하게 자리 잡은 까닭에 대형마켓이 재래시장을 고사시키고 있는 한국과는 달리 나슈시장은 적어도 존재 위기는 느끼지 않는 것 같습니다. 다만 개성과 다양성을 점차 상실하고 현지인 고객을 잃어가는 건 다소 안타깝습니다. 물론 나슈시장에 관광객만 오는 것은 아닙니다. 여전히 빈 시민들이 꾸준히 물건을 사러 오고, 시장 내에 있는 음식점에 식사를 하러 옵니다. 관광시즌이 아닐 때, 특히 평일에 잘 관찰해보면, 현지인들도 많이 찾아와 이곳 식당에서 밥을 먹고 갑니다. 특히 고급스러운 집일수록 그렇습니다. 시장이라고 저렴한 식당만

6

있다고 생각하시면 오해입니다. 해산물을 전문으로 하는 레스토랑 등 상당히 가격이 센 고급음식점도 여럿 있습니다. '고급화' 역시 현재 나슈시장을 표현할 수 있는 용어 중 하나일 것입니다. 최근 몇 년간 보보족들을 겨냥한 트렌디 식당들이 입점했을 뿐 아니라, 2010년 봄에는 오스트리아 최고의 요리사 중 한 사람으로 자리 잡은 한국인 김소희 씨의 레스토랑 '킴코흐트'의 나슈시장 분점이 문을 열기도 했습니다. 다시 말해 나슈시장은 겉보기에는 수수한 재래시장이지만, 유심히 들여다보면, 관광명소와 고급 식도락 공간으로 변모하고 있습니다.

　　　　나슈시장이어야만 구할 수 있는 독특한 물건이 별로 없고, 필요한 것들을 군이 거기 가지 않아도 쉽게 혹은 더 싸게 구할 수 있다는 점을 깨닫고 나서는 제 발걸음도 다소 뜸해진 편입니다. 그래도 어쩌다 그 부근을 지나게 되면 저는 레히테 빈차일러에 있는 중국 슈퍼에 들러 두부와 청경채와 한국 라면을 사고, 나슈시장 안으로 들어가 유기농 상점에서 통밀빵과 잡곡을 삽니다. 토요일이면 나슈시장 남쪽 끝자락에서 지하철 U4 케텐브뤼켄가세 역 사이에 펼쳐지는 공터에서 벼룩시장도 열립니다. 온갖 물품이 펼쳐져 있고 종종 가치 있는 골동품도 발견된다고 합니

7

— 7 —
벼룩시장

다. 골동품을 감별해낼 감식안이 없는 저는 단지 가끔 오래된 책이 나와 있으면 호기심이 발동해 조금 더 눈여겨보곤 합니다. 벼룩시장이 서는 곳 가까이에 아까 말씀드린 오토 바그너의 건축물도 모여 있으니, 마침 토요일이라면 한꺼번에 구경하시면 됩니다.

어느 날은 벼룩시장을 둘러보다가 한구석에 임시 설치된 농산물 판매 스탠드에서 밭에서 막 뽑았다는 단단하고 싱싱한 감자를 샀습니다. 집에 와 쪄 먹으니 분명 감자가 맞는데 밤고구마만큼이나 달았습니다. 제가 농작물에 워낙 무식한 아스팔트 키드이긴 해도 전에 사 먹어본 일 없는, 일반 슈퍼에서 못 보던 품종이라는 것 정도는 알겠더군요. 그리고 아하, 클라우디아가 얘기한 게 이런 거였구나 하고 떠올렸습니다. 변해가는 시장 속을 뒤져 아직 남아 있는 소소한 보물들을 건져내는 재미, 그리고 트렌디 식당 같은 새롭게 등장한 요소들은 또 그것대로 즐길 방법을 찾는 재미, 나슈시장이 손님들에게 그런 것들을 요구하며 자기의 생존을 주장하는 시대가 되었는가 하는 생각을 해봅니다.

4

가구 디자이너들의 쇼룸

DAS MÖBEL
다스 뫼벨

– 위치 –
GUMPENDORFERSTRASSE 11, 1060 WIEN
– 웹사이트 –
WWW.DASMOEBEL.AT

리히털로 맞은편에 위치하며 카페 슈페를과 번지수를 공유하는
다스 뫼벨('뫼벨'은 독어로 가구를 의미)은 오스트리아 디자이너들이
제작한 현대가구를 집중적으로 전시하고 판매하는, 빈에서
가구에 조금이라도 관심이 있는 사람이라면 누구나 아는 유명한
가구점입니다. 가구 구경을 좋아하는 우리 부부가 빈에 온 지 얼마
안 돼 찾아낸 곳이지요.

다스 뫼벨은 특이하게도 애초에 카페로 사업을 시작했습니다. 젊고
비교적 이름이 덜 알려진 오스트리아 가구 디자이너들의 참신한
작품을 어떻게 하면 잠재적 소비자에게 보다 효과적으로 소개할
수 있을지를 고민하던 로타르 트리에렌베르크와 마르쿠스 루거
씨는, 1998년 바로 옆 동네인 7구 부르크가세(Burggasse) 10번지에
같은 상호로 '가구 전시 공간 겸 카페'라는 새로운 컨셉의 가게를
열었습니다. 디자이너들에게는 자기 작품을 선보이고 시장성을

— 1 —
상점 입구
— 2 —
카페 다스 뫼벨

1
2

시험해볼 플랫폼이 마련된 것이고, 고객의 입장에서는 부담
없이 커피도 마시고 친구들과 놀면서 비치된 가구를 직접 실컷
사용해보고 마음에 드는 물건이 있으면 그 자리에서 구입하거나
문의할 수 있는 공간이 생긴 것입니다.

이 컨셉이 적중해서 다스 뫼벨 카페는 큰 인기를 끌었고, 이곳을
통해 자기 가구를 선보이려는 디자이너들이 속속 연락을 해오기
시작했습니다. 카페의 성공은 2000년대에 들어서며 일어난 빈의
디자인 붐과도 맞물려 순풍을 탔고, 이후 다스 뫼벨은 수많은
전시회와 박람회에 꾸준히 참가함으로써 국내외로 오스트리아
현대가구 디자인을 알리는 중요한 존재로 부상했습니다. 사업이
성장함에 따라 더 넓은 전시 공간의 필요성을 느낀 오너들은
2006년 가을 가구점이 많이 모여 있는 굼펜도르퍼슈트라세에
제2의 매장을 열었습니다. 제2 매장은 부피가 크거나 마모되기
쉬워 카페에 놓기 어려운 가구들을 위한 쇼룸, 또는 신인
디자이너를 집중 소개하는 전시장이어서, 카페는 없습니다.
현재 다스 뫼벨과 협력하는 디자이너는 100여 명에 이르며
그중 다수는 빈에서 활동하고 있습니다.

사업팀의 카타리나 마르긴터 씨는 다스 뫼벨은 유행을 좇지
않는다고 강조합니다. 자신들이 타깃으로 하는 소비자는 유행에
맞춰 잠깐 쓰다 처분할 저렴한 가구를 찾거나, 혹은 품질에 비해

—3—
다스 뫼벨 내부

—4—
빈에서 활동하는 디자이너
그레타 하우어(Greta
Hauer)와 델피네
루모(Delphine Rumo)가
빈 숲에서 구한 소나무로
제작한 야외용 가구
'쉼터'. 의자에 뚫린
구멍은 벌들이 알을
낳도록 배려한 것으로
구멍이 진흙으로 막히면
벌이 알을 낳았다는
표시입니다. 인간과 자연이
공생을 도모하는 가구
시리즈 'Live With Them'
중에 하나입니다.

—5—
'장작탑'(2007).
빈 디자이너 f 마우러
(f maurer)의 작품

3   4   5

지나치게 비싼 사치스런 가구를 찾는 사람들이 아니라, 오랜 세월을
사용해도 질리지 않고 닳지도 않는 편리하고 단단한 가구를 원하는
다양한 연령대의 고객이라는 것이죠. 그런 의미에서 다스 뫼벨은
협력업체를 택할 때에도 다른 무엇보다 기능성과 가격 대비 품질을
최우선적으로 고려하며, 최근에는 친환경 측면에도 더욱 신경을
쓰고 있다고 합니다.

— 6, 7 —
매장 방문 당시
다스 뫼벨에서 전시
중이던 빈의 건축가
바르바라 시메크(Barbara
Schimek)의 작품들.
포장용 끈, 레이스, 리본
등 재활용 재료를 엮어
만든 의자와 벤치

— 8 —
전통적인 터키 양탄자를
재활용해, 다시 한 번
짜깁고 염색하여 현대적인
디자인으로 재탄생시킨
양탄자 샘플. 염색은
샘플에 있는 것 외에도
고객이 원하는 색상을
주문할 수 있습니다.

6   7   8

5

서점 겸 카페

PHIL

필

– 위치 –

GUMPENDORFERSTRASSE 10~12, 1060 WIEN

가구점 다스 뫼벨 바로 맞은편에 자리한 카페 필은 인문·예술관련
도서와 잡지, CD, 비닐레코드 등을 판매할 뿐 아니라, 카페에서
사용 중인 다양한 가구들도 손님이 원하면 구매할 수 있는 독특한
컨셉으로 운영되고 있습니다. 이 가게의 주인 크리스티안 셰델 씨는
라오스를 여행하다 거기서 캐나다인 부부가 운영하는 돗자리 깔린
티하우스 겸 중고책방을 보며 사업 아이디어를 얻었는데, 친구가
이탈리아에서 구해온, 1961년에 탄생한 전설의 에스프레소 기계
'파에마 E61' 때문에 원래는 티하우스를 열려던 계획이 사업 구상
마지막 단계에서 카페를 여는 것으로 변경되고 말았다는 군요.
그러나 이 기계와 베로나에서 직수입해오는 커피 원두 덕분에 이곳
커피 맛은 일품으로 소문나 있으며, 복고풍의 에스프레소 기계와
일부러 매치시킨 듯한 60~70년대 스타일의 레트로 가구도 친구들과
담소하거나 조용히 책읽기에 좋은 편안한 공간을 연출합니다.

— 1, 2, 3 —
필의 내부

1   2   3

김 씨가
요리하다

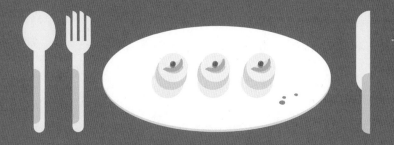

"인력을 불러들였더니, 와 있는 건 인간이더라."
— 막스 프리쉬(스위스의 문호)

빈에 '킴 코흐트'라는 레스토랑이 있다는 사실을 알게 된 것은 이사 온 첫 해 초겨울이었습니다. 여름에 빈에 도착해 그해 가을을 정착과 향수병 극복에 소진한 저는, 날이 많이 쌀쌀해져서야 비로소 빈의 구석구석을 상세히 살펴볼 마음이 들기 시작했습니다. 만만한 곳이 서점이라 저는 툭하면 서점에 들러 빈에 관한 안내서 같은 것을 들춰보며 가볼 곳을 물색하곤 했지요. 그러던 어느 날, 책방 한구석에 수북이 쌓여 있는 빈 레스토랑 가이드를 집어 들었습니다. 빈 최고의 레스토랑 목록이 실려 있는 페이지를 펼치니 킴 코흐트라는 레스토랑 상호가 보였습니다. 아시아 여성인 셰프의 사진과 '김 씨가 요리한다'는 뜻인 음식점 이름을 매치시켜보니 한국인이 틀림없겠다 싶었습니다. 누구지, 대단한데, 하는 생각을 잠시 한 뒤 가이드북을 덮었고, 그 후 그 일은 제 기억에서 한동안 잊혔습니다.

두 번째로 '킴 코흐트'와 마주친 것 역시 서점에서였습니다. 제가 외국어를 배울 때 즐겨 활용하는 것 중 하나가 요리책이에요. 음식을 잘하지는 못해도, 손으로 무언가를 만들 때 느끼는 안정감과 잡념 제거 효과를 좋아하고 생경한 음식으로 그 나라 식재료와 문화를 알아가는 것이 재미있어서, 해독이 어려워도 일부러 현지 언어로 된 요리책을 사봅니다. 영어를 배울 때도 일어를 배울 때도 그랬으니 독어라고 예외일 순 없었죠. 빈에서 독어 공부를 본격적으로 시작한 저는, 그날도 요리책 코너를 어슬렁거리고 있었습니다. 문득, 서가를 훑는 제 시야에 지난번 레스토랑 안내서에서 봤던 그 아시아 여인의 얼굴이 들어왔습니다. 킴 코흐트의 셰프 겸오너 김소희 씨의 요리책이었습니다. 이름을 확인하며 '역시 한국사람 맞구나' 했습니다. 잠시 내용을 살펴보니 저자가 소개하는 요리는 한국음식이아니라 어딘가 동남아시아 분위기가 풍기는 퓨전 아시아 요리들이었습니다. '아하, 이분이 정통 한국음식으로는 승부하기 어려우니 이런 전략을 취하는구나. 그것도 괜찮은 방법일 수 있겠지.' 하지만 그날 제가 책방에서 고이 데리고 나온 녀석은 그 책이 아니라 오스트리아 전통요리책이었습니다.

계절이 몇 번 바뀌었습니다. 포르투갈 친구 마리아 두 카르무와이런 저런 음식에 관한 얘기를 주고받던 중이었어요. 우리는 가끔씩 서로집으로 불러 저는 한국음식을 해주고, 그녀는 제게 포르투갈 음식을 해주는 사이인 만큼 두 나라의 음식이 심심치 않게 화제에 오릅니다.

그녀가 돌연 묻습니다.

"너, 나슈시장에 있는 킴 코흐트 가봤어?"

나슈시장 속에 킴 코흐트 분점이 생겼다는 얘기는 얼핏 들었지만 가본 적은 없었습니다. 한국음식이라면 스스로 알아서 해먹고 있었고, 퓨전음식이라면 굳이 찾아먹지 않아도 된다고 생각했던 까닭이지요.

"맛있었어? 뭐 먹었는데?"

"야채도 많이 들어가고 깔끔하고 맛있었어."

친구가 이름은 잊었다고 하면서 열심히 음식 묘사를 하는데 잘들어보니 돌솥비빔밥입니다. 아, 돌솥비빔밥이라니! 갑자기 구미가 당기고식욕이 돌았습니다. 뜨겁게 달궈 비빔밥을 담아낼 돌솥이 집에는 없었으니 '스스로 알아서' 해먹을 수 없는 메뉴였죠. 마리아 두 카르무가 말하길, 자기는 맛있게 먹긴 했지만 그제 정통 한국음식인지는 판단할 수 없으니 네가 한번 가서 맛을 보고 어떤지 얘길 해다오, 그러더군요.

게다가 우리 부부와 만날 때마다 이런저런 맛집을 화제에 올리기를 즐기는 미식가 게이 커플 에릭과 토미마저도 킴 코흐트에 한번 가보라고 성화였습니다. 본점에 가려면 예약을 석 달 전부터 해야 한다더라, 그래서 우선 나슈시장 분점에 가봤는데 정말 맛있더라, 결국 본점에 가보고야 말겠다, 너도 한번 가봐라, 그곳 음식에 대한 네 의견이 어떤지 궁금하다, 이렇게 속사포로 쏘아대는 토미 아저씨 말에, 저는 한국인 요리사가 만드는 음식에 대한 의견을 묻는 이 외국인 친구들에게 한국인으로서 성의 있고 내용 있는 답변을 해줄 수 있어야겠다는 근거 없는 의무감을 느끼며 조만간 꼭 한번 일을 저질러보기로 굳게 다짐했습니다.

점심시간. 나슈시장.

마침 연초 휴가철 끝날 무렵이라 관광객도 별로 없고 현지인들도 휴가에서 아직 다 돌아오지 않은 시기여서 한산했습니다. 예상대로 빈자리가 있었습니다. 가게는 벽에 유리를 끼워 내부가 훤히 들여다보이는데, 40제곱미터 정도 되는 공간을 환하고 깔끔하게 꾸몄고 중앙에는 여러 손님이 함께 앉을 수 있는 커다란 공동 테이블이 놓여 있었습니다. 킴 코흐트 상표가 붙은 각종 소스와 허브믹스, 그리고 책방에서 봤던 요리책도 보였습니다. 본점은 음식이 코스로 나오는 고급 레스토랑이라 들었는데, 분점은 일부러 나슈시장 분위기에 맞도록 편안한 모습으로 꾸민 것 같았습니다.

메뉴판을 살폈습니다. 애피타이저로는 수프, 딤섬 등이 있었고,

유일한 한식 메뉴인 비빔밥 외에 퓨전 참치요리나 스테이크도 주문이 가능했습니다. 비빔밥은 '비빔'이라고만 적혀 있었는데 곧 그 이유를 깨달았습니다. 밥 대신 국수를 고를 수 있었기 때문입니다. 비빔밥이나 비빔국수에 얹을 고명은 불고기, 매운 닭볶음, 구운 참치 중에서 선택합니다. 저는 불고기를 얹은 비빔밥을 주문했습니다. 김치는 없었지만 따뜻한 국물이 함께 나왔습니다. 비빔밥 맛이 순하고, 특히 불고기가 많이 달았습니다. 오스트리아 사람들 입맛에 맞춘 음식이었습니다. 정통 한식이라 보기는 어려웠고, 질 좋고 신선한 재료를 사용해 잘 만든, 서구인에게 한국음식을 쉽게 접할 수 있도록 만든 고급 퓨전음식이었습니다. 전통적인 맛을 기대했던 저는 다소 실망하며 빈 그릇을 거둬가는 웨이터에게 실없이, "레스토랑 본점 예약하기가 그렇게 어렵다면서요?" 하고 물었습니다. 그랬더니 "네, 맞아요. 그래도 제가 금방 전화해서 물어봐드릴 수 있는데 물어볼까요?" 이럽니다. "네? 저 그게 아니라…" 하며 머뭇거리는 동안 그가 벌써 잽싸게 전화통을 붙들고 있습니다. "내일 저녁 6시에 딱 한 테이블 빈다는데요. 예약하실래요?"

그리하여 평소에 별로 충동적이지 않은 제가 그날따라 매우 충동적인 결정을 내렸습니다. 한식당이 아닌 곳에서 한식을 시키며 한식이 아니라고 실망할 것이 아니라는 생각이 들었기 때문이죠. 그리고 한국인으로서 외국에 나와 성공적으로 고급 레스토랑을 운영하고 있는 김소희 씨를 한번 직접 만나보고 싶은 마음도 있었습니다.

다음날 저녁 오후 6시 정각. 레스토랑에 도착했습니다. 손님을 오후 6시와 8시, 이렇게 두 차례 받기 때문에 정시에 맞춰 가달라는 분점 웨이터의 당부가 있었습니다. 재빨리 세어보니 세팅된 테이블 9개에 스태프가 7~8명쯤 됩니다. 셰프까지 합하면 한 테이블 당 스태프 한 명 꼴입니다. 손님이 시중을 받기 위해 오래 기다릴 필요가 없는 고급식당이라는 뜻이지요. 주방에 유리창을 설치해 셰프가 요리하는 광경이 시원하게 들여다보입니다. 실내는 따뜻한 색깔의 목재와 구리를 매치시킨 디자인으로 꾸며 현대적이면서도 차갑지 않은 느낌을 줍니다. 6시 손님은 세 코스, 8시 손님은 다섯 코스 메뉴로 정해져 있고, 구체적으로 어떤 요리를 할지는 그날그날 셰프가 결정합니다. 재료는 해산물을 중심으로 하며, 네발짐승 고기는 불고기가 포함된 점심 메뉴를 제외하면 저녁 메뉴에는 원칙적으로 사용하지 않습니다.

먼저 달콤한 소스를 뿌린 두부 한 조각과 샷글라스에 담긴 초미니 고구마 스프가 애피타이저로 나온 후, 드디어 김소희 씨가 모습을 드러냅니다. 셰프가 직접 각 테이블을 돌아다니며 손님들과 담소를 나누고 주문을 받는데, 이때 손님은 요리를 고르는 게 아니라 '생선'과 '기타 해산물' 중에서 원하는 식재료를 선택합니다. 남편과 제가 앉은 자리에서 가장 먼 곳에서 시작해 차츰 다가오던 셰프가 갑자기 우리만 쏙 빼놓고 주방으로 들어가 주문 받아 적은 쪽지들을 주르르 걸어놓더니, 금방 다시 돌아나와 우리한테 옵니다.

"안녕하세요! 저희한테는 안 오시는 줄 알았어요."

제가 농을 겁니다.

"안 오기는요, 와야지예."

셰프가 고향 부산 사투리로 답합니다.

김소희 씨는 연말휴가를 마치고 영업 재개한지 이틀째라며, 아프리카 잔지바르 섬에서 지인이 호텔을 여는 일을 도와주고 오느라 이렇게

까무잡잡하게 탔노라고 말했습니다. 잔지바르에서 경험한 일들을 한참 얘기해주던 셰프는 향신료로 유명한 그곳에서 가져온 후추, 허브 등의 양념을 오늘 요리에 활용할 것이라고 설명했습니다. 빈으로 돌아올 때 공항에서 부친 큰 가방이 어디로 갔는지 사라져 아직도 못 받았지만, 그 향료들만은 손짐으로 소중히 챙겨왔다며 환하게 웃었습니다.

곧 셰프가 바쁘게 음식을 준비했습니다. 식재료로 '생선'을 선택한 우리에게 이윽고 세 가지 방식으로 준비한 참치회가 두 조각씩 투명한 3단 그릇에 담겨 첫 코스로 나왔습니다. 한 단은 달콤새콤한 소스에 버무려 위에 고춧가루를 뿌리고, 한 단은 센 가스불에 겉만 살짝 굽고, 마지막 한 단은 참치회를 다져 다소 맵게 양념한 것을 조개모양 파스타 안에 채워 넣고 그 위에 건포도를 올려 매운 맛과 조화시켰습니다. 두 번째 코스는 대구살을 얹고 그 위에 매운 잔지바르 후추와 스페인산 분홍빛 가다랑어 포를 양념으로 뿌린 아마란스 리조토였습니다. 웨이터가 음식을 설명해줄 때 '아마란스'라는 말이 생소해 이를 놓치고 리조토만 기억한 채 맛을 보는데 재료로 쓰인 곡물 알갱이가 조처럼 자잘하고 특이해 나중에 셰프에게 물어보니 바로 그게 아마란스였습니다. 아마란스란 고대 아즈텍 문명의 주요 환금작물로 단백질, 칼슘 등 주요 영양소를 많이 함유하고 있어 요즘 건강한 식재료로 부상하고 있는 곡물인데, 셰프는 아마란스에는 글루텐이 없어 글루텐 알레르기 때문에 밀가루 음식을 못 먹는 사람도 즐길 수 있다고 설명했습니다. 마지막으로 나온 음식은 농어에 각종 향신료와 허브를 얹고 남미산 보랏빛 감자로 만든 뇨끼(이탈리아식 수제비)를 곁들여, 함께 베이킹페이퍼에 싸서 구운 요리였습니다.

이날 정성스럽게 준비된 창의적인 음식들을 맛보고, 또 분주한 중

1

에도 한국인 손님을 만난 죄로 특별히 시간을 들여 질문에 답하고 여러 이야기를 들려준 셰프를 만나보니, 뚝심이 대단했습니다. 중국식 볶음 요리, 일본식 스시, 한국 음식 한두 가지를 적당히 소개하는 식이 아니라 고급 레스토랑으로 승부하겠다는 배짱과 자신감이 느껴졌습니다.

또한 퓨전 요리는 빈 사회의 한가운데로 파고드는 목적을 수행하는 데 매우 적절한 전략이었습니다. 오랜 세월 아시아 이민자와 그들의 음식에 노출된 미국에 비해 유럽인은 아직 아시아 본토의 맛에 익숙지 않다는 점을 감안할 때, 킴 코흐트의 메뉴는 오스트리아 사람에게 부드럽게 다가가 아시아 음식에 대한 경계심을 풀어놓는 그런 요리들이었습니다. 『고추가 토마토와 입맞춤하다』(Chili küsst Tomate)라는 김 셰프의 요리책 제목은 그가 만드는 음식의 성격을 잘 표현하고 있죠. 다만 제가 앞서 묘사한 요리에서도 감이 오셨겠지만, 킴 코흐트는 한식당이 아닙니다. 한식의 색채가 짙은 퓨전식당도 아닙니다. 그날 접한 어느 음식에서도 한국의 맛은 전면에 드러나지 않았습니다. 때때로 한국의 맛을 '연상시키는' 참기름이나 된장 맛 같은 것이 배경에 반주로 은은히 깔릴 뿐이었죠. 킴 코흐트 홈페이지에도 소개되어 있는 대로, 제가 경험한 식사는 그야말로 "아시아,

2

— 1 —
킴 코흐트 레스토랑
본점 내부

— 2 —
남미가 원산지인 곡물
아마란스, 대서양산 대구,
스페인산 가다랑어 포,
아프리카 잔지바르 섬
후추의 융합.

오스트리아, 세계요리의 퓨전"이었습니다. 그렇다면 우리는, 김 셰프의 성공에 박수를 보내되 '한식의 세계화' 같은 호들갑스런 표현으로 그의 자유로운 창의력에 제동을 거는 실례는 하지 말아야겠지요.

저는 킴 코흐트를 경험한 후, 외국인 친구들이 물어보면 이제 해 줄 이야기가 좀 생겼다는 소박한 안도감 외에도, 상당히 모범적인 이민 사례를 목격했다는 생각에 어떤 흐뭇함을 느꼈습니다. 19세에 유학 와 30년 가까이 빈에서 생활한 김 셰프 같은 교포 1세대가 공통적으로 직면하는 어려움은 자칫 한국사회나 현지사회 어느 쪽에도 단단한 소속감 없이 경계에서 붕 뜬 채 살아갈 염려가 있다는 점이고, 상황은 약간 다르지만 20대 중반에 한국을 떠나 계속 외국으로 돌고 있는 저 또한 그런 애로점을 실감하고 있습니다. 이때 최선의 시나리오는 양 문화를 모두 잘 알고 있다는 점을 장점으로 활용하는 것입니다. 자신이 이주한 사회의 주변에서 맴도는 대신 야심차게 가운데로 뚫고 들어가 현지인을 상대로 판을 크게 벌이고, 그 결과 빈 사회에서 누구에게나 인정받는 요리장인이 된 김소희 씨의 경우는 그런 강점을 어쩌면 가장 이상적으로 발휘해낸 경우라고 볼 수 있습니다. 한편 빈 사회의 입장에서는 김소희 씨 같은 이민자의 존재로 인

—3—
세프 김소희 씨

해 아시아와 세계 각지의 식재료와 조리법을 접하며 다양성의 혜택을 그 야말로 '맛볼' 수 있게 되었고, 또 그러면서 아시아 이민자, 여성 이민자가 운영하는 사업체를 존중하는 마음도 커졌을 테니, 결국 이민 온 사람과 이민을 받은 사회가 서로 함께 이익을 본 것이 아닐까요?

6

인형 전문점

LOTTE NÄHT

로테 네트

– 위치 –
EGGERTHGASSE 10, 1060 WIEN

– 웹사이트 –
WWW.LOTTE-NAEHT.AT

빈의 재래시장 나슈마르크트와 그 남단에 열리는 토요일
벼룩시장을 구경한 뒤 쇼핑가 마리아힐퍼슈트라세(Mariahilferstrasse)로
발걸음을 옮기는 경우, 나슈마르크트를 따라 좌측으로 이어지는
링케 빈차일레(Linke Wienzeile)와 마리아힐퍼슈트라세를 잇는 빈 6구의
거미줄 같은 샛길들을 이용하게 됩니다. 인형 전문점 로테 네트는
그런 샛길 가운데 하나인 에거트가세에 있습니다. 경쾌한 파란색
간판이 눈에 확 들어오는 이 자그마한 가게는 온갖 색상과 문양의
옷감으로 만든 귀여운 동물인형으로 가득합니다.

'로테 네트'라는 상점명이 '로테가 바느질한다'는 뜻이어서 주인
이름이 로테인 줄 알았는데, 알고 보니 그녀의 본명은 가비
바그너(Gabi Wagner)였습니다. 유치원에서 아이들을 가르치던 바그너
씨는 빈 응용미술대학에 진학해 디자인을 공부한 뒤 코펜하겐에서
1년간 실습을 하고 빈에 돌아와 고등학교에서 미술과 디자인을

— 1 —
상점 현관
— 2 —
'로테가 바느질한다'는
뜻의 로테 네트
— 3 —
로테 네트 내부

1

2

3

가르치다가 두 해 전인 2010년 봄 오랫동안 꿈꾸던 자신의 인형가게를 열었습니다. 일을 저질러놓고 걱정이 많았지만 지난 2년간 의외로 좋은 반응을 얻어서 앞으로 잘츠부르크와 취리히의 특정 매장에서도 자신의 제품을 판매할 예정이라며 밝은 표정을 지었습니다. 동물의 특징을 예리하게 잡아내 단순한 선으로 유머 있게 표현한 것이 아이들에게 인기를 끈 것입니다. 시골 농장에서 자란 까닭에 동물과 곤충을 무척 좋아해서 동물인형을 제작하게 됐다는 바그너 씨는, 일곱 살짜리 아들 페르디난트도 동물을 고르고 디자인하는 데 큰 도움을 준다고 말합니다. 실제로 아들이 좋아하는 물건은 잘 팔리고 아들이 무관심한 품목은 인기가 덜해서, 아들이 자신의 테스트 마켓이라며 웃습니다. 재봉틀 옆에서 자란 페르디난트는 벌써 능숙하게 재봉틀질을 한다는군요.

매장 옆방은 공방입니다. 모든 인형은 이 공방에서 바그너 씨의 손으로 제작되며, 이곳에서 아이들을 위한 바느질 교실도 열립니다. 바그너 씨는 각양각색의 옷감을 보여주며, 질 좋은 옷감을 저렴하고 안정적으로 확보하는 일이 생각보다 까다롭다고 말합니다.

매주 월요일은 가게 문을 닫고 오스트리아 전통 면직물을 구하러 전국을 다닌다는 그녀는 어떤 때는 스위스와의 접경 지역 산골까지

— 4 —
매장과 연결된 공방 모습

— 5 —
로테 네트에서 파는
인형들은 이름이
없습니다. 아이들이 직접
이름을 지어주도록 하기
위해서입니다.

4

5

가서 오스트리아 전통의상 트라흐텐을 만드는 데 쓰는,
튼튼하고 빨아도 색이 안 빠지는 면직물을 구해옵니다. 은퇴를
위해 트라흐텐 가게를 처분하는 이들을 어렵게 찾아내 옷감을
대량 구매하기도 합니다. 아쉽게도 유럽 전역에서 전통 면직물이
점차 희소해지는 추세고 그만큼 가격도 높아서, 어떻게 하면
중국산 면직물을 가능한 한 사용하지 않으면서 가격을 그대로
유지하느냐가 큰 숙제라고 바그너 씨는 덧붙입니다.

— 6 —
부엉이 인형

— 7 —
바그너 씨의 아들
페르디난트의 요청으로
탄생한 아기 가오리 인형

— 8 —
쿠션이나 장식용으로
쓸 수 있는 사슴벌레
인형을 끌어안고 있는
바그너 씨

6   7   8

무도회 시즌의
만상

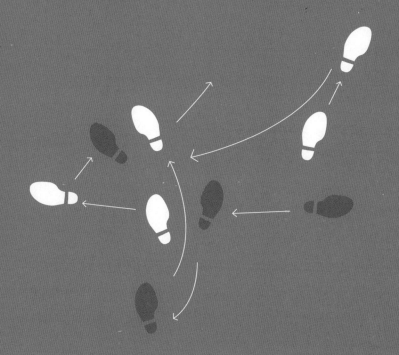

"빈 회의는 춤춘다."
— 샤를 조제프 리뉴 대공

아시다시피 빈은 무도회의 도시입니다. 크고 작은 무도회가 1년 내내 열리지만, 특별히 수십 종류의 전통 깊은 무도회가 한꺼번에 열리는 1~2월을 현지인들은 불어를 그대로 차용해 '발세종'(ballsaison) 즉 '무도회 시즌'이라고 부릅니다. 무도회가 1~2월에 몰리는 이유는 이 기간이 사육제(카니발) 기간이기 때문입니다. 나라마다 며칠씩 차이는 있지만 오스트리아의 경우 사육제는 예수의 출현을 축하하는 주현절(공현절)인 1월 6일부터 사순절의 시작을 알리는 재의 수요일(보통 2월 말이나 3월 초)까지 이어집니다. 같은 독어권이라도 오스트리아 동부와 독일 남동부에서는 사육제를 '파싱'(Fasching)이라 일컫고, 오스트리아 서부·스위스·독일 남서부에서는 '파스나흐트'(Fasnacht), 북독일에서는 '카르네발'(Karneval)이라고 합니다.

　　카니발은 농민들의 토속신앙에 가톨릭 전통이 융합되며 발전해 왔습니다. 백성들이 부활절을 앞두고 예수의 죽음을 생각하며 금욕적인 생활에 돌입하기 전 두 달가량, 마음껏 먹고 마시고 거리에서 춤추고 놀면서 스트레스도 풀고 지루한 겨울을 극복하는 기회였습니다. 그런데 묘하게도 오스트리아, 특히 빈에서는 다른 지역처럼 요란한 가면을 쓰고 거리 행진을 하며 거나하고 투박한 축제를 벌이는 대신 드레스와 턱시도를 입고 왈츠를 추는 편을 택했던 것이지요. 빈에도 거리 행진이 있긴 하지만 매우 소규모이고 시민들도 대체로 무관심한 편입니다. 이런 예외적인 상황의 기원은 18세기 마리아 테레지아 시대로 거슬러 올라갑니다. 혁명을 경계하던 마리아 테레지아는 폭동과 소요를 방지하기 위한 방편으로 옥외에서 가면을 쓰는 일을 금했고, 파싱 행사는 어쩔 수 없이 실외에서 실내로 자리를 옮겼습니다. 가면행진이 가면무도회로 바뀐 것입니다. 게다가 마리아 테레지아에 이어 여러 개혁을 단행한 계몽전제군주 요제프 2세가 1773년에 호프부르크 궁전 무도회장을 평민들에게도 개방하면서 파싱 축제는 귀족들의 무도회 전통과 결합해 빈의 문화로 안착합니다.

빈의 무도회 문화를 전 유럽에 알리는 데 기여한 사람은, 프랑스 혁명 이전 체제로의 복귀를 꿈꾸며 빈 회의(1814~15)를 주도했던 메테르니히 재상입니다. 그는 장기간 이어진 빈 회의에 참석중인 각국 사절단을 즐겁게 해주려고 틈틈이 무도회를 열고 어여쁜 오스트리아 처자들을 불러 국빈들과 왈츠를 추게 했습니다. 당시 외국 손님들 눈에는 배우자가 아닌 여성의 몸에 손을 대고 빠른 속도로 격렬히 추는 왈츠가 점잖지 않은 것이었으나, 그래서 더욱 화제가 되고 인기를 모았던 것이 아닌가 합니다. 원래 시골 농민들의 춤이던 왈츠가 빈에까지 도달해 상류층으로 퍼져나간 것도 바로 귀족과 부르주아 계층이 하층민의 자유분방한 춤 문화를 부러워하면서 흉내내다 정착한 것이라고 하니까요. 즉 오늘날 무도회는 상향한 왈츠와 하향한 연회문화가 빈의 특정한 역사적 맥락 속에서 만나 뒤섞인 것으로 볼 수 있습니다. 옆 나라 독일과 스위스에서는 남녀노소 할 것 없이 가면을 뒤집어쓰고 거리로 몰려나가 예의범절 따위는 내던지고 동료 시민에게 짓궂게 장난치고 지체 높으신 나리들을 공개적으로 웃음거리로 삼는 다분히 정치적인 카니발 전통이 이어지고 있는 점을 생각해보면, 기득권층을 풍자·조롱하는 요소가 깔끔히 세탁된 빈의 무도회는 꽤나 보수적입니다. 아이들 천국인 가면행진에 비해 무도회는 그 특성상 성인 중심의 오락이라는 점도 특기할 만하고요.

무도회라고 하면 흔히 우아한 드레스와 턱시도가 연상되는데, 이런 우리의 상상에 가장 잘 들어맞는 무도회는 아마도 '오페른발'(오페라 무도회)과 '필하모니커발'(빈 필하모닉 무도회)일 것입니다. 특히 국립오페라극장에서 열리고 대통령과 총리가 참석하는 국가대표급 무도회 오페른발의 경우는 흔히 턱시도라 부르는 '블랙타이'(검정 나비넥타이를 매는 데서 유래하는 명칭) 차림조차 허락되지 않고, 남성정장 중에 가장 격식 있는 '화이트타이' 연미복 차림을 해야만 입장할 수 있습니다. 여성의 드레스 길이는 땅에 닿거나 아무리 짧아도 복숭아뼈까지 내려와야 합니다. 그보다 짧으면 아무리 비싼 입장료를 다 지불했다 해도 절대로 입장이 불가능합니다. 하지만 이렇게 엄격히 격식을 차리는 무도회만 있는 것은 아닙니다. 제과업자 무도회, 카페 주인 무도회, 의사 무도회, 법률가 무도회, 국제원자력기구 무도회, 약방 무도회, 사냥꾼 무도회, 티롤동향회 무도회 같은 비교적 전통 있으면서도 한 풀 느슨한 무도회 외에도, 동성애자들의 장미 무도회, 난민 무도회, 학교수

1

— 1 —
국제원자력기구
무도회

082

위 무도회, 노숙인 무도회 등 드레스코드에서 자유로운 온갖 종류의 무도회가 열립니다.

　　카페 브로이너호프에 갔더니 낡은 피아노 위에서 '카페지더발' (Kaffeesiederball), 즉 카페주인장들이 주최하는 무도회 팸플릿이 놓여 있더군요. 한번 펼쳐보겠습니다. 우선 첫 장에는 1955년에 설립된 '카페주인클럽'에 대한 짤막한 소개글이 적혀 있습니다. 그 옆 페이지에는 2012년 2월 10일에 열리는 제55회 무도회의 테마를 '비너 멜랑주'로 정한 이유를 설명해 놓았습니다. 카페주인들이 주최하는 무도회답습니다. 1장에서 소개한 바 있는 '비너 멜랑주'는 빈의 대표적인 커피 종류입니다. 카페마다 고유의 레시피가 있긴 하지만 팸플릿에 나온 내용을 그대로 옮겨보면, "에스프레소보다 살짝 엷게 탄 커피와 따끈한 우유를 1 대 1 비율로 섞어 커피 잔에 붓는데 이 때 1센티미터 정도를 남겨 나머지를 우유거품으로 채운다"고 되어 있군요. 진한 에스프레소를 사용하는 이탈리아식 카푸치노와도 구별되고, 생크림을 얹는 것이 아니라는 점에서 블랙커피에 생크림을 얹은 아인슈페너(Einspänner)나 밀크커피에 생크림을 얹은 프란치스카너 (Franziskaner)와도 다릅니다. 카페주인클럽 회장님은 비너 멜랑주가 "다르고, 새롭고, 다양한 것들의 혼합"을 상징한다며 그럴 듯한 의미를 부여합니다. 다음 장을 보니 하인츠 피셔 대통령이 명예후원자이고 베르너 파이만 총리와 각 장관 및 최고위 관리, 저명한 사회인사 수십 명이 명예위원직을 맡고 있군요. 아마 이 가운데 일부가 직접 참석할 테지요.

　　프로그램을 살펴봅니다. 19시 30분. 호프부르크 궁전에 입장이 개시됩니다. 21시. 개회 팡파르와 함께 콘서트와 발레 공연이 이어집니다. 우선 '빈 오페른발 관현악단'이 연주하는 말러 교향곡 1번에 맞추어 빈 국립오페라 발레단이 공연을 합니다. 그다음, 사교계에 새로 데뷔하는 미혼 남녀들이 입장해 차이코프스키의 「예브게니 오네긴」에 나오는 폴로네즈와 요한 슈트라우스 2세의 「집시남작」에 나오는 행진곡, 그리고 「박쥐」서곡 등에 맞춰 춤을 춥니다. 자정이 되면 무도회장이 모든 참가자에게 개방되고 다들 나와 새벽 4시 30분까지 사교춤을 춥니다. 밤새 춤을 추노라면 배가 고플 테니 여러 가지 요기거리가 차려진 스탠드에서 에너지를 충전합니다. 커피집 주인들이 주최하는 춤 파티인 만큼 역시 커피와 케이크가 빠질 수 없습니다. 열거된 음식 목록을 보니 샴페인과 굴도 있고 각종 칵테일과 거위 간으로 만든 고급 간식거리가 눈에 뜨입니다. 그런데 빈 사람들 아니랄까봐 그 화려한 호프부르크 궁전 안에 소시지 스탠드가 설치됩니다. 예쁜 드레스들을 빼입고서는 소시지를 손에 들고 겨자에 찍어 입에 집어넣는 모습을 상상하면 조금 우습지요. 현지인들은 그게 바로 자기들 전통이라고 자랑스레 말합니다. 세련됨과 소박함이 공존하는 모습에서 모순을 보지 않고 외려 편안함을 느끼는 것이 바로 빈 사람들이라는군요. 이 무도회+소시지 콤비네이션에 진저리를 치는 프랑스 친구 때문에 잠깐 웃다가, 빈 사람들이 아무리 자기들 무도회 시즌을 '발세종'이라 부른다 한들 프랑스인들과는 다른 기호를 지닌 이들이라는 생각을 해봤습니다.

오늘날 무도회 시즌은 빈 시민들끼리만 즐기는 행사가 아니라 관광객을 유치하는 기회이기도 합니다. 헐리우드 배우 등 유명인들을 비롯해 수많은 국내외 관광객이 행사에 참가하려고 빈으로 몰려듭니다. 빈 시 입장에서는 여름 관광철과 크리스마스 시즌에 이어 관광 수입이 풀쩍 솟는 또 한 차례의 성수기를 맞게 됩니다. 2012년 시즌에 빈에서 열린 450개의 무도회에 참가한 국내외 총 인원은 약 47만5,000명이고, 이 가운데

2

3

약 4분의 1이 외국을 포함해 빈 이외의 지역에서 오는 방문자들입니다. 무도회 참가자 일인당 평균 230유로를 소비한다니까, 곱해보면 약 1억 유로의 관광수입이 있었다는 얘기입니다. 전년도인 2011년 무도회 관련 매출 총액은 7,300만 유로였습니다. 빈의 경제에 적지 않은 영향을 줄 만한 금액입니다.

유명 무도회의 입장료는 2012년 기준으로 카페주인 무도회가 125유로, 오페라 무도회가 250유로입니다. 기본 입장료만 그렇습니다. 오페라 무도회의 경우 2인용 탁자를 빌리려면 360유로, 4인용 탁자를 빌리려면 720유로를 추가로 내야하고, 꼭대기 6층의 경우만 반값입니다. 오페라 무도회 박스석을 빌리는 값은 1만8,500유로에 달합니다. 1유로에 1,400원 정도이니 무려 2,600만원입니다. 이러니 서민은 갈 수도 없을 뿐더러 오페라 무도회처럼 명성 높은 무도회는 그 돈을 낼 수 있어도 가기 어렵습니다.

예컨대 이런 식입니다. 우선 해당 무도회 주최측과 연관을 맺은 소위 일급 사회명사들이 큰돈을 내고 먼저 좋은 좌석을 확보합니다. 그리고 이들이 앞장서서 무도회의 명성을 이어가는 데 도움이 될 만한 다른 유명인사들을 직접 초대합니다. 일급 명사 대열에 끼지 못하는 사람들은 주최 측에 표값보다 훨씬 큰 금액의 지원금을 기부하고 입장권 몇 장을 얻어냅니다. 한편 무도회 스폰서 업체들도 할당된 표를 받아가 자신들의 접대하고 싶은 업자에게 선물합니다. 이러니 오페라 무도회의 명목상 입장료는 250유로지만, 초대받거나 기부금 낼 능력은 못되니 생돈을 내고서라도 오페라 무도회에 가고 싶은 사람들은 대기자 명단에 이름을 올립니다. 그러는 사이 표 값은 계속 오릅니다. 예를 들어 2012년 2월 16일에 열

4

5

리는 오페라 무도회 입장권을 1월 30일에 확인해보니, 일반 입장권은 313 유로, 2인용 탁자 이용료는 538유로로 올라 있습니다. 그마저도 확실히 살 수 있는 가격이 아니라, 그 가격을 내더라도 기다리겠다는 사람에게 제시되는 가격입니다. 사정이 이런 까닭에 연줄 있는 사람들 끼리의 폐쇄적인 관계를 더욱 공고히 하는 엘리트 모임이라는 비판도 있습니다. 오페라 무도회 같은 특권층들 행사에 얼굴을 내비쳐야 하는 건 좌파 최고지도자들도 예외가 아니어서 사민당 당수였던 브루노 크라이스키(1911~90) 전 총리는 이렇게 말하기도 했습니다.

"역사의 짓궂은 복수는 젊어 혁명가였던 이들이 나중에 나이 들어 턱시도에 훈장 달고 오페라 무도회에 참석해야 한다는 것이다."

다행히 모든 무도회가 오페라 무도회처럼 그림의 떡은 아니어서, 빈에 온 김에 무도회를 구경하고 싶다면 가능한 규모와 명성이 작은 무도회를 골라 무도회장 중앙에서 가장 먼 좌석, 콘서트홀이라면 천정에 가까운 꼭대기 좌석 혹은 입석표를 찾으면 됩니다. 의외로 저렴한 입장권도 어차피 아무리 좌석이 안 좋은 표를 사서 들어가도 일정 시각 이후에는 모든 참가자들이 무도회장으로 내려와 춤을 추는 시간이 있기 마련이므로 상관없다는 겁니다. 본 무도회가 아니라 리허설을 구경하는 방법도 있습니다. 이도 저도 다 실패한 경우에는 무도회를 좋아하는 빈 시민 다수가 시도하는 마지막 비장의 방법이 하나 있습니다. 바로 각자의 집에서 무도회를 여는 것입니다. 오페라 무도회는 매년 텔레비전에서 생방송을 해줍니다. 그러면 사람들은 집에서 예쁘게 차려입고 맛있는 음식도 차려놓고 친구들을 불러 오페라 무도회 생방송에 맞춰 춤추며 놉니다.

　　매년 오페라 무도회가 있는 날이면 함께 열리는 행사가 있습니다. 바로 '오페른발 데모'(Opernballdemo)입니다. 첫 시위는 1987년에 있었습니다. 당시 독일 바이에른 주에서 핵연료재처리시설 건립을 계획 중이었는데, 이를 추진한 보수 정치인 프란츠 요제프 슈트라우스(뮌헨 공항 이름이지요) 바이에른 주 수상이 오페라 무도회에 참석할 계획이라는 것이 알려지자 빈 소재 환경단체들이 무도회가 열리는 국립오페라극장 앞에서 반핵시위를 열었습니다. 첫해 500여 명이 참가했던 시위는 이듬해 3,000여 명이 참가하는 규모로 확대됐고, 반자본주의, 대안적 삶, 평화주의 등 매년 해당 시기마다 논란이 된 이슈들을 주제로 계속 이어졌습니다. 오페라 무도회를 타도해야 할 자본주의의 상징으로 규정하는 한편, 이 무도회에 주어지는 관심과 미디어의 보도를 십분 활용하는 효과적인 좌파 시위 전략이 개발된 것입니다. 이후 오페른발 데모는 매년 경찰과 신경전을 벌이며 부상자와 체포자를 내면서도 일종의 전통으로 자리 잡았습니다. 시위가 절정에 달한 것은 중도보수 국민당(ÖVP)과 극우 자유당(FPÖ)이 연립정부를 구성하며 집권여당이 된 2000년도였습니다. 이 해에 무려 1만5,000여 명의 시민이 오페른발 데모에 참가했습니다.

　　이후 3~4년간은 이라크 전쟁과도 맞물려 매년 수천 명씩 오페른발 데모에 참가했고, 곤봉을 휘두르거나 물대포를 쏘는 경찰의 강경진압으로 일부 폭력사태가 일기도 했습니다. 그러나 2000년대 후반으로 접어들면서 참가자가 급격히 감소하고, 급기야 2010년도에는 시위가 아예 열리지 않았습니다. 이런 현상에 대해서는, 90년대와 2000년대 초반에 활발히 일하던 활동가들이 중년에 접어드는 가운데 뒤를 이을 젊은 활동가들을 길러내지 못한 점, 에너지를 모을 수 있는 구체적인 이슈 없이 좌파의 의제가 너무 추상화됐다는 점, 시위에 대한 시민의 관심을 불러 모으기에는 오페라 무도회라는 것 자체가 요즘에는 예전같은 특별한 의미가 없다는 점 등이 이유로 거론됩니다. 2012년 오페른발도 시위 없이 지나갔습니다. 특기할 만한 점이라면 마약확산 방지를 위한 파리협약 각료급 회의에 온 반기문 유엔 사무총장이 무도회에 국빈으로 참석했다는 것, 그 덕분에 오페라 무도회를 통해 사교계 데뷔하는 남녀들 중에 한국 젊은이들 몇 명이 포함되었다는 것 정도였지요.

그런데 한 해 전인 2011년에는 6명이 참가한 미니 시위가 있었습니다. 무엇 때문이었을까요? 해마다 오페라 무도회에 패리스 힐튼, 파멜라 앤더슨, 카르멘 엘렉트라 같은 요염한 여인들을 초대해 매스컴의 관심 집중을 즐기는 빈의 건설재벌 리하르트 루그너가 이번에는 베를루스코니 이탈리아 전 총리와 미성년 매매춘 스캔들에 휘말렸던 나이트클럽 댄서 '루비'를 자기 게스트로 초대했기 때문입니다. 시위대가 들고 있던 피켓에는 이렇게 적혀 있었습니다. "우리 오페라 무도회는 붕가붕가 파티가 아니다." "프롤레타리아는 우리 오페라극장에서 나가라." 여기서 프롤레타리아란 물론 18세의 '모로코 창녀 루비'를 뜻하겠죠. 어떤 상황인지 짐작이 되시지요? 이 시위대는 기존의 좌파 시위대가 부활한 것이 아니라, '우리의 소중한 문화유산'인 오페라 무도회의 품격이 훼손될 일이 염려된 나머지 직접 거리로 나선 애국 시위대였던 것입니다.

문화유산 얘기가 나왔으니 말이지만, 실제로 빈 무도회는 2010년 9월에 유네스코 무형문화유산으로 등재되었습니다. 그런데 2012년 1월, 갑자기 등재가 조건부로 취소됐습니다. 이유는 비너 코르포라치온스링

(Wiener Korporationsring: 이하 WKR) 무도회 때문이었습니다. 통상 WKR로 줄여 부르는 비너 코르포라치온스링은 극우정당인 오스트리아 자유당(FPÖ)과 연계된 남자대학생동호회 연합입니다. 나치를 연상시키는 '단일한 독일민 족' 정체성과 독일문화 우월주의를 기반으로 외국인·이민자·유대인을 혐오하고 네오나치와 홀로코스트 부인자도 일부 섞여 있어 문제가 되고 있는 단체입니다. 남학생 모임인 만큼 남성우월주의도 만연해 있습니다. 자유당은 WKR 연합 산하의 동호회들을 통해 차세대 정치인을 길러냅니다.

유네스코에 무형문화유산 등재 신청을 할 때는 막연하게 '빈 무도회'가 아니라, 구체적으로 어떤 무도회들이 무형문화유산으로 평가받을 만한지 무도회 목록을 작성해 제출하게 됩니다. 이때 제출된 17개의 무도회 중에 WKR가 주최하는 'WKR 무도회'가 포함돼 있었고, 이 목록이 그대로 무형문화유산으로 인정받으면서 논란이 일어난 것입니다. 이에 반인종주의·이민자권리확대 운동을 주도하는 인권단체 'SOS 미트멘슈' (SOS Mitmensch)는 '인종주의와 제노포비아가 오스트리아의 문화유산이라는 뜻이냐'며 오스트리아 유네스코 위원회와 정부에 강력 항의하고 목록에서 WKR 무도회를 삭제할 것을 정식으로 요청했습니다. 한편 오스트리아 유네스코 위원회 위원이던 노벨문학상 수상자 엘프리데 옐리네크(Elfriede Jelinek)도 SOS 미트멘슈에 동조하면서 항의 표시로 사임 의사를 밝혔습니다. 옐리네크는 미하엘 하네케 감독에 의해 영화화되어 2001년 칸 영화제 심사위원대상을 수상하고 많은 화제를 뿌린 「피아니스트」의 원작소설을 쓴 인물입니다. 그녀는 이렇게 말했습니다.

"이런 식으로 수치스러운 행사를 격상시켜주는 것은 파시즘을 규탄하는 헌법을 비웃는 것일 뿐 아니라 오스트리아의 불명예입니다. 독일

민족주의를 선언하는 무도회는 절대로 오스트리아를 영예롭게 할 수 없습니다. 그러려면 독일 문화유산이라고 해야죠. [⋯] 이런 무도회의 불합리한 격상에 모욕감을 느꼈을 세계 모든 이들에게 공개 사과하는 것이 오스트리아 유네스코 위원회가 해야 할 최소한의 도리일 것입니다. 개인적으로는 위원회 전체가 사임해야 한다고 봅니다." (『데어 슈탄다르트』 2012. 1. 19.)

2012년 1월 19일, 결국 오스트리아 유네스코 위원회는 WKR 무도회뿐 아니라 무도회 목록 전체를 무형문화유산에서 삭제했습니다. 위원회 측은 무도회 목록을 수정해 새로 신청하면 다시 고려하겠다며, 유네스코는 "타문화에 대한 관용과 존중 및 문화적 다양성 보존"을 우선순위로 삼고 있다는 언급을 덧붙였습니다. 자유당 대표 하인츠 크리스티안 슈트라헤는 특유의 거친 입으로 "극좌세력의 의도적 준동에 의한 결정"이라며 흥분했지만, WKR 무도회 스캔들은 여기서 끝나지 않았습니다. 2012년 WKR 무도회 날짜가 하필이면 아우슈비츠 수용소에서 유대인 수감자들이 풀려난 날을 기념하는 1월 27일인데다, 무도회 장소는 헬덴플라츠에 면한 호프부르크 궁전이었습니다. 유대인 학살은 없었다고 주장하는 사람들이 유대인 희생자를 기려야 하는 날에 모여 대통령 집무실이 있는 공관에서 파티를 한다는 얘기였습니다. 장소를 빌려주는 호프부르크 측에 시민들의 항의가 쏟아졌지만 무도회 장소는 변경되지 않았습니다. 그래서 시위가 준비됐습니다. '홀로코스트 부인자들의 무도회를 반대한다'는 전

— 6 —
2012년 WKR 무도회
반대 데모 포스터:
"WKR 무도회를
깨부수자"

단이 뿌려졌습니다. 독일에서도 시위대가 원정 오기로 했습니다. 자유당과 주최 측이 극좌세력의 흑색선전이라며 방어적 자세를 취하는 동안, 시민 단체, 오스트리아 사민당(SPÖ), 녹색당, 이스라엘 문화회 등 각종 단체들이 연합해 집회 계획을 짰습니다.

1월 27일 저녁, 약 6,000여 명의 시민이 헬덴플라츠에서 열린 WKR 반대 집회에 참가해 무도회에 입장하는 자들을 야유하고 강경진압을 시도하는 경찰과 몸싸움을 벌였습니다. 시위자 20여명이 체포됐습니다. 그러는 동안 무도회장 안에는 프랑스 극우정당 국민전선을 세운 장 마리 르펜의 딸이자 현 국민전선 대표 마린 르펜을 비롯해 벨기에 극우정당 블람스벨랑과 스웨덴의 극우정당 스웨덴민주당 소속 의원 등 외국의 동조 자들도 손님으로 와 있었습니다. 국방부는 오스트리아 군대의 이미지가 극우단체와 겹치는 일을 우려해 WKR 무도회에 군복 차림으로 참가하는 일을 금지했지만 기어코 군복을 입고 간 참가자도 있었습니다. 2011년 700 명 정도였던 참가자의 수는 2012년 3,000명으로 급증해서 극우파가 얼마 나 세를 불리고 있는지 알 수 있었습니다. 그런데도 자유당 슈트라헤 대표 는 그날 무도회장에서 밖에서 펼쳐지는 시위를 "크리스탈나흐트"에 빗대 며, 이런 수모를 받는 "우리야말로 바로 이 시대의 새로운 유대인"이라는 놀라운 발언을 했습니다. 물론 난리가 났지요. 보수당인 국민당조차 슈트 라헤에게 공식 사과를 촉구했습니다. 이것은 단순한 피해자 코스프레의 징징거림을 넘어, 역사적 감수성을 아예 휴지통에 쑤셔 박고 덤비는 후안 무치의 극치였습니다.

'크리스탈나흐트' 혹은 '수정의 밤'은 나치분자들의 난동으로 깨 진 유리를 영롱히 반짝이는 수정에 비유해가며 유대인에 대한 폭력을 미

7

8

9

—7, 8, 9—
WKR 무도회 반대
데모 사진

화하려는 취지로 나치가 사용한 표현이기 때문에 전후 독일어권에서 교양 있는 이들은 이 말을 입에 담지 않으려 합니다. 대신에 '(1938년) 11월 포그롬'(Novemberpogrome)이라는 용어가 점차 일반화되었습니다. '포그롬'이란 중세 때부터 이어져오는 유대인에 대한 조직적인 박해와 학살을 뜻합니다. 물론 날짜로만 구분되는 객관화된 용어에 반대하고 크리스탈나흐트라는 표현을 그냥 써야 한다는 반대 의견도 있습니다. 포그롬은 오랜 세월 역사 속에서 반복해서 일어났지만 나치의 유대인 박해는 전무후무했고, 크리스탈나흐트라는 용어를 지워버리면 그 속에 담긴 그 시대, 그 사태만의 특수성이 감춰지면서 역사적 중요성이 반감된다는 것입니다. 일리 있는 얘기입니다. 그렇다고 슈트라헤가 역사적 중요성을 부각시키고자 크리스탈나흐트 운운했을 리는 없을 테니, 아무 생각 없는 치졸한 자기보호 반응이었거나, 유대인 희생자들을 또 한 번 욕보이려는 악랄한 의도가 있었겠지요. 무도회를 위해 꽃단장한 슈트라헤의 얼굴을 잘 들여다보면, 아무래도 후자보다는 전자가 아닌가 합니다.

– 위치 –
KÄRNTNERSTRASSE 39, 1010 WIEN
– 웹사이트 –
MODE.OBERWALDER.COM

국립오페라극장과 슈테판 성당을 잇는 번화한 상점가
케른트너슈트라세에 면해 있는 상점 '오버발더'는, 자칫하면 단순한
기념품 가게로 오인하기 쉽습니다. 1층에 진열된 물건만 잠깐
둘러보면 관광객을 위한 것이 틀림없는 비엔나 기념품들만 눈에
띄기 때문입니다. 그러나 이 상점의 진짜 주력 상품은 실은 지하에
감춰져 있습니다. 그게 뭐냐고요? 바로 모자입니다.
1870년에 창업한 오버발더는 애초에 모자 제조업체로
출발했습니다. 오버발더 가족은 오늘날 6구 마리아힐퍼슈트라세
61번지에 위치한 오버발더 지점과 바로 그 오른편 전자제품가게를
아우르는 자리에 공방 겸 상점을 차리고 대를 이어 영업을 해오다가
1970년 보항카(Wohanka) 가족에게 바통을 넘겼습니다. 새 주인은
오랜 역사와 명성을 지닌 창업자 가족의 이름을 그대로 업체명으로
유지하는 한편, 모자 제조는 그만두고 판매에 주력하기 시작하면서

— 1 —
상점 현관
— 2 —
다채로운 색상의
여름용 모자

1

2

국립오페라극장에서 가까운 케른트너슈트라세 39번지에 2호점을
열었습니다. 지금은 케른트너슈트라세 상점이 본점의 기능을 하고
있습니다.

총 500제곱미터에 달하는 오버발더 본점 매장이 1층만 보면 도저히
그렇게 될 것 같지 않아 보이는 이유는 그 넓이의 대부분이 지하
모자매장에 할애되어 있기 때문입니다. 널찍한 이곳 지하에는
성별, 계절, 소재, 색깔별로 온갖 종류의 수많은 모자가 진열되어
있고, 모자에 어울릴만한 장갑, 지팡이, 액세서리 등도 준비되어
있습니다. 모자는 오스트리아 제품과 함께 독일, 이탈리아
등지에서 수입한 제품도 함께 판매하고 있습니다. 오버발더에서
일한지 25년째라는 리스틀 씨는 빈에 있는 한 업체의 제품이
걸작이라며, 고급 수제 모자를 소량 생산하는 역사 100년의 업체
'비너 모델후트'(Wiener Modellhut)의 멋진 모자 몇 점을 보여주었습니다.
리스틀 씨는 빈에도 결혼식 등의 행사에 모자를 쓰는 전통이 있고
무도회시즌 등에도 꾸준한 모자 수요가 있으며, 상점의 위치상
관광객 손님이 많긴 하지만 현지인 단골도 상당수 확보하고 있다고
밝혔습니다. 기념품을 함께 판매하는 이유는 모자가 잘 팔리지
않는 계절을 활용하기 위한 것이라는군요.

4

— 4 —
지하로 내려가는
계단에 있는
오버발더 문장.
1870년 창립이라고
쓰여 있습니다.

— 5 —
지하 매장 전경

— 6 —
빈의 고급 수제모자
제조업체 '비너
모델후트'의 제품

— 7 —
오스트리아 전통모자
'티롤러후트'
(Tirolerhut)와 깃털장식.
티올 지방에서 유래했다고
하며 '트라후텐후트'
(Trachtenhut)라고도
합니다.

5   6   7

로베르트 호른 씨의
가방

수요일 정오.

부르르. 부르르.

점심을 뭘 먹을까 생각하는 중인데 휴대폰이 진동합니다.

"여보세요."

"로베르트 호른인데요, 노시내 씨인가요?"

"아, 호른 씨! 전화 주셔서 감사합니다."

바로 전주 토요일, 책을 준비하는 일로 매장답사를 위해 빈의 명물인 가죽가방 전문점 'R. 호른스'(R. Horn's)에 들렀습니다. 제 용건을 들은 점원은 친절하게도 혹시 창립자 호른 씨와 직접 얘기 나누어 보겠느냐고 물었고, 연락처를 주면 호른 씨가 연락할 것이라는 말에 저는 좋은 기회다 싶어 전화번호를 남기고 온 터였습니다. 책의 기획상 꼭 그런 인터뷰가 필요한 것은 아니었지만, 이 업체를 사전 조사하는 과정에서 호른이라는 인물에 대해 호기심이 생겼기 때문입니다. 그가 정말로 전화를 줄까 반신반의하던 중에 연락을 받아 제 목소리가 살짝 들떠 있었습니다. 그 때 호른 씨가 물었습니다.

"그런데요, 말씀하시는 책은 시중에 이미 나와 있지 않은가요? 혹시 시리즈로 만들어 계속 추가하고 있는 건가요?"

어라. 무언가 오해가 있는 듯했습니다. 저는 순간적으로 그가 한국 출판시장을 얘기하고 있는 것이 아님을 깨달았습니다.

"아, 네, 서구에는 빈의 문화와 디자인을 소개하는 책이 여러 권 출간된 것으로 알고 있지만, 한국에는 아직까지 나와 있는 소개서가 별로 없습니다."

"아, 한국에서 출간하나요? 영어책이 아니고요?"

제가 독일어가 능숙하지 못해서 양해를 구하고 영어를 사용했더니만 영어권 독자를 위해 안내서를 쓰는 사람이라고 생각했나봅니다. 지난주 한 시간 가까이 가게에 머물면서 점원 두 사람과 한국 얘기를 포함해 많은 이야기를 나누었고, 그중 한 명은 부모 중 한 분이 한국인이었는데도 제 책이 한국 독자를 대상으로 하는 것이라는 정보는 호른 씨에게 전달되지 못한 모양이었습니다. '누가 빈 디자인에 관한 작업을 한다고 찾아왔더라' 딱 그 사실만 아는 듯했습니다.

호른 씨는 자신의 무지를 정중히 사과하면서, 그럼 무슨 언어로 책 작업을 하는지, 한국에서는 혹시 중국어를 쓰는지 물었습니다. 한국을 전혀 모르는 호른 씨에 대한 약간의 실망과 함께 혹시 중국 시장에 관심

— 1, 2 —
브로이너슈트라세 본점

1 2

이 있는 걸까 하는 궁금증 등 (나중에 다시 언급하겠지만 이것은 저의 완전한 억측이었습니다) 몇 가지 생각이 머릿속에 일었습니다. 그러나 상대방이 예순을 넘긴 전형적인 유럽사람이라는 걸 다시 상기하면서 한국에는 한국 고유의 언어가 있노라고 답했습니다. 우리는 이튿날 오후 5시에 1구역 브로이너슈트라세 7번지에 있는 R. 호른스 본점에서 만나기로 하고 통화를 마쳤습니다.

다음날 오후가 됐습니다. 약속시간이 한 시간쯤 남았습니다. 기왕이면 조금이라도 깔끔하게 입고 나가려는데 하필이면 이날따라 기온이 영하 18도네요. 올겨울 들어 가장 추운 날입니다. 그래도 저는 꿋꿋이 오리털 파카 대신 점잖은 남색 코트를 걸쳤습니다. 빈 사람들, 특히 중년·노년층이 옷에 얼마나 신경을 쓰는지 알기 때문입니다. 게다가 형식상 정식 인터뷰인 셈이니 격식을 갖추고 좋은 인상을 주고 싶었습니다. 문제는 가방이었습니다. 루이뷔통 가방 같은 건 소 닭 보듯 하며 살고 있으니 호른 씨의 질투심을 불러일으킬 염려는 전혀 없었지만, 무명의 중저가 중국제 가죽 핸드백 또한 가죽가방 회사 주인으로부터 어떤 반응을 불러일으킬지 불확실하여, 저는 아예 트럭 방수포와 자동차 안전벨트로 업사이클링한 메신저 가방을 메고 집을 나섰습니다. 추위를 감수하고라도 점잖은 코트를 입겠다면서 거기에 쭈글쭈글한 재활용 가방을 둘러멨으니, 짝이 맞지 않지만 나름대로 많이 생각한 코디였습니다.

5시 정각. 가게에 도착했습니다. 점원은 호른 씨가 잠시 외출했다며 바로 옆에 있는 카페 브로이너호프에 가서 기다리면 그가 그리로 갈 거라고 일러주었습니다. 카페 옷걸이에 코트를 벗어 걸으며, 이럴 줄 알았으면 그냥 오리털 파카를 입어도 됐을 뻔 했다는 생각을 했지요. 해가 떨어지면서 수은주가 더 떨어지고 있었습니다. 언 발가락을 꼼지락 거리며 커피를 주문했습니다. 5시 8분. 호른 씨가 카페로 들어서며 두리번거렸습니다. 저는 재빨리 자기소개를 하고 인사를 나누었습니다. R. 호른스 홈페이지에서 얼굴을 본 적이 있는 터라 어둠침침한 조명에도 불구하고 그를 알아보는 것은 어렵지 않았습니다. 동그란 얼굴에 개성 있는 안경을 낀 호른 씨는 밝은 갈색의 더블 브레스티드 재킷을 입고 있었습니다. 아담하면서도 튼실한 체구였습니다. 반바지를 입고 오는 줄 알았다고 농담했더니, 웃으며 에이, 겨울에는 안 입죠, 합니다. R. 호른스 홈페이지에 등장하는 호른 씨의 사진은 죄다 반바지 차림이거든요.

로베르트 호른 씨는 1950년 빈에서 태어났습니다. 70년대에 대학에 입학해 역사를 공부하다 곧 그만두고, 친구들과 영화 동호회를 만들고 극단을 조직해 거리공연을 하면서 젊은 시절을 보냈습니다. 문득 정신 차려보니 나이는 벌써 삼십 대 중반인데 자신의 천직을 찾지 못했다는 사실에 고민하기 시작합니다. 자신이 진정으로 좋아하는 것이 무언지 곰곰이 생각해보던 호른 씨는 어렸을 적부터 아버지 영향으로 가죽구두를 유달리 좋아했고 가죽에 관해 쌓아온 지식도 상당하다는 점을 깨닫습니다. 그리하여 "가죽만큼 쓰면 쓸수록, 닦으면 닦을수록 점점 더 윤이 나고 정이 가는 것이 있느냐"는 가죽에 대한 애착을 밑천삼아 수제 구두 사업을 시작합니다. 그러나 순탄치 않은 길이었습니다. 부모나 친지는 가죽업계와 전혀 무관했고 호른 씨 홀로 이 분야에서 자리 잡고자 애를 쓰는데, 구두 장사란 모델별로 미리 다양한 사이즈를 갖추어 놓고 손님에게 맞는 크기의 구두를 그때그때 제공해야 하기 때문에 비용이 많이 드는 사업이었습니다. 그래서 그는 시험 삼아 구두 제작용 송아지 가죽으로 가방 몇 점을 만들어봅니다. 가방은 반드시 여러 사이즈를 구비할 필요가 없으니까요.

의외로 주변 사람들의 반응이 좋았습니다. 그렇게 해서 그는 구두 사업을 접고 1987년 'R. 호른스'라는 상표로 수제 가방과 기타 가죽 액세서리를 제작해 1구역 브로이너슈트라세 7번지에 개점합니다. 원래 구두용이던 오톨도톨한 '스카치 그레인' 송아지 가죽은 이후 R. 호른스 가죽제품의 대명사가 됩니다.

R. 호른스 가방은 지난 25년간 빈에서 알아주는 업체로 성장하여, 빈의 생활과 문화 곳곳에 은근히 스며들었습니다. 매장 직원의 다소 과장 섞인 진술에 따르면 빈에서 활동하는 변호사들 두 명 중 한 명은 R. 호른스 서류가방을 들고 다닌다고 할 정도입니다. 무도회 얘기에서도 잠시 언급한 엘프리데 옐리네크 소설을 원작으로 한 미하엘 하네케 감독의 영화 「피아니스트」의 맨 마지막 부분을 보면 이자벨 위페르가 연기한 여주인공이 빈의 콘체르트하우스 로비에서 검정 핸드백에 들어 있던 칼을 꺼내 자해하는 장면이 나옵니다. 그 검정 핸드백은 하네케 감독이 직접 호른 씨에게 주문한 것입니다. 이 가방의 모델 이름은 빈의 역사 깊은 극장, '부르크테아터'입니다. '콘체르트하우스'라고 했으면 더 좋았을 뻔했지요?

호른 씨는 자신이 "세기말 빈 모더니즘, 특히 아돌프 로스의 영향을 크게 받았다"고 밝히면서 R. 호른스 디자인이 빈의 전통을 이어가고 있다는 데 대해 큰 자부심을 드러냈습니다. 호른 씨는 물품에서 쓸데없는 장식을 제거하는 로스의 철학을 따르고, 로스가 존경했던 미국 건축가 루이스 설리번의 말대로 '형태는 기능을 따른다'(form follows function), 즉 용도가 형태를 주도한다는 원칙을 자신의 상품에 적용합니다. 그래서 그가 만드는 물건에는 불필요한 장식이 없고 선이 깔끔합니다. 게다가 가죽을 자른 단면을 마감약품만 칠해 처리하거나 아예 그냥 놓아두는 다른 여러 업체와는 달리, R. 호른스의 제품들은 절단면이 보이지 않도록 100퍼센트 안으로 접어 넣어 이중으로 박음질합니다. 호른 씨는 프랑스 업체 에르메스를 예로 들어 설명합니다. 에르메스는 튼튼한 승마용품을 만들어오며 가죽제품으로 명성을 얻은 사례이기 때문에 지금도 상대적으로 두꺼운 가죽을 재료로 사용하고 두툼한 가죽 절단면에 칠을 해 마무리하는 데 비해, 전통적으로 얇고 부드러운 송아지 가죽을 선호해온 빈에서는 이미 두 세기 전부터 절단면이 안 보이도록 접어 박음질하는 방식을 택해왔습니다. 호른 씨는 "접어 박음질하는 방식을 고수하는 일에서도 빈의 전통을 이어간다는 의의를 느낀다"고 말합니다.

R. 호른스 가방 중에 다소 특이한 상품은 유명 지성인들이 사용하던 가방을 그대로 복원한 것들입니다. 호른 씨는 틈이 나면 인터넷이나 도서관에서 옛 사진들을 검색해, 세계적 문호나 기타 지식인들이 실제로 지녔던, 그러나 지금은 찾아볼 수 없는 가방들을 찾아냅니다. 그렇게 해서 탄생한 것이, 토마스 만과 사뮈엘 베케트의 서류가방입니다. 1920년대에 토마스 만이 아내 카티아와 함께 찍은 사진을 보면 뭔가 가득 담아 (필시 책이겠지요!) 통통해진 가죽 가방을 들고 있습니다. 이 토마스 만의 가방과 사뮈엘 베케트의 1950년대 사진에 담긴 서류가방을 호른 씨가 그대로 되살려 놓았습니다. 그 외에도 호른 씨는 지그문트 프로이트 박물관의 협조를 얻어 프로이트가 사용하던 가죽 안경집을 복제했습니다.

유명 지식인이 가방을 든 사진이 흔할 것 같지만 의외로 그렇지 않답니다. 예컨대 호른 씨는 이제껏 수없이 많은 아인슈타인 사진을 검색해보았지만 아인슈타인이 가방을 들고 있는 사진은 아직까지 발견하지 못했다고 합니다. 다음으로 어떤 유명인사의 가방을 계획하고 있느냐는 질문에는, 곧 어니스트 헤밍웨이의 여행용 가방을 제작할 계획이라고 말했습니다. 헤밍웨이 부부와 게리 쿠퍼 부부가 함께 여행하며 찍은 사진을 한 장 발견했는데 그 사진에서 헤밍웨이 손에 들려 있는 여행 가방이 호른 씨의 눈에 들어왔던 모양입니다. 헤밍웨이의 경우는 꼭 가방이 아니더라도 호른씨에게 특별한 의미를 지니는 문인이라고 합니다. "줄이고 또 줄여서 더 이상 압축할 수 없을 때까지 압축하는 헤밍웨이의 미니멀리즘은 빈 모더니즘과 함께 사업 초기에 영감이 되어주었다"고 하네요. 곧이어 그는 자신에게 영감을 주는 또 한 명의 지식인으로 루트비히 비트겐슈타인을 꼽으면서, 비트겐슈타인이 "윤리와 아름다움은 하나"라고 했던 말은 지금도 자신의 모토라고 말했습니다. 비트겐슈타인 집안과 개인적으로 알고 지낸다는 그의 이야기를 좀 더 들어보니, 제가 아는 한 비트겐슈타인이 길게 설명한 바 없는 그 구절을 호른 씨가 나름대로 풀어 자신의 '모토'로 삼은 데에는 그가 지닌 유대인 배경과도 관련이 있는 듯했습니다.

호른 씨의 부친은 영화로도 유명한 '쉰들러 리스트'에 올라 살아남은 인물입니다. 호른 씨는 스필버그 감독의 영화가 나오기 훨씬 전인 12살 때, 자신의 집을 방문한 오스카 쉰들러를 직접 만나볼 기회가 있었습

3

— 3 —
서류가방 '사뮈엘 베케트'
위에 올려놓은 사뮈엘
베케트 사진

니다. 어렸을 적 기억으로는 키와 덩치가 무척 큰, 강렬한 인상을 풍기는 사람이었다고 합니다. 전쟁 당시 쉰들러는 어떻게 해서든 유대인을 한 명이라도 더 자기 공장에 고용해 강제수용소행을 면하게 해주려고 매일같이 SS(나치친위대) 장교들을 위한 파티를 열어 술과 여자에 절어 살았습니다. 막사에서 나와 일터에 도착한 호른 씨의 아버지가 상황을 보아하니 그날도 쉰들러가 술에 온통 취해 있더랍니다. 저 사람이 저 모양이니 난 이제 곧 죽은 목숨이로구나 하고 있는데, 그런 염려가 얼굴에 드러났던 모양입니다. 쉰들러는 호른 씨의 아버지에게, '내가 이렇게 고주망태가 되어 있는 것도 다 SS 놈들 술 먹여서 당신들 구하려고 하는 일'이라며 굳이 안 해도 될 변명을 하더라는 군요. 호른 씨 부모는 그렇게 쉰들러의 신세를 진 것 외에도 종전 후 몇몇 이들의 도움을 받아 빈에 무사히 정착할 수 있었고, 호른 씨 말로는 "그렇지 않았더라면 아마도 자기 가족은 미국으로 향했을 것"이라고 합니다.

유대인과 과거사 얘기가 나오자 호른 씨는 갑자기 정치로 화제를 돌리더니, WKR 무도회 사태와 자유당 대표 하인츠 크리스티안 슈트라헤의 "크리스탈나하트" "우리가 새로운 유대인" 발언을 들었냐고 제게 물으며

—4—
서류가방 '토마스 만' 위에
올려놓은 토마스 만과
카티아 만 부부의 사진

—5—
빈에 있는 지그문트
프로이트 박물관의 협조를
얻어 프로이트가 사용하던
가죽 안경집을 똑같이
복제한 제품

4   5

분통을 터뜨렸습니다. 그는 이 나라가 독일처럼 제대로 반성할 생각은 안 하고 피해자인 척만 한다고 통탄하더니, 갑자기 저를 정면으로 쳐다보며 말했습니다.

"한국인이니까 아실 것 아닙니까. 한국도 일본에 대한 감정이 아 직도 안 좋지요? 그렇지 않나요?"

"예, 맞습니다."

"일본에 있었다고 했죠? 사람들이 역사의식이나 반성이 있던가요?"

"나이든 분은 그런 이야기를 피하고, 젊은이들은 역사에 대해 잘 모르고, 그렇습니다."

순간 저는 일본에서 만났던 몇몇 생각 곧은 분들이 떠올라, 일본 을 지나치게 일반화하지 말자고 자기검열을 하며 재빨리 덧붙였습니다.

"하지만 일본에도 일부 의식 있는 분들이 있습니다."

"의식 있는 소수야 물론 거기도 있겠죠. 여기도 마찬가지고요. 문 제는 다수 일반인들의 의식이에요. 일본인들이 아름다움에 관해 일가견이 있는 것은 잘 압니다만, 윤리가 따르지 않는 아름다움은 무의미합니다."

R. 호른스 매장은 빈에만 있고, 그것도 도심 1구에만 세 곳이 있 습니다. 여러 가방 브랜드를 취급하는 취리히의 가방판매점 한 곳과 뉴욕 소재 미술관 '노이에 갈레리'(Neue Galerie)에서 R. 호른스 제품 몇 종류를 가 져다 파는 것 외에는 외국에 지점이 전혀 없습니다. 빈에서 확고히 명성을 얻은 만큼, 다음 단계로 외국에 지점을 여는 등 사업을 확장할 생각은 없 느냐는 질문에 그는 대번에 이렇게 대답합니다.

"외국 지점을 내면 관리하느라고 비행기를 타고 이리저리 날아다 니며 시간에 쫓기고 스트레스 받으며 살아야 되는데 그렇게 살고 싶지 않습니다. 지금도 돈은 충분히 벌고 있고요. 지금보다 돈을 더 엄청나게 벌면 그만큼 더 행복해집니까? 사업을 확장하면 생산을 늘려야 하고, 그러면 현재와 같은 소규모 공방 생산 체계는 근본적으로 변화를 겪을 수밖에 없습니다. 그렇게 되면 품질 유지에 어려움을 겪을 가능성이 커지고, 고객과 가까운 곳에서 일상적으로 접촉하면서 고객 한 사람 한 사람의 필요에 맞추어 서비스를 제공하던 즐거움도 사라질 겁니다."

그러면서 호른 씨는 20년 전에 R. 호른스에서 산 지갑을 가져와 손에 익숙해서 다른 지갑은 쓰고 싶지 않으니 똑같은 것을 하나 더 만들어달라고 요청하던 손님 이야기를 들려줍니다. 그 모델은 생산이 중단된 지 오래였지만 호른 씨는 손님의 요구를 받아들여 같은 지갑을 다시 만들어주었습니다. 자신의 조부가 1930년대에 쓰던 낡은 유품 지갑을 가져와 똑같은 지갑을 제작해달라는 고객도 있었습니다. 그 부탁 역시 들어주었습니다. 호른 씨는 한때 루이뷔통 매장에 찾아가서 시험 삼아 가방 모양을 부분적으로 이러저러하게 바꿔줄 수 있는지 매우 특정한 주문을 해보았다고 말합니다. 그랬더니 자기들은 잘 모른다, 파리 본점에 알아봐야 한다는 식의 사무적인 대답이 되돌아오더랍니다. 호른 씨는 "자기는 그렇게

— 6 —
브로이너슈트라세 본점
주변의 모습

장사하고 싶지 않다"고 말합니다.

제가 빈의 유명 수제구두업체 루트비히 라이터가 베이징에 지점을 열었다고 언급하자, 그는 다소 굳은 표정으로, "그 집이야 아들 셋이 사업체를 물려받았고, 먹여 살려야 하는 식구가 스무 명이 넘으니까 사업 확장을 하고 싶어 하는 것"이라며 자신과는 다른 처지임을 강조했습니다. 루트비히 라이터는 호른 씨가 옛날에 잠시 구두 사업을 하는 동안 인연을 맺은 적 있는 업체이기도 합니다. 문득 지난 주 토요일에 R. 호른스 매장에서 잠시 이야기 나눴던 직원 게오르크 씨의 말이 떠올랐습니다. 호른 씨와 동년배인 게오르크 씨는 말이 다소 많은 분으로, 호른 씨의 아들들은 아버지의 사업을 물려받을 생각이 별로 없기 때문에 그가 은퇴하고 나면 업체의 향방이 어찌될지 궁금하다는 내용의 이야기를 한 적이 있습니다. 물론 실례가 될까봐 호른 씨에게 그 얘기는 꺼내지 않았습니다.

중국·인도산 중저가 상품과 경쟁해야 하는 어려움에 대해서는 그리 크게 걱정하지 않는 듯했습니다. 그는 중국이나 인도에서 생산된 가방이 가격 대비 품질이 꽤 괜찮을 뿐 아니라 날이 갈수록 개선되고 있다는 점을 선선히 인정했습니다. 15분에 3유로를 주는 자신이 하루에 3달러

7

를 주는 중국과 경쟁하기 버겁다는 점 또한 인정했습니다. 그러나 자신의 업체처럼 고품질 가죽을 이용해 온갖 다양한 색상을 내거나 꼼꼼하고 튼튼하게 제작하는 기술은, 중국이나 인도에서는 도저히 흉내 내기 어렵다고 자신감 있게 말합니다. 이곳 빈 시내에서 공방을 운영하면서 노동자에게 적정한 임금과 각종 혜택을 제공하고 화학물질이 식수원에 들어가지 않게끔 제혁공정상 환경규준을 준수하고 지퍼 하나도 중국제보다 스위스제를 택하는 자기 물건은 비쌀 수밖에 없다고 말합니다. 또 특정 스타일과 품질과 서비스를 원하는 고객, 또 쓰다 보니 마음에 들어 다른 모델을 사거나 주변 사람에게 선물하거나 하는 고객들이 늘 있기 마련이고 빈 시민 중에는 일부러 빈에서 만든 '로컬 제품'을 찾는 고객들도 상당수 있다면서 태평한 모습이었습니다.

웨이터가 계산서를 가져오자 호른 씨가 커피 값을 치를 기세입니다. 제가 내고 싶다고 하자, 그는 "카페 브로이너호프는 내 사무실의 연장인 곳"이라며 "우리 사무실에 왔으니 당연히 내가 대접한다"고 말했습니다. 그리고 또 물어볼 것이 있으면 연락하라며 작별인사를 고했습니다. 그런데 외투를 걸치고 카페 문고리까지 잡았던 그가 갑자기 자리로 되돌아옵니다.

"뭐 잊으신 거라도…?"

묻는 말에 대답은 안 하고 잠시 두리번두리번하더니, 옆 테이블 의자 위에 얹어두었던 잘 생긴 갈색 서류가방을 보여주며 멋쩍게 웃습니다. 물론 R. 호른스 가방입니다.

"어쩐지 뭔가 허전하더라고요."

— 9 —
독일대중철학지
『필로소피마가친』 표지에 실린
호른 씨의 모습

    호른 씨를 만난 지 며칠 후였습니다. 퇴근길에 책방에 들러온 남편이 의미심장한 미소를 지으며 무언가를 가방에서 꺼냈습니다. 창간한 지 얼마 안 되는 독일의 대중철학지 『필로소피 마가친』 최신호였습니다. 표지를 보니 반바지에 정장 재킷 차림으로 자기가 만든 가방을 개처럼 입에 물고 애견줄을 붙들고 있는 호른 씨의 사진이 대문짝만하게 나와 있습니다. 한때 극단 활동을 했던 인물다운 센스입니다. 혹시 호른 씨에 관한 기사가 실린 것인지 궁금해 유심히 살펴보았지만 그런 내용은 전혀 없고, "일이 사람을 행복하게 하는가?" 라는 표지이야기에 첨부된 몇 장의 우스운 사진들 가운데 하나였습니다. 사진에 붙은 제목은 '가방장인'이었습니다. 잡지사 측에서 호른 씨에 대해 얼마만큼 알고 이 사진을 골랐는지는 알 수 없지만, 자기가 하는 일을 진정으로 사랑하면서도 사업을 확장함으로써 일의 노예가 되기를 거부하는 로베르트 호른 씨의 관점은 표지이야기에서 던지는 화두와 자못 들어맞았습니다.

로덴 의류 전문점

LODEN PLANKL
로덴 플랑클

– 위치 –
MICHAELERPLATZ 6, 1010 WIEN
– 웹사이트 –
WWW.LODEN-PLANKL.AT

로덴 플랑클은 플랑클 가족이 1830년 호프부르크 궁전 옆
미하엘러 광장에 문을 연 로덴 의류 전문점으로, 개점 이후
180년이 지난 지금껏 내내 같은 자리에서 영업하고 있습니다.
그동안 쌓인 명성에도 불구하고 따로 지점도 열지 않은 채 이곳
한 매장만 줄기차게 운영해온 것이지요. 매장 크기는 이전보다
훨씬 확장됐지만, 개점 초기 훨씬 소규모였던 본래의 상점 부분을
옛 모습 그대로 보존해두고 넥타이, 양말 등의 소품을 파는
공간으로 활용하고 있어서 들어가 구경해볼 만합니다. 이 부분을
보려면 상점 입구 두 개 가운데 오른쪽 모퉁이에 있는 입구로
들어가지 마시고 건물 왼편 검정색 철문으로 들어가면 됩니다.
실내 뒤편으로 오래된 소용돌이 계단이 있고, 이 계단을 오르면
나중에 확장된 오른편 매장 쪽으로 연결됩니다.
로덴 플랑클에서는 크게 두 가지 상품을 취급합니다.

— 1 —
상점 현관
— 2 —
여성 옷 매장 풍경

1

2

하나는 상점명이 시사하듯이, 모직 직조 원단을 오스트리아
전통 방식으로 축융 가공한 '로덴' 천으로 만든 정장과
외투입니다. 방수·방풍 효과가 뛰어나 겨울철에 연세 지긋하신
분들이 로덴 코트를 입고 빈의 거리를 지나다니는 모습을 자주
볼 수 있지요. 다른 하나는 로덴 이외의 다양한 소재로 지은
오스트리아의 전통의복 '트라흐텐'(Trachten)입니다. (트라흐텐이
어떤 것들인지 궁금하시면, 영화 「사운드 오브 뮤직」에서 마리아와 폰 트랍 가족이

입고 있던 의상들을 떠올리시면 됩니다.)

그러나 이곳에서는 옛날식 디자인을 그대로 재현한 전통의복뿐
아니라 전통모티프를 활용하되 간편하게 현대화된 제품들도
다수 찾아볼 수 있습니다. 이곳 주인 지그리트 푀르스터 씨는
로덴 플랑클에서는 전통의복의 불편한 점을 보완해 오늘날
도시인들의 기호에 맞게 디자인을 현대화하려고 특별한
노력을 기울이고 있다고 말합니다.
빈 시내 한복판, 그것도 관광 명소 앞에서 영업을 하려면
세련된 빈 시민과 외국인 고객의 수요에 맞춰 전통도 변화해야
한다는 거지요. 실제로 요즘 고객의 70~80퍼센트가 외국인이며,
관광객뿐 아니라 외국에서 정기적으로 주문을 하는 단골손님도
상당수여서 상품을 현지로 배송해줍니다. 그중에는 아르헨티나
등 남미 고객들도 있어서, 이들이 남반구 겨울철,

—3—
로덴 코트
—4—
남성재킷 진열장.
로덴 플랑클은 직접 옷을
짓지는 않고 모든 상품을
의류제조업체로부터
납품받습니다.
잘 알려지지 않는 소규모
업체의 물건은 목 부분에
아예 '로덴 플랑클' 상표를
붙여서 팔고, 가이거,
합스부르크, 슈나이더
같은 대규모 업체의
물건에는 옆자락 안주머니
근처에 가게 상표를
붙입니다.

—5—
전통 문양을 넣은
넥타이

3   4   5

즉 북반구 여름철에 로덴 재킷과 코트를 주문해주니 여름에도
매상이 떨어지지 않는다며 푀르스터 씨가 미소를 지었습니다.

로덴 플랑클에서 볼 수 있는
전통의상

1. 로덴 코트(Lodenmantel)
오스트리아 서부 산악지대에서 유래하는 수백년 역사의 수렵용 방한 외투.
코트의 소재인 로덴은 모직직조 원단을 축융가공한 직물로 따뜻하고 내수성이
뛰어납니다. 전체적인 실루엣은 헐렁한 단퍼짐형이며 색상은 녹색, 갈색 등이
전형적이고, 오늘날에는 수렵보다는 패션코트로 인기를 끌고 있습니다.

2. 전통 여성복 '디른들'(Dirndl)
여성용 전통의상입니다. 「사운드 오브 뮤직」에서 줄리 앤드류스가 입었던 의상과
비슷하지요? 최근에 이것들을 실크 원단 등을 이용해 무도회 등 특별한 행사에 입을 수
있도록 많이 현대화해서 파는데, 그런 개량된 여성용 전통의상을 업계에서는 농담 삼아
'판타지 디른들'이라고 부른답니다.

3. 전통재킷
오스트리아의 전통적인 재킷은 여성용이든 남성용이든 이렇게 목이 올라오는
디자인이 많습니다. 오스트리아에서 특히 남성의 경우 공식 석상에서 이 전통재킷을
일반 양복 대용으로 입어도 전혀 문제가 없는 정장 구실을 합니다.

4. 전통적인 가죽바지
전통적인 가죽바지입니다. 남독일 것과 비슷하게 생겨서 차이점을 물어보니,
남독일 가죽바지는 장식이 지나치게 요란한 반면, 우리 오스트리아인들의 취향은
그보다 점잖다는 다소 가시가 느껴지는 답변이 되돌아왔습니다!

공연장 관객들이 쉬어가는

Café Schwarzenberg

카페 슈바르첸베르크

– 위치 –
Kärntner Ring 17, 1010 Wien

1861년에 문을 연 카페 슈바르첸베르크는 빈에서 가장 오래된
카페 중 하나입니다. 비슷한 시기에 개점한 카페 첸트랄이나
그리엔슈타이들, 혹은 란트만처럼 유명 문예인들이 모이던
이른바 '문학카페'는 아니었지만 건축가 요제프 호프만이 바로
이 카페에서 자주 점심을 먹으며 종이에 도안을 그리곤 했다는
이야기는 유명합니다. 1945년에 소련 점령군이 이곳 카페 공간을
차지하면서 중단됐던 영업은 1970년대 말에 이르러 완전한 재단장
공사를 거친 후에야 비로소 재개되었습니다. 대리석 바닥과
탁자, 타일 천장, 아르데코 샹들리에, 가죽의자 등으로 실내를
우아하게 꾸며 현지인과 관광객 모두에게 인기를 누리고 있는 카페
슈바르첸베르크는 무지크페어라인과 빈 콘체르트하우스 근처에
위치하기에 공연장으로 향하기 전이나 공연이 끝난 후 들러 목을
축이는, 말끔히 차려 입은 사람들을 종종 볼 수 있지요.

— 1 —
상점 현관
— 2 —
카페 내부
— 3 —
팔라트싱켄과
카이저슈마른

1   2   3

유엔과
브루노 크라이스키

"무릇 공화국의 총리는 뒷문으로 퇴장하지 않는 법이다."

— 브루노 크라이스키

질문 하나 드리겠습니다. 전 세계에 유엔사무국이 있는 도시가 네 곳 있습니다. 다들 아시다시피 그중 한 곳은 뉴욕입니다. 그럼 다른 세 곳은 어디일까요? 스위스 제네바요? 네, 맞추셨습니다. 그다음은? 이 책이 빈을 소개하는 책이니 빈이 아니겠느냐고요? 오, 눈치 빠르십니다. 맞습니다. 마지막 네 번째 도시는 꽤 어렵죠? 바로 케냐의 수도 나이로비입니다. 유엔사무국 네 군데 중에 가장 최근인 1996년에 생긴 나이로비 유엔사무국에는 유엔환경계획과 유엔인간정주계획 본부가 있습니다.

현재 빈에는 국제원자력기구, 포괄적핵실험금지조약기구 준비위원회, 유엔국제무역법위원회, 유엔공업개발기구, 유엔우주업무사무국, 유엔마약·범죄국 본부가 자리 잡고 있고, 여기에 기타 유엔기구 지부들까지 합쳐 스무 개가 넘는 기구가 있습니다. 그러나 처음부터 이렇게 종합 유엔사무국으로서 출발했던 것은 아닙니다. 애초에 빈에는 국제원자력기구(IAEA)와 유엔공업개발기구(UNIDO), 이렇게 단 두 기구만 있었습니다. 각각 1957년과 1967년에 설치되었죠. 석유수출국기구(OPEC)의 본부도 1965년 이후 빈에 자리하고 있지만 엄격히 말해 국제기구가 아니라 일부 국가만 참여하는 정부 간 협력기구이므로 유엔과는 별도입니다. 오스트리아 정부는 빈 시내에 따로 유엔사무국을 조성해 국제원자력기구와 유엔공업개발기구를 입주시키고 각종 대규모 국제회의를 열 공간을 위해 다뉴브 강 북쪽 연안에 유엔단지 '비엔나국제센터'(Vienna International Center: 약칭 VIC)를 설치하기로 결정합니다. 정식 명칭은 비엔나국제센터이지만 현지인들은 흔히 '우노시티'(UNO-City)라고 부릅니다. 여기서 '우노'란 유엔의 독일식 표기입니다.

　　　빈 시 당국은 우노시티 건설을 위해 강변공원 '도나우파르크' 인근 부지 18만 제곱미터를 무상으로 제공합니다. 건설비용 88억 실링(약 6억 4,000만 유로: 약 9,500억 원)은 연방정부와 빈 시가 각각 65 대 35의 비율로 부담하고, 유엔은 99년간 매년 1실링(약 7유로센트: 약 100원)이라는 상징적인 임차료를 내되 앞으로 발생하는 유엔시설 운영 및 유지관리비는 전적으로 유엔이 부담하는 것으로 합의가 이루어졌습니다. 이곳은 빈 22구에 속하는 곳으로 지금은 현대식 고층빌딩이 들어서고 중심가 1구에서 지하철 1호선(U1)을 타면 갈아탈 필요 없이 단번에 접근할 수 있는 편리한 곳이지만, 1961년 도나우파르크가 조성되기 전까지만 해도 접근이 불편하고 가난한 변두리였습니다. 유엔본부가 터를 잡은 이 '카이저뮐렌'(Kaisermühlen) 지역의 역사를 아주 간략히 살펴보면 이렇습니다.

1

— 1 —
비엔나국제센터
(유엔단지)

빈 지도를 펼쳐보면 다뉴브 강 북쪽으로 '알테 도나우'(Alte Donau: 옛 다뉴브)라는 이름이 붙은 둥그런 물길이 보일 겁니다. 알테 도나우는 이름이 시사하는 바와 같이 다뉴브 강의 옛 물길로, 강을 정비하기 전에는 바로 강의 본류였습니다. 북으로 알테 도나우, 남으로 현 다뉴브 강 본류에 둘러싸여 있어 마치 서울의 여의도를 연상시키는 카이저뮐렌 지역은 본래 다뉴브의 남쪽 연안이었다가 1870~75년 다뉴브 강을 대대적으로 정비하고 직선화한 결과 강의 북쪽 연안에 위치하게 되었습니다. 다뉴브 강 정비가 이루어지던 시기는 산업혁명 시기와도 맞물려 배로 강 위에 띄우는 특수한 형태의 물방아(Schiffmühlen)를 돌리거나(지역명이자 지하철역 이름인 '카이저뮐렌'에서 '뮐렌'은 바로 이 물방아에서 유래합니다), 뗏목으로 목재를 운반하거나, 생선을 잡으며 살아가던 이곳 주민들의 생활은 거대한 증기선의 등장과 함께 자취를 감추게 됩니다. 이후 배수나 전기 등 기반 시설이 전혀 없는 열악한 환경에서 빈곤층이 모여 살던 이 일대를 1935년에 빈 시가 사들입니다. 시 당국은 이곳에 살던 주민들을 20여 년에 걸쳐 차근차근 이전시킨 후, 빈 공간을 몇 년간 쓰레기처리장으로 사용하다가 1961년 다시 깨끗이 정리해 공원을 만들고 1964년에는 높이 252미터의 '도나우투름'(다뉴브타워)을 세웁니다. 오스트리아 정부와 빈 시는 바로 이곳을 유엔을 입주시킬 장소로 점찍었습니다.

펄럭이는 만국기가 국제적인 공간임을 드러내는 것 말고는 별 개성이 없고, 주변에 들어선 모던한 고층빌딩들과도 적절한 유기적 일관성이 없어 빈 시민들이나 관광객은 물론, 이곳에서 일하는 직원들마저 자조적인 어조로 흉을 보는 이곳 우노시티는 오스트리아 건축가 요한 슈타버(Johann Staber, 1928~2005)의 작품입니다. 슈타버의 이 설계안은 1968년에 개최된 국제건축공모전을 통해 선택되었습니다. 그런데 여기에는 '당당히 수상한' 이라고 표현해주기 어려운 사연이 있습니다. 혹자는 '스캔들'이라는 표현까지 사용할 정도로 요한 슈타버의 수상 과정은 깔끔치가 않았습니다. 자세한 내막을 살펴보면 이렇습니다.

우노시티 건설 계획이 확정되자 오스트리아 연방 건설기술부와 빈 시 당국은 유엔단지 건축설계공모전을 엽니다. 1968년 11월부터 1969년 5월까지 이어진 이 공모전에 전 세계에서 280여 작품이 출품됐고, 1차 심사 결과 1위는 아르헨티나 출신 미국 건축가 시저 펠리, 2위는 영국의 건축설계사무소 '빌딩디자인파트너십,' 3위는 독일의 '노보트니-매너' 설계사무소에 돌아갔습니다. 요한 슈타버는 4위였습니다. 이 네 팀은 2차 심사를 위해 1년 남짓한 기간 동안 각자 설계를 개선·보완해줄 것을 요청받습니다. 인테리어 디자인 팬들에게는 1950년대에 제작된 구멍 뚫린 나무 의자로 익숙할 오스트리아 건축가 롤란트 라이너(Roland Rainer)가 심사위원장을 맡은 심사위원단은 1970년 가을에 2차 심사에 들어갑니다. 이 재심사에서 앞서 1위였던 시저 펠리는 놀랍게도 4위로 떨어지고, 심사위원 9명 가운데 8명의 지지를 얻은 영국 건축가 팀이 1위를 차지합니다. 슈타버

2   3

— 2, 3 —
카이저뮐렌/
비엔나국제센터(VIC)
지하철역

는 2위에 올랐습니다.

의외의 결과에 사람들이 웅성거리고 언론이 주목하기 시작했습니다. 이런 와중에 미국이 주도하던 국제원자력기구와 유엔공업개발기구 측에서 자신들은 미국 건축가 펠리의 설계를 선호한다는 입장을 밝히면서 일은 복잡해졌습니다. 최종결정은 1970년 11월 17일에 관련자 및 전문가 총회에서 내려질 예정이었습니다. 그런데 웬일인지 이것이 아무 통보 없이 취소되고, 대신 엉뚱하게 장관회의가 열립니다. 이 회의에서 그해 오스트리아 사민당(SPÖ)의 총선 승리로 새로 총리에 오른 브루노 크라이스키 (Bruno Kreisky, 1911~1990)가 논란을 일으킨 해결책을 내놓습니다. 미국과 영국이 이 일로 다툰다면 오스트리아 건축가를 선택하면 간단히 해결될 일이라며 요한 슈타버에게 건축을 맡기기로 전격적인 결정을 내린 것입니다.

오스트리아 건축 역사에 길이 남을 이 오명과 망신을 어쩔 것이냐며 전문가들의 항의가 잇따랐습니다. 1970년 총선에서 패배해 야당이 된 오스트리아 국민당(ÖVP)도 이 사건을 사민당에 대한 정치적 공격의 기회로 삼아 그런 독단적인 결정은 사민당의 편협한 국수주의를 드러낼 뿐이며 국제적인 망신이라고 성토했습니다. 혹시 특정 건설업체에 특혜를 준 것은 아니냐는 의혹도 제기되었습니다. 크라이스키는 슈타버의 작품이 바로 오스트리아 건축가의 작품이기 때문에 더욱 엄정한 잣대로 심사했고, 슈타버 작품의 건축 수주로 이익을 받을 만한 인사들은 회의 과정에서 오히려 다른 건축가의 작품을 선호했다고 응수했습니다. 결국 크라이스키의 결정은 번복 없이 이행되었고 1973년 5월에는 슈타버의 설계에 따라 우노 시티 건설이 착공되었습니다.

착공 후에도 국민당은 불어나는 건설 비용과 규모로 화살을 돌려 비판을 지속했습니다. 그러나 유엔사무국 유치와 우노시티 건설 약속이 국민당 집권기에 이루어진 까닭에 결정 자체에 대한 근본적인 비난은 하지 못 하고, 기껏해야 비용절감을 외칠 뿐이었습니다. 그러는 사이 공사는 계속 진행됐습니다. 유엔단지는 상당한 덩치를 자랑했습니다. 슈타버는 유엔직원들 간에 '로툰다'(rotunda)로 불리는 낮은 원통형 건물 한 채를 가운데 두고 그 주변을 Y자 형태의 육중한 건물 여섯 채가 둘러싸는, 벌집을 연상시키는 육각형 도안으로 우노시티를 설계했습니다. Y형 건물의 높이를 각가 달리한 것은 서로 그림자를 드리우지 않게 하기 위한 것이라는 군요. 낮은 것은 높이가 48미터, 제일 높은 건물은 127미터에 달합니다. 로툰다를 비롯해 모든 건물이 일제히 곡면으로 설계되어 있는데 이런 곡면 설계는 폭탄이 터질 경우 발생하는 압력에 더 잘 견딜 수 있어, 당시 증가하던 폭탄테러에 대비한 것이라는 풍문도 전해집니다.

착공한 지 두 해째에 접어들면서 유엔단지 전체 면적이 무려 23만 제곱미터에 이르자 국제원자력기구와 유엔공업개발기구의 입주만으로는 공간이 지나치게 남아돌게 됩니다. 오스트리아의 국제적 위상을 드높일 기회만 호시탐탐 노리고 있던 크라이스키 총리는 이 참에 다른 유엔 기구들도 유치하겠다고 팔을 걷어붙입니다. 유엔사무국의 덩치가 커지면 위상도 커질 수밖에 없는 까닭에 뉴욕과 제네바 유엔사무국은 자기들 산하에 있던 기구들을 빼앗기지 않으려고 반발했으나, 냉전시대에 중립국 수도로서의 빈의 지리적 중요성을 내세운 크라이스키의 뛰어난 외교적 수완 덕택에 뉴욕과 제네바에 있던 다른 유엔 기구들 몇 개를 추가적으로 유치해올 수 있었습니다.

1973년에 시작된 공사는 79년에 준공되어 우노시티는 그해 8월

23일에 정식으로 문을 열었습니다. 당시 오스트리아인으로서 유엔 사무총장직을 맡고 있던 쿠르트 발트하임(Kurt Waldheim)은 이날 행사에 초대된 명사 1,200명이 지켜보는 가운데 오스트리아 재무장관에게 첫해 치 임대료 1실링을 건넸습니다. 그리고 유엔 직원 4,500명이 이 단지로 출근을 시작했습니다.

크라이스키 총리의 야망은 우노시티로 그치지 않았습니다. 그는 곧 바로 옆 부지에 국제회의장으로 사용할 '오스트리아센터 비엔나'(Austria Center Vienna: 약칭 ACV) 건설에 나섰습니다. 이 계획은 안 그래도 우노시티 건설에 회의적인 시선을 보내기 시작하던 국민과 반대 여론을 조장하던 국민당의 거센 반발에 부딪혔습니다. 크라이스키는 아랑곳 하지 않고 또 다시 요한 슈타버에게 1만 여 명을 수용할 수 있는 규모의 국제회의장 설계를 맡겼습니다. 논란이 커지자 국민당은, "불필요한 회의장 대신 오스트리아 전국에 1만2,000채의 아파트와 안정적인 일자리를"이라는 표어를 내걸고 '국민발안'을 위한 서명받기에 돌입했습니다. 직접민주주의 요소가 가미된 오스트리아의 국민발안(Volksbegehren) 제도는 국민이 직접 법안을 제안할 수 있도록 고안된 제도로, 1주일 안에 10만 유권자의 서명을 받으면 그 법안을 국회가 심의하고 의결해야 하지만 구속력은 없습니다. 1982년 5월 12~17일 사이에 136만 명이나 서명을 했지만, 구속력이 없다는 구실로 크라이스키는 인기 없는 공사를 밀어붙이는 배짱을 보였습니다.

공사비 약 2억5,500만 유로(약 4,000억 원)가 들어간 오스트리아센터는 1987년에 완공됐습니다. 건평 9만 제곱미터의 4층 건물에 회의장 17개, 세미나실과 집무실 180개, 라운지 6개, 레스토랑 9개를 자랑하는 이곳에 2007년에는 대규모 전시장 4개가 추가되었습니다. 여담이지만 요한 슈타

4

버는 우노시티와 오스트리아센터 비엔나를 설계한 이후 다른 이렇다 할 활약 없이 건축계에서 조용히 사라졌습니다. 자세한 사정은 알려져 있지 않습니다.

이쯤에서 우리는 브루노 크라이스키라는 인물을 한 번 더 짚고 넘어가야겠습니다. 오스트리아의 역사와 정치에 조금만 관심을 갖다보면, 이 양반의 이름이 도처에서 튀어 나오는 것을 피할 수가 없습니다. 심지어는 어느 가구점에 구경하러 들어갔다가도 그의 자취를 목격했으니까요. 연령과 스타일로 짐작컨대 히피 세대에 속할 가구 디자이너 겸 상점 주인이 자기 책상 위에 크라이스키의 사진을 올려두었더군요. '크라이스키 시대'라 일컫는 '그때 그 시절'에 대한 향수가 있다며 주인은 사진을 어루만졌습니다. 그 정도로 크라이스키가 중년층 이상의 기억 속에 지금까지도 진하게 남아있다는 얘기지요.

브루노 크라이스키는 1911년 빈의 유대인 가정에서 태어났습니다. 15세에 오스트리아 사민당에 가입한 크라이스키는 사회주의 운동에 활발히 참여하는 한편 빈 대학에서 법률을 공부합니다. 그는 1934년 돌푸스(Dollfuss) 독재정권의 사민당 불법화 조치 이후에도 지하 활동을 계속

5

하다가 이듬해 체포되어 반역죄로 유죄선고를 받고 1년간 복역했고, 1938
년 오스트리아의 나치독일 병합 후 스웨덴으로 망명했다가 전쟁이 끝난
뒤 귀국합니다. 1953년 외무차관에 임명된 크라이스키는 오스트리아의
독립과 중립을 선언하는 1955년 '오스트리아국가조약' 협상에 참여했고,
1967년 사민당 대표로 선출되어 1970년 사민당의 압도적인 총선 승리와
함께 오스트리아 최초의 유대인 총리가 됩니다. 여당이던 국민당 측에서
는 선거운동 기간에 반유대주의 정서를 이용해 자기 당 소속 현임 총리
요제프 클라우스를 '진정한 오스트리아인'으로 내세웠다가 본전도 못 건
졌습니다. 우선 크라이스키가 이런 공세에 초연했을 뿐 아니라, 군대 복무
기간 단축, 완전고용, 복지제도 개선 등 구체적인 정책 공약을 통해 젊은
유권자들의 마음을 얻었습니다. 이후 그는 1983년까지 장장 13년이나 총
리 자리를 지켰습니다. 역대 최장기였습니다. 바로 이 기간을 '크라이스키
시대'라고 부르는 것이지요.

　　크라이스키의 업적은 대내적으로는 복지국가와 혼합경제를 주축
으로 하는 대규모 사회개혁을 점진적이고 평화적으로 이루어냈다는 것,
그리고 대외적으로는 국제정치에 활발히 개입함으로써 오스트리아의 국

6

제적 위상을 높이고 중립국가로서의 지위를 확고히 했다는 점을 들 수 있습니다. 전형적인 비종교적 유대인인 크라이스키는 그때까지도 사회적으로 무시할 수 없는 힘을 발휘하던 가톨릭교회 권력을 견제하면서, 형법을 개정해 낙태와 동성애를 합법화하고 가족법 개정과 남녀평등법 입법을 추진해 여성의 지위를 개선하는 등 다양한 사회제도 개혁을 시도했습니다. 경제 분야에서는 케인스주의를 취하고 사회보장제도를 확충하고 노조의 권리를 강화하는 동시에 중소기업에게 세금 감면 혜택을 주는 등, 노동친화적인 정책과 기업친화적인 정책을 한꺼번에 구사했습니다. 보수파의 입장에서 보면 경악할 만한 사회주의적·자유주의적 개혁이었으나, 여러 이익집단의 합의와 협력을 중시하는 오스트리아의 정치전통을 존중하며 온건히 진행되던 크라이스키의 개혁은 급진좌파의 입장에서는 뜨뜻미지근한 것이었습니다. 그러나 좌우 양편의 불만에도 불구하고 그의 실리적인 접근 방식은 집권 기간 동안 다수 국민의 열띤 지지를 받았습니다.

한편 본격적으로 국제정치의 무대에 뛰어든 크라이스키는 이웃 스위스를 본보기로 삼아 무장중립정책을 채택하고, 국제 분쟁해결에 능동적으로 참여하는 '적극적 중립국가'로서 동구와 서구 모두와 원만한 관

7

—7—
1975년 헬싱키에서 열린 유럽안보협력회의 (CSCE)에서 협정에 조인하는 크라이스키 총리. 왼쪽부터, 헬무트 슈미트 서독 총리, 에리히 호네커 동독 서기장, 제럴드 포드 미국 대통령, 브루노 크라이스키 오스트리아 총리

계를 유지하기 위해 노력했습니다. 유럽의 평화유지가 오스트리아 국익에 결정적으로 중요하다고 판단한 그는 현 유럽안보협력기구(OSCE)의 전신인 유럽안보협력회의(CSCE)를 적극 옹호하면서 1975년 헬싱키에서 열린 유럽 안보협력회의에서 동서간의 긴장과 갈등을 완화하는 '헬싱키조약' 체결에 힘썼습니다. 유럽안보협력기구는 안보 관련 정부 간 협력기구로는 현재 세계 최대 규모로 56개국이 가입해 있고, 바로 빈 호프부르크 궁전에 본부를 두고 있습니다.

그러나 크라이스키에게 더욱 의미 있었던 국제 프로젝트는 빈에 유엔사무국을 조성해 빈을 국제적인 도시로 만드는 일이었습니다. 결국 그의 비전대로 구현된 비엔나국제센터는 2009년에 30주년을 기념했습니다. 그렇다면 지난 30여 년간 빈은 유엔 덕택에 국제적인 도시가 되었을까요? 아마 그런 점도 있고 아닌 점도 있을 것입니다. 오늘날 비엔나국제센터에서 일하는 4,000명이 넘는 직원 중에는 현지 채용된 오스트리아인도 물론 있지만 상당수는 한국인 40여 명을 포함한 세계 110여 국에서 온 외국인들이고, 이들이 빈에 여러 해 거주하면서 이 도시를 보다 다채롭고 다문화적인 곳으로 만들고 있는 것은 사실입니다. 유엔 직원들의 구매력이 빈 시의 경제에 일정하게 기여하고 있고, 비엔나국제센터에서 1년에 수백차례 개최되는 크고 작은 국제회의와 각종 행사는 빈의 관광수입에서 중요한 부분을 차지합니다. 2009년 8월에 열린 비엔나국제센터 설립 30주년 기념행사에서 미하엘 슈핀델레거 외교장관은, 유엔사무국 덕분에 빈 시가 얻는 이익이 연간 약 4억 유로에 이른다고 밝혔습니다.

그럼에도 빈에서 일하는 유엔직원과 기타 유엔 관련 주재원들이 빈 사회에 깊숙이 동화되어 현지인들과 뒤섞여 살아간다고 보기는 어렵습니다. 빈 사회가 진정으로 국제화되려면 외국인들이 존재한다는 사실 자체만으로는 부족하고, 외국인과 현지인 간에 실체적 관계맺음이 필요합니다. 그러나 10년 이상 장기 거주하거나 배우자가 현지인인 경우 등 일부 예외적인 사례를 제외하면, 외국인 직원들 다수는 현지인들과 일정하게 분리된 삶을 살고 있습니다. 언어장벽이나 본인의 노력 부족 등의 탓도 있겠지만, 외국인을 그다지 반기지 않는 (혹은 자기 물건을 팔아줄 돈 있는 소비자 이상의 존재로는 보지 않는) 오스트리아 사회의 일부 국수적이고 배타적인 분위기도 분명한 한 원인입니다. 한때 다양한 문화와 언어를 포용했던 오스트리아-헝가리 제국에 아련한 향수만 있지 그 정신을 발전적으로 이어갈 생각은 못 하는 걸 보면 현대를 살아가는 오스트리아인들이 자기 조상들만큼 통 큰 사람들은 못 되나봅니다. 우람한 우노시티는 벌써 서른을 훌쩍 넘겼지만, 그야말로 '통 큰' 코즈모폴리턴 브루노 크라이스키가 지녔던 비전의 진정한 실현은 어쩌면 조금 더 시간이 걸릴지도 모르겠습니다.

빈티지 가구점
LICHTERLOH
리히털로

– 위치 –
GUMPENDORFERSTRASSE 17, 1060 WIEN
– 웹사이트 –
WWW.LICHTERLOH.COM

2킬로미터 가량 이어지는 6구 굼펜도르퍼슈트라세는 고풍스러운
건물들에 다양한 상점과 카페가 입점해 있어 은근히 걷는
재미가 있는 거리입니다. 특히 가구점이 많기로 유명한
이 굼펜도르퍼슈트라세에서 놓쳐서는 안 되는 상점이 있다면,
오스트리아 현대가구를 소개하는 다스 뫼벨(Das Möbel)과 이번
꼭지의 소재인 전설의 빈티지가구점 리히털로를 꼽을 수 있습니다.
20세기 오스트리아 고가구와 자체 브랜드 가구를 판매하는
리히털로는 친구 사이인 다그마르 모저, 크리스토프 슈타인,
필립-마르쿠스 페른하웁트, 이렇게 세 사람이 1990년 카페 슈페를
맞은편에 문을 열었습니다.
리히털로가 다른 가구점과 차별화되는 이유는, 그때까지 사람들의
관심을 얻지 못하던 1920~70년대에 제작된 오스트리아 가구와
소품을 집중 취급하면서 국내에서는 물론 국제적으로도

— 1, 2 —
신 매장(좌)과 구 매장(우)

— 3 —
지하 매장

1
2
3

20세기 오스트리아 디자인에 대한 호기심에 불을 지폈기 때문입니다. 라움인할트의 주인 비힐러 씨도 지적했듯이 세기말 유겐트슈틸 이후의 디자인 전통에 오스트리아인들 스스로가 무심했고, 이를 안타깝게 여긴 리히털로의 주인들은 새로운 시장을 개척하면서 의식적으로 20세기 오스트리아 디자인의 홍보대사 역할을 떠맡은 것입니다. 실제로 리히털로는 지난 20여 년간 그 역할을 충실히 해냈고, 국내 소비자뿐 아니라 외국에서도 주목받게 되어 현재는 외국인 구매자가 총판매의 30퍼센트를 차지할 정도가 되었습니다. 아시아 고객도 있느냐는 질문에 다그마르 모저 씨는, 아시아 고객들은 20세기 디자인보다는 주로 18~19세기 디자인을 선호해서 아직까지 자기들 제품에 대한 수요는 없다고 말합니다.

리히털로는 6년 전부터 공동오너 중 한 명인 페른하웁트 씨가 디자인하는 자체 브랜드 가구도 판매하고 있습니다. 모저 씨에게 어떤 계기로 자체 브랜드를 내놓게 되었는지 물어보니, 한두 점 밖에 없는 골동품 가구가 팔리고 나면 다시 구하기 어렵다는 아쉬움이 있어서, 빈티지 가구의 느낌도 나고 다른 빈티지 가구와 함께 놓아도 잘 어울리는 가구를 제작해 소비자의 고가구 수요증가에 부응하고자 하는 것이라 합니다. 예컨대 아래(사진4) 보이는 책장과 탁자는 오스트리아의 건축가 겸 디자이너

— 4 —
필립-마르쿠스
페른하웁트 씨가 디자인한
책장(2010)과 탁자(2008)

— 5 —
롤란트 라이너 의자

— 6 —
뒴틀(1930년대),
공(1950년대).

4　　　　　　　　　5　　　　　　　　　6

롤란트 라이너가 1950년대에 선보인 유명한 의자(사진5)에서 영감을
얻어, 고객이 원할 경우 그 의자와도 매치시킬 수 있도록 디자인한
것입니다.

7   8   9

터키 타일로 꾸민 둥근 천장 카페

CAFÉ CORBACI

카페 코르바치

– 위치 –
MUSEUMSPLATZ 1/ARCHITEKTURZENTRUM
MUSEUMSQUARTIER, 1070 WIEN

활기찬 문화예술단지 무제움스크바르티어(MQ) 내에서도 의외로
조용하고 차분한 편인 동편 건축센터(Architekturzentrum)에 살며시
숨어있는 카페 코르바치는 바쁜 걸음을 잠시 멈추고 한 템포
쉬어가기에 알맞은 곳입니다. 2011년 7월 주인이 바뀌면서 상호가
밀로(Milo)에서 새 주인의 이름인 코르바치로 변경됐지만, 다행히도
터키 문양의 타일로 뒤덮인 아름다운 천장과 그런 천장을 돋보이게
하는 심플하고도 현대적인 탁자와 의자들은 이전 그대로입니다.
프랑스 건축가 안 라카통(Anne Lacaton)과 장 필리프 바살(Jean Philippe
Vassal) 팀이 설계한 카페의 둥근 천장을 한가득 수놓은 화려한
타일들은 빈에서 활동하는 터키 출신의 미술가 아시예 콜바이-
카팔리어(Asiye Kolbai-Kafalier)가 디자인한 것으로, 멀리 이스탄불에서
특별 제작되었지요. 천상의 모습을 이미지화한 것이라고 합니다.

— 1, 2, 3 —
코르바치 내부

빈의 홍대 앞
프라이하우스 구역과
착한 디자인 '가바라지'

빈 4구 슐라이프뮐가세(Schleifmühlgasse), 시카네더가세(Schikanedergasse), 프레스가세(Preßgasse), 케텐브뤼켄가세(Kettenbrückengasse)는 멋쟁이 젊은이들이 많이 모여드는, 우리로 치면 홍대앞 같은 곳입니다. 나슈시장을 낀 레히테 빈차일레 거리와 1번 전차가 다니는 카를스플라츠 남쪽 비드너 하웁트슈트라세를 동서로 연결하는 이 샛길들은 지난 10여 년간 디자인 상점, 옷가게, 카페, 술집들이 잇따라 들어서면서 빈의 힙한 명소로 부상했습니다. 중년 이상이 고전적인 1구를 선호하고, 십대들이 다국적 브랜드상점과 쇼핑몰이 포진한 6구 마리아힐퍼슈트라세를 쏘다닌다면, 20~40대 보보족들은 7구에 산재한 로컬 디자이너들의 개성 있는 패션상점에서 옷 쇼핑을 하고 4구에서 갤러리와 디자인가게를 둘러보며 미적 욕구를 충족한 뒤 근처의

1

— 1 —
프라이하우스
공동주택 안쪽(1908)
출처: 국립도서관

바나 카페에서 친구들과 저녁시간을 보냅니다.

이 4구 번화가 일대를 '프라이하우스 구역'(Freihausviertel)이라고 부릅니다. 프라이하우스란 대략 지금의 빈 공과대학(TU Wien) 터에 넓게 자리하고 있던 대규모 공동주택의 이름이었습니다. 프라이하우스는 문자 그대로 '자유주택'이라는 뜻으로, 콘라트 발타자르 폰 슈타렘베르크 백작(1683년의 오스만 투르크를 상대로 치른 2차 빈 공방전에서 지휘관을 맡았던 에른스트 뤼디거 폰 슈타렘베르크의 부친)이 페르디난트 3세로부터 받았던 봉토를 1647년 매입해 공동주택 단지를 건설하고 세금면제와 자치권을 누린 데서 이 같은 명칭이 유래합니다. 프라이하우스는 17세기에 처음 건설되어 1937년에 완전히 헐리기까

2

3

— 2 —
카를 피피히(Carl Pippich, 1862–1932)가 1916년에 그린 그림 "빈 나슈시장에 면한 프라이하우스 (Freihaus am Naschmarkt in Wien)." 당시만 해도 나슈시장이 복개된 빈 강 위로 전부 옮겨가지 않고 비드너하웁트슈트라세에 아직 남아 있었음을 알 수 있습니다.

— 3 —
프라이하우스가 있던 곳에 빈 공과대학이 자리잡았습니다.

지 개축·증축·철거를 반복하면서 꾸준히 존속했고, 지금으로 치면 북으로 레셀가세, 남으로 슐라이프뮐가세, 서로 뮐가세, 동으로 비드너하웁트슈트라세에 이르는, 큼직한 블록 네 개 정도를 차지하는 거대한 단지였습니다.

1769년 개축 당시 이미 1,000명 이상 입주할 수 있는 규모에 달했고, 단지 내에는 각종 상점, 공방, 교회, 학교, 도서관이 갖춰져 있었습니다. 1785년에는 '프라이하우스 테아터'라는 극장도 들어섰습니다. 1789년에 프라이하우스 테아터의 총감독을 맡은 인물은 모차르트의 「마술피리」 대본을 쓴 에마누엘 시카네더(Emanuel Schikaneder, 1751~1812)였고, 1791년 9월 30일 이 극장에서 마술피리가 초연됐습니다. 그로부터 10년 후인 1801년, 극장은 빈 강의 서쪽 강변으로 옮겨 '테아터 안 데어 빈'(여기서 '빈'은 도시가 아니라 지금은 복개된 빈 강[Wienfluss]를 가리키는 것으로 문자 그대로 '빈 강변 극장'이라는 뜻입니다)으로 새 출발합니다. 이후 원래 있던 극장도, 프라이하우스 주택단지도 차례로 철거되고 남아 있던 시설물들마저 1945년 폭격으로 자취를 감춥니다. 훗날 1970년대에 이 자리에 빈 공과대학 건물이 들어서면서 대학건물에 프라이하우스라는 이름이 붙었습니다.

프라이하우스 구역의 심장부는 뭐니 뭐니 해도 슐라이프뮐가세입니다. 나슈시장 쪽에서부터 이 길로 들어서자마자 흥미로운 상점들이 보이기 시작합니다. 예컨대 19번지에는 오스트리아 부르겐란트 주에서 발포성 포도주를 생산하는 업체 시게티(Szigeti)가 운영하는 젝트 전문 바가 있습니다. 간판에 젝트콩투아르(Sektcomptoir)라고 쓰여 있을 텐데, '젝트'(Sekt)란 발포와인을 가리키는 독일말이고 콩투아르(comptoir)란 판매대 혹은 카운터를 뜻하는 불어입니다. 아예 병째 구입하실 분은 바로 옆 23번지 가게를 이용하시면 됩니다. 한국에는 잘 알려져 있지 않지만 오스트리아는 은근히 와인 전통이 깊고 문화가 발달해 있어 맛좋은 와인이 많습니다. 와인을 즐기는 분이라면 빈에 들렀을 때 다양한 종류의 오스트리아 와인을 맛보고 가시길 권합니다.

술은 별로고 간단히 요기를 했으면 좋겠다, 하시는 분은 레히테 빈차일레와 슐라이프뮐가세가 만나는 모퉁이에 있는 '카페 아마코르드'에 가셔도 좋고, 흡연할 수 있는 곳을 찾으신다면 슐라이프뮐가세 19번지 '카페 안첸그루버'를 추천합니다. 두 곳 모두 여행자보다는 현지인들이 많이 찾는 카페로, 몇몇 유명 카페처럼 화려하지는 않지만 분위기가 편안하고 음식이 맛있어서 단골손님들이 자기 집처럼 죽치고 앉아 노닥거리는 곳입니다. 특히 카페 안첸그루버는 1949년에 문을 연 이후 슐라이프뮐가세가 전혀 힙하지 않던 시절부터 가난한 예술가들의 오아시스 역할을 한 곳으로 유명합니다. 전쟁 종료 후 시내에서 가까우면서도 임대료가 싼 이 블루칼라 지역에 예술가들이 모여들기 시작했고, 카페에 모여 담배연기 내뿜으며 놀고, 쉬고, 토론하고, 함께 아이디어를 냈습니다. 그런 역사를 기리는 차원에서 2007년과 2009년 초여름에는 빈의 젊은 무명 영화인들이 카페 안첸그루버에서 자기들만의 영화제를 열기도 했습니다. 슐라이프뮐

가세가 세련된 신생 번화가로 뜨기 시작한 것은 90년대 후반 이후의 일로, 지난 10여 년 동안 큰 변화가 있었습니다. 물론 임대료도 함께 치솟기 시작해서 돈 없는 예술가들은 좀 더 바깥 지역으로 옮겨가야 했지요.

카페보다는 한국음식이 동하신다면 같은 길 8번지에 '나고야'라는 이름의 한식당도 있습니다. 바로 그 옆에 붙어 있는 프렌치 비스트로 '코트 쉬드'도 음식 평이 좋은 곳입니다. 간단히 샌드위치를 원하시면 슐라이프뮐가세와 마가레텐슈트라세가 만나는 모퉁이에 있는 깔끔한 분위기의 베이글 가게 '블루오렌지'도 가볼만 합니다. 아니 빈에 와서 베이글을 먹으란 말이냐, 하시는 분은 이 집 메뉴판을 살짝 펼쳐보시길 권합니다. 뭔가 설명이 적혀 있는데, "베이글, 빈의 명물(Der Bagel-Ein Wiener Spezielgabäck)"이라고 되어 있습니다. 그렇습니다! 뉴욕과 시카고를 중심으로 미국에 정착한 유대인들이 대중화시킨 음식으로 알려진 베이글이, 실은 빈과 모종의 연관을 맺고 있었던 것이죠. 내용을 살펴볼까요.

"최초의 베이글은 1683년 오스만 투르크의 빈 포위공격 이후 세상에 탄생했다. 폴란드의 왕, 얀 소비에스키가 오스만군을 물리치자 유대인 제빵사 한 명이 자유를 되찾은 데 대한 감사의 표시로 등자(鐙子) 모양

5   6

을 본떠 가운데 구멍이 뚫린 빵을 구워냈다. 오늘날 베이글은 특이하고 복잡한 제조 과정을 통해 독특한 질감과 어디에 비할 바 없는 맛을 겸비하게 되었다. 빈의 커피하우스도 바로 이와 같은 역사적 배경 속에서 처음 생겼다. 급히 철수하느라 바빴던 오스만 투르크군은 가져온 커피 전량을 빈에 남겨두고 갔고, 오스트리아에서는 쉽게 보기 어려웠던 커피가 처음으로 남아돌았던 것이다."

위에서 말하는 등자란 말안장에 달린 발걸이를 뜻합니다. 그러니까 등자를 의미하는 독일어의 슈타이크뷔겔(Steigbügel)에서 뒷부분 '뷔겔'(bügel)이 변해 베이글(bagel)이 되었다는 얘기지요. 뒷부분에 적힌 커피하우스의 기원은 비교적 널리 알려진 이야기지만, 베이글에 관한 설명은 메뉴판에 적힌 내용만으로는 너무 단편적이어서 얼마나 신빙성 있는 얘기인지 판단하기 어렵습니다. 이런 주장에 (한줌 정도) 일리가 있다 해도, 베이글을 세계적으로 유명하게 만든 것은 미국 장사꾼들인데 이제 와서 '빈의 명물'이라고 선언하는 빈 장사꾼들의 배짱이 약간 우습기도 합니다. 어찌됐든 빈의 명물(이라고 주장되는 이 빵)을 본 고장에서 먹어봐야겠다는 분들은 한 번 드셔보세요.

워킹투어 이어집니다. 이번에는 17번지입니다. 이곳은 영화 「바베트의 만찬」(1987)에서 이름을 따왔다는 '바베트'(Babette's)라는 독특한 가게로, 요리책과 향료, 이 두 가지 아이템을 전문적으로 취급하고 주중에는 간단한 점심을 팝니다. 15번지 '플로 빈티지'(Flo Vintage)에서는 1880~1980년 사

—5, 6—
카페 안첸그루버

이에 제작된 빈티지 의류를, 13번지 '라움인할트'(Rauminhalt)에서는 고급 빈티지 가구를 판매하고 있으니 이 두 곳에서 잠시 과거로의 시간여행도 즐겨볼 수 있습니다. 구경만으로는 성에 안 차 직접 만들어보고 싶다면, 9번지 '메이드 바이 유'(Made By You)에 들르셔야 합니다. 하얗게 초벌구이된 다양한 그릇 중에서 맘에 드는 그릇을 골라 직접 그림을 그려 넣고 재벌구이해 완성시킬 수 있습니다. 아이와 함께 여행하시는 분은 함께 기념품을 만들어보셔도 좋을 것 같습니다.

슐라이프뮐가세 5번지에는 얼마 전까지만 해도 장 뤽 고다르 감독의 영화 제목을 딴 '알파빌'이라는 유명한 DVD 대여점이 있었습니다. 보유하는 영화가 8,500종이 넘어 빈 최고의 대여점으로 꼽혔던 알파빌은, 점원들이 영화에 관해 물어보면 모르는 게 없던, 시네필에 의한, 시네필을 위한, 시네필의 완소 가게였습니다만, 안타깝게도 2010년 가을에 문을 닫았습니다. 한국에서 DVD 대여점이 사라지고 있는 것과 똑같은 이유에서였지요. 자, 이제 사라진 알파빌 DVD 대여점 앞에서 잠시 묵념을 합니다. 그런 다음 천천히 왼쪽으로 고개를 돌려 뒤를 돌아봅니다. 그러면 길 건너편 슐라이프뮐가세 6번지에 '가바라지'(Gabarage)라는 이름의 업사이클링(upcycling) 디자인 가게가 보입니다. 이제부터 이 가게 얘기를 좀 자세히 할까 합니다.

업사이클링이라는 말, 들어보셨지요? 기존의 리사이클링, 즉 '재활용'은 엄격히 말하면 폐지를 모아 재생종이를 만들고, 플라스틱병을 모아 재생 플라스틱을 만드는 등, 버려진 자원을 수거해 다시 같은 용도로 활용하는 것을 뜻합니다. 재생시킨 자원들은 한 번씩 재생할 때마다 이전 단계보다 질도 떨어지고 경우에 따라 용도가 제한될 수밖에 없습니다. 그래서 일반적 의미의 재활용은 재생 과정에서 자원의 가치가 하락한다는 의미에서 다운사이클링(downcycling)이라고도 부릅니다. 이에 반해 업사이클링이라는 개념은, 소용이 다한 자원을 창의적으로 활용해 아예 다른 용도의 물건으로 재탄생시키는 창조적 변형을 뜻합니다. 이렇게 하면 자원이 아예 쓰레기통으로 들어가지 않으니 수거할 쓰레기의 양도 줄어듭니다.

1990년대 중반에 구미에서 등장한 업사이클링 개념은 처음에는 환경문제에 관심 있는 사람들을 중심으로 천천히 확산되다가, 환경문제가 심각해지고 경제가 어려워지면서 본격적으로 부상했습니다. 사실 업사이클링이 신선한 개념이라고 호들갑을 떨 이유도 없습니다. 먹고 살만한 나라에서나 물건을 안 버리고 활용하는 일이 새로운 개념이지, 가난한 나라의 많은 이들은 늘 갖고 있는 물건을 변형시키고 여러 용도로 활용하면서 일상적으로 업사이클링을 해왔으니까요. 다만 선진국과 개도국에서는 소비자에게 어필하기 위해 실용디자인과 접목시켜 재치 있고 아름다운 상품을 만드는 것이 특징이지요. 실제로 업사이클링은 무궁무진한 응용 가능성 때문에 환경을 생각하는 디자이너들의 새로운 개척분야가 되고 있고, 국내에서도 비슷한 트렌드를 관찰할 수 있습니다.

빈의 슐라이프뮐가세에 있는 '가바라지'도 그런 점에서는 어느 업사이클링 업체들과 다를 바가 없습니다. 가게에 들어가 보면, 농구공, 축구공 등 각종 공과 볼링핀으로 만든 꽃병, 에스컬레이터의 일부를 뜯어 개조한 커피테이블, 플라스틱 쓰레기 수거함으로 만든 안락의자, 커피깡통으로 만든 조명기구, 트럭 방수포로 만든 가방, 책을 쌓아올려 만든 의자, 소방호스로 만든 그네, 스키장비로 만든 코트걸이 등 아이디어 번뜩이는 제품으로 그득합니다. 그런데 가바라지에는 다른 업체와 다른 특이한 점이 하나 있습니다. 가바라지 공방이 마약, 약물, 노름, 게임, 쇼핑 등의 각종 중독으로 사회적 기능장애를 겪고 있는 환자들의 재활 교육장으로 활용되고 있다는 점입니다. 즉 환경과 디자인을 접목했을 뿐 아니라, 재활교육이라는 세 번째의 사회적 요소를 가미했습니다. 이것은 가바라지 탄생과정과도 밀접하게 얽혀있습니다.

가바라지는 애초에 빈에 있는 안톤 프록쉬 연구소의 실험적인 재활 프로젝트로 출발했습니다. 안톤 프록쉬 연구소는 환자 280명을 수용할 수 있는 유럽 최대 규모의 중독증세 치료 및 연구센터로, 이미 1950년대부터 '중독'을 단순한 의지박약이 아닌 의학적 관점에서 바라보도록 사회적 의식을 바꾸는 데 크게 기여했습니다. 가바라지의 마케팅 부장 다니엘 슈트로벨 씨에 따르면, 안톤 프록쉬 연구소는 2000년대 초엽 효과적인 재활 프로그램을 마련하기 위해 애쓰고 있었습니다. 중독환자들의 재활을 위해서는 노동력 회복이 중요한데, 노동시장의 고용차별과 중독자의 기술·경험·자신감 부족 등의 이유로 취업이 어려웠기 때문입니다. 이때 안톤 프록쉬 연구소의 현 행정부장 가브리엘레 고트발트-나타니엘 씨가 나서 디자인 업체를 설립해 재활교육장으로 활용하자는 아이디어를 냈습니다. 친환경 디자인에 관심이 많았던 고트발트-나타니엘 씨는 주위의 회의적인 시선에도 불구하고 업사이클링 디자인과 재활훈련을 융합시켜 2002년 가바라지를 출범시켰습니다.

슈트로벨 씨는 가바라지를 "사회복귀를 위한 중간시설"이라고 표현합니다. 가바라지는 안톤 프록쉬 연구소에서 1년 이상 일정한 치료를 받아 회복단계에 접어든 환자들 중에서 노동시장에 합류하고 싶어 하는 이들의 신청을 받아 정확히 1년간 공방이나 매장에서 일하도록 합니다. 이 훈련기간 12개월은 다시 5단계로 나뉘며, 수습생은 각 단계를 마칠 때마다 상사와 동료들로부터 평가를 받고 자기평가도 거칩니다. 이 5단계를 무사히 거치면 가바라지에서 수료증을 받고 다른 업체에 정식 취업을 시도하게 됩니다. 빈에는 가바라지와 유사한 재활 프로그램을 운영하는 업체들이 몇 군데 더 있는데, 타 업체의 훈련코스를 거친 수습생들의 평균 취직률이 30~35퍼센트인데 비해 가바라지에서 훈련받은 이들의 취직률은 60~65퍼센트에 달합니다.

그런 성과의 비결에 대해 슈트로벨 씨는, "가바라지에서 하는 일이 창의적"이라는 점을 꼽습니다. 물론 가바라지에는 공방을 이끄는 전문장인과 디자이너들이 수습생들을 지도하고 있지만, 수습생들은 "디자이너들이 디자인한 것을 장인들이 시키는 대로만 조립"하는 것이 아니라, 좋은 아이디어가 있으면 의견을 개진하고 스스로 디자인하고 제작해보도록 격려 받습니다. 중독환자들에게 상하관계에서 일만 시켜서는 치유와 실무훈련의 효과를 보기 어려운 점도 있고, 실제로 그들에게 일정한 주도권을 줌으로서 강한 동기부여 효과를 낼 수 있다는 것이지요. 때문에 재활훈련

— 7 —
가바라지의
인기상품이라는
볼링핀 꽃병

7

수료 후 높은 취직률로 이어지고 있는 것이고요.

수습생 중에는 예술적 감각이 뛰어난 이들이 종종 있어서, 전문 디자이너의 도움을 거의 받지 않고 훌륭한 작품을 내놓는 경우도 있습니다. 한번은 니더외스터라히 주의 한 호텔에서 가바라지에 객실 인테리어 장식을 맡겼습니다. 이 호텔은 객실마다 각각 다른 영화를 지정해주면서 그 영화에 어울리는 인테리어를 주문했습니다. 그중 한 객실의 영화 테마가 「카사블랑카」였습니다. 이 때 어느 수습생이 공항에서의 마지막 장면에서 영감을 얻었고 여행용 트렁크 몇 개와 쿠션을 활용해 멋진 안락의자를 디자인해 가바라지 식구들을 놀라게 했습니다. 호텔 측이 만족한 것은 물론이고 일반 소비자에게도 화제의 상품이 되었습니다.

가바라지는 이제 이름이 꽤 알려져 미국, 호주, 일본 등지에서도 주문이나 취재 문의가 들어올 정도지만, 처음이나 지금이나 운영이 수월치 않습니다. 물론 업사이클링에 대한 인식은 2002년 발족 당시와 비교할 수 없이 나아졌습니다. 2000년대 초만 해도 유럽에서 업사이클링 디자인은, 스위스에서 프라이탁(Freitag) 형제가 1993년에 고안해낸 트럭 방수포와 안전벨트로 만든 메신저 가방이 서서히 주목받기 시작하던 것을 제외하면 일반인에게 생소한 개념이어서, 폐자원을 구하는 일도 수익을 내는 일도 쉽지 않았습니다. 업사이클링 제품에 대한 수요가 상당히 높아진 지금도 가바라지는 안톤 프록쉬 연구소와 연방정부, 그리고 빈 시 당국의 재정 지원을 받아 꾸려가고 있습니다. 사회적으로 불리한 환경에 처한 이들이 일할 수 있도록 돕는 사회적 기업인 만큼, 중앙정부와 빈 시의 노동관련부처에서 일정한 지원을 하는 것이지요. 그래도 재정적 안정은 가바라지가 늘 직면해 있는 과제입니다.

　이곳 제품이 생각보다 싸지 않은 이유도 거기에 있습니다. 가게에 들른 손님 중에는 중독환자들이 폐자원으로 만든 물건이니 저렴할 것으로 생각했다가 기대와 어긋나자 노골적으로 불평하는 경우도 있다고 합니다. 중독자들의 노동력을 저임금으로 활용하면서 물건 값이 왜 이리 비싸냐는 것이지요. 그러나 현재 가바라지 상품의 매출액 대비 이윤율은 10~15퍼센트 정도로 경상비 지출이 큰 편입니다. 특히 아직 완치되지 않은 중독환자들을 수습생으로 받는 만큼 치료 등을 이유로 병가를 내는 경우가 많고, 수습생은 1년이 지나면 정식으로 일자리를 찾아 나가는 것이 원칙이므로 일이 손에 익은 직원을 전원 내보내고 매년 새로 비숙련 수습생을 받는 과정에서 경제적인 손실이 발생할 수밖에 없습니다. "이 업체의 설립 취지상 피할 수 없는 일이며, 상세한 설명과 홍보를 통해 소비자의 이해를 구할 수밖에 없다"는 것이 슈트로벨 씨의 이야기입니다.

　한편 폐자원을 구하는 일은 처음보다 수월해졌습니다. 가바라지가 하는 일이 알려지면서 타 업체의 협력을 구하기가 한결 쉬워진 것입니다. 예를 들어 커피탁자와 의자를 제작하는 데 쓰는 에스컬레이터의 발판

— 8 —
오른쪽 구석에 있는
스키장비는 코트걸이

8

Kreiere dein
rönliches Türschild

ne Eingangstüre, Büro,
Kinderzimmer, ...)

9

은 빈 시내의 지하철 에스컬레이터를 설치·관리하는 스위스 업체 쉰들러에서 기증받고, 안락의자 제작에 쓰는 쓰레기 수거함과 아이들 그네 매다는 줄로 쓰는 방화호스는 빈 시 당국에서, 그네에 앉을 수 있도록 다는 나무판은 오스트리아 가구 제조업체 '팀7'에서 의자 제작 후 남은 자투리 목재를 기증 받아 제작합니다. 요즘은 다른 업체 측에서 먼저 가바라지에 연락해 폐자원을 기증하는 경우도 생겼습니다. 그래서 때로는 기증 받은 폐자원을 놓고 그 자원에 맞는 제품을 구상하기도 합니다.

2012년부터 외형상 안톤 프록쉬 연구소에서 떨어져 나와 독립법인이 된 가바라지는 앞으로 몇 가지 측면에서 사업 확장에 관심을 두고 있습니다. 가장 손쉽게 생각할 수 있는 방편은 온라인 상점이지만, 어려움은 가바라지에서 제작하는 물건은 수습생들이 하나씩 일일이 손으로 갈고, 자르고, 붙이고, 다듬는 것이기 때문에 하나도 같은 물건이 없고, 같은 상품군에 속하는 것이더라도 개성이 다 다른 물건이라는 점입니다. 그 중 하나만 택해 사진을 찍어 인터넷에 올리면 그 사진을 보고 제품을 주문한 고객이 사진과 다른 물건을 받을 가능성이 크고, 그것이 소비자의 입장에서 불만스러울 수 있다는 것입니다. 그렇다고 모든 상품을 한 점 한 점 전부 사진 찍어 올리는 일은 현실적으로 어렵기 때문에 현재로서는 구상 단계라고 합니다. 하지만 가바라지 제품에 대한 관심은 국내외에서 꾸

소방호스로 만든 그네.
빈 소방서에서 기증받은 폐기된 소방호스를 그네 줄로 활용하고, 가구제조업체 '팀7'(Team 7)에서 의자 제작 후 남은 자투리 목재를 기증받아 걸터앉는 부분을 만듭니다.

준히 늘고 있고, 기회가 닿으면 아시아 시장에도 물건을 수출해 보고픈 마음이 있다고 합니다.

그러나 슈트로벨 씨는 제품 수출보다 지난 10년간 꽤 성공적으로 운영해온 '환경-디자인-중독환자재활'이라는 사업컨셉을 수출하는 것이 의미 있다고 말합니다. 어느 사회나 환경문제가 심각하고 중독환자 또한 늘어나고 있기 때문입니다. 그는 다른 나라에서 가바라지와 같은 컨셉을 활발히 차용하는 모습을 보기를 기대한다며, 관심 있는 단체나 사회적 기업가에게 언제든 협력할 의사가 있다고 밝혔습니다.

에스컬레이터 발판으로 만든 의자가 익숙해져갈 무렵, 바쁜 슈트로벨 씨를 너무 오래 붙잡고 있었다는 것을 깨달았습니다. 마지막으로 가바라지라는 이름의 유래를 물어보았더니,

"공식 버전을 원하세요, 아니면 비공식 버전을 원하세요?"

하고 반문합니다.

"둘 다요."

제 대답에 그가 장난기 어린 얼굴로 설명합니다.

"창고를 뜻하는 가라지(garage)와 쓰레기를 뜻하는 가비지(garbage)를

10

11

— 10 —
한 소년이 그네를
시험해보고 있습니다.
— 11 —
자전거 폐타이어로 만든
전등

합성한 이름이라는 것이 대외용 공식 버전이고요, 저희들끼리는 '창립자 가브레엘레(ga)와 인력개발부장 바르바라(ba)가 엄청 뿔났다(rage)'라는 뜻으로 통합니다."

빈티지 가구 전문점

RAUMINHALT
라움인할트

– 위치 –
SCHLEIFMÜHLGASSE 13, 1040 WIEN
– 웹사이트 –
WWW.RAUMINHALT.COM

빈에서 몇 곳 되지 않는 20세기 빈티지가구 전문점 가운데
하나인 '라움인할트'는 1997년 멋쟁이들이 모여드는 거리
슐라이프뮐가세에 문을 열었습니다. 라움인할트는 빈에서
활동하는 디자이너들의 작품을 비롯해 프랑스, 스칸디나비아, 미국
등 세계 여러 나라 디자이너들이 디자인한 희귀한 고가구들을
전시·판매합니다. 특히 1950~70년대에 제작된 가구를 집중적으로
취급하는 이곳 매장에 들어서면 마치 타임머신을 타고 반세기
정도 과거로 되돌아간 듯한 기분을 느껴볼 수 있습니다. 취급하는
물품을 오스트리아 것으로 한정하지 않는 이유에 대해 주인
하랄트 비힐러(Harald Bichler) 씨는 고가구를 고르는 자신의
개인적인 취향 외에도, 세기말에 빈 모더니즘 디자인이 융성한
이후 양차 대전을 거치며 빈의 디자인 전통이 정체되었던 점,
그리고 오스트리아인들이 오스트리아 디자인에 무심한 경향

— 1 —
매장 입구

— 2 —
라움인할트 내부

— 3 —
세르주 무유(Serge
Mouille, 1922~88)가
디자인한 천장
조명기구(1958년)와
피에르 잔네레
책상(1963년)

1
2
3

등을 지적합니다. 그는 디자인 전문 미술관만 수십 개가 있는 독일의 예를 들면서, 오스트리아는 자국의 디자인 전통을 알리고 디자인 문화를 육성하는 일에 좀 더 분발할 필요가 있다고 말합니다. 현재 빈에는 디자인 관련 미술관으로 응용미술관(MAK)과 황실가구박물관(Hofmobiliendepot) 정도가 있을 뿐인데 자신이 보기에는 만족스럽지 않고 황실가구박물관의 경우는 찾아가기도 불편한 곳에 있어 빈 시민들도 잘 모르고 있다며 아쉬움을 토로했습니다.

라움인할트에서는 다른 일부 고가구점과는 달리 보수와 복원을 하지 않은 상태로 제품을 판매합니다. 이곳에서 취급하는 가구는 박물관에 갖다놓아도 될 만큼 가치 있는 물건인 까닭에 섣불리 손을 대면 안 될 뿐더러, 자칫하면 원래 제작된 시대의 특징이 가려지기 때문입니다. 예컨대 똑같은 소파 모델이라도 시기에 따라 다리에 일반 강철을 사용하기도 하고 스테인리스강을 사용하기도 하는 등 재료가 바뀌는 경우가 있는데, 녹슨 일반 강철 다리를 고객에게 그대로 보여줌으로써 그 모델의 제작 시기와 특징을 있는 그대로 제시할 수 있다는 것입니다. 그래서 보수는 고객이 구입 후 따로 희망하는 경우에만 하고 있습니다. 멀리 일본에서도 주문을 받은 적이 있다는 비힐러 씨는 디자인과 고가구에 대한 수요가 커지는 아시아 시장에 큰 관심을 보였습니다.

— 4 —
피에르 잔네레(Pierre Jeanneret, 1896~1967) 소파세트(1960년경)

르 코르뷔지에의 사촌이기도 한 스위스 건축가 피에르 잔네레는 1950년대에 인도 찬디가르 계획도시 건설에 깊이 관여한 까닭에 그가 디자인한 가구가 찬디가르에 많이 남아있습니다. 이 소파세트는 찬디가르의 일반가정에 있던 것입니다.

— 5 —
피에르 잔네레 책상(1952년)과 의자(1952년)

찬디가르 시 당국 전력부서에서 사용하던 책상과 역시 찬디가르 소재 펀자브 대학교 도서관에 비치되어 있던 의자입니다.

4   5

가난한 예술가들의 안방

CAFE ANZENGRUBER
카페 안첸그루버

– 위치 –
SCHLEIFMÜHLGASSE 19, 1040 WIEN

크로아티아 출신의 사리치(Saric) 가족이 1949년부터 운영해온
카페 안첸그루버는, 이젠 보보족들의 천국이 되어버린
슐라이프뮐가세 일대가 전혀 힙하지 않던 시절부터 가난한
예술가들에게 오아시스 역할을 해왔던 곳입니다. 2차 세계대전
종료 후 시내에서 가까우면서도 임대료 저렴한 이 블루칼라
지역에 모여든 예술가들은 바로 이 카페를 안방 삼아 놀고, 쉬고,
토론하고, 함께 아이디어를 냈습니다. 그런 역사를 기리며 2007년과
2009년에는 빈의 젊은 무명 영화인들이 카페 안첸그루버에서
자기들만의 영화제를 열고 카페 입구 위에 설치된 영사막에 영화를
영사했습니다. 주인 앙키카 사리치 씨가 직접 만드는 크로아티아식
마카로니 콩 수프가 유명합니다. 영업시간은, 보통 아침부터 여는
다른 카페들과는 달리 월~토 오후 4시에서 오전 2시까지이니 너무
이른 시간에 찾아갔다가 헛걸음하는 일이 없도록 하시고요.

— 1 —
매장 입구
— 2, 3 —
안첸그루버 내부

1   2   3

156

빈 일대
녹색 명소

빈 시내와 인근에는 환경과 에너지 문제에 관심 있는 분들이 눈여겨볼 만한 장소가 크게 세 곳이 있습니다. 쓰레기를 태워 그 열로 지역난방을 하는 슈피텔라우(Spittelau) 쓰레기 소각장, 사라져가는 범람원을 보존하기 위해 조성한 다뉴브범람원 국립공원(Nationalpark Donau-Auen), 그리고 1978년에 폐기된 츠벤텐도르프(Zwentendorf) 폐원전입니다. 이 세 장소는 다뉴브 본류와 지류 강변에 위치한다는 공통점을 지니고 있어서, 특히 슈피텔라우 소각장과 범람원 국립공원의 경우는 겨울만 제외하면 슈베덴 광장 선착장에서 유람선을 타고 살펴보는 것도 가능합니다. 그러나 더욱 중요한 공통점은 이 세 장소가 모두 환경을 염려하는 시민들의 끈질긴 노력과 요구를 반영하고 있는, 환경운동의 측면에서 기념비적인 상징물들이라는 점입니다. 그중 첫 번째로 살펴볼 곳은 시민들의 요구와 빈 시당국의 미래지향적 정책이 만나 새로운 모습으로 거듭난 슈피텔라우 쓰레기 소각장입니다.

슈피텔라우 쓰레기 소각장

지하철 노선 U4와 U6의 교차 지점인 빈 9구 '슈피텔라우' 지하철역에서 빠져나오면, 자칫 미술관이나 유원지 시설로 오해될 만한 인상적인 외관을 지닌 슈피텔라우 쓰레기 소각장이 모습을 드러냅니다. 이 쓰레기 소각장은 단순한 폐기물 처리시설이 아니라 유기폐기물을 소각해 그 열로 지역난방을 공급하는 난방시설로서, 소각으로 인한 배출가스가 거의 없기로 유명합니다. 원래 이곳에 쓰레기 소각장 겸 지역난방시설이 최초로 들어선 것은 1971년의 일로, 인근에 새로 건설 중이었던 2,000병상 규모의 시립종합병원에 난방을 공급하려는 목적으로 세워졌습니다.

세계적으로 이름난 빈 출신의 건축가 겸 미술가 프리덴스라이히 훈더트바서(Friedensreich Hundertwasser, 1928~2000)가 외관을 디자인했다는 점 때문에 오늘날 슈피텔라우 쓰레기 소각장은 일부러 찾아 오는 사람도 많을 정도로 관광명소가 되었지만, 1987년 화재가 나기 전만 해도 별다른 특징 없는 평범한 콘크리트 건물이었을 뿐 아니라 독한 매연과 이산화탄소를 내뿜는 혐오시설이었습니다. 그런 상황에서 발생한 87년 화재는 빈 사회에 논쟁을 촉발시켰습니다. 빈 시당국이 화재로 크게 파괴된 소각장 시설을 복구하려 하자, 슈피텔라우 쓰레기 소각장으로 인한 환경오염에 우려를 표해온 시민단체들은 소각장의 완전폐쇄를 주장했고, 시당국은 소각장을 최첨단 과학기술을 적용한 저탄소 시설로 재건하겠다고 제안했습니다. 빈 시의 입장에서는 소각장이 폐쇄되면 빈 시에서 배출되는 상당량의 생활쓰레기를 다른 곳으로 운반해 폐기해야 할 뿐 아니라 이미 확충되어 있던 지역난방공급 시스템도 무용지물이 되기 때문에, 소각장도 유지하고 시민들의 우려도 해소할 혁신적인 방안을 강구해야 했습니다.

소각장을 재건하기로 결정이 나자 당시 빈의 시장이던 헬무트 칠크(Helmut Zilk)는 한 걸음 더 나아가 기왕이면 보기에도 즐거운 소각장을 건설하겠다는 의도로 유명한 환경주의자이기도 했던 훈더트바서에게 건물 외관 디자인을 부탁했고, 훈더트바서는 무료로 이 일을 맡았습니다. 결과

1

2

— 1 —
훈더트바서가
외관을 디자인한
슈피텔라우 쓰레기소각장

— 2 —
빈 시에서 운영하는
지역난방공사.
이 건물의 외관 역시
훈더트바서의 작품입니다.

물은 과학기술과 생태와 예술의 성공적인 조화였습니다. 새로 단장한 소각장은 쓰레기 처리장 및 난방열 생산시설로서 제 기능을 다하면서, 동시에 친환경 소각장에 대한 관심을 증폭시키고 관광객까지 불러 모으는 관광자원으로 변신했습니다. 현재 슈피텔라우 소각장에서 처리되는 생활쓰레기는 연간 25만 톤에 달합니다. 이것으로 시간당 전기 4만 메가와트와 지역난방열 47만 메가와트를 생산해 매년 약 6만 가구에 난방열을 공급하고 있습니다. 2009년 슈피텔라우 소각장을 포함한 빈 시의 모든 지역난방열 생산시설은 기업의 환경보전 실적을 평가하기 위하여 제정된 유럽의 환경경영감사제도(EMAS: Eco-Management and Audit Scheme) 인증을 받았습니다.

2012년 초에 빈 시는 1억3,000만 유로를 투자해 슈피텔라우 쓰레기 소각장을 다시 한 번 정비하고 기술적으로 개선하겠다고 발표했습니다. 이 공사를 마치고나면 이곳 소각장에서 생산되는 난방열이 빈 시에 공급되는 난방열 전체에서 차지하는 비중은, 현재의 36퍼센트에서 50퍼센트로 증가한다고 합니다. 한국에서도 서울과 경기도를 필두로 전국 여러 지역에서 쓰레기 소각열을 활용한 난방의 비중을 높이려는 노력을 기울이고 있다고 들었습니다. 앞으로 선진국과의 첨단기술 경쟁은 바로 이런 분야에서 벌여 볼 만한 것이 아닐까 합니다.

다뉴브 범람원 국립공원

다뉴브 강의 지류 '도나우카날'에 면한 1구 슈베덴 광장 선착장에서 동편으로 향하는 유람선에 오르면, 도나우카날이 다뉴브 강 본류와 만나면서 강변을 따라 드넓은 녹지대가 펼쳐지는 모습을 볼 수 있습니다. 이곳이 바로 다뉴브 범람원 국립공원입니다. 특히 슬로바키아의 수도 브라티슬라바까지 가는 쾌속정에 오른 분들은, 이 녹지대가 브라티슬라바에 이를 때까지 광범위하게 이어진다는 것을 알 수 있습니다. 빈과 브라티슬라바를 잇는 이 '녹색 띠'의 길이는 38킬로미터로, 총면적 9,300헥타르에 달하는 중부유럽 최대의 자연습지공원입니다.

오랜 세월 자연 그대로 유지되었던 다뉴브 강은 19세기 말에 홍수 조절과 선박 운항을 목적으로 대대적인 정비를 거쳤고, 그 결과 거미줄같이 복잡하게 얽혀 있던 물길이 넓고 곧게 펴지면서 운하로 변했습니다. 도심 홍수발생은 적어졌지만 지류들은 사라지거나 고인 물이 되고, 다양한 동식물의 서식지인 습지와 범람원 녹지대도 대폭 줄어들었습니다. 게다가 1950년대부터 다뉴브 강 전 구간에 수력발전용 보가 잇달아 들어서면서 강물이 자연스러운 상태로 흐르는 구간은 찾아보기 어렵게 되었고, 생태계도 영향을 받을 수밖에 없었습니다. 이를 염려한 환경운동가들은 1970년대부터 본격적으로 다뉴브 강변습지 보호를 위한 움직임에 나섰고, 덕분에 습지 보호에 대한 일반인의 인식도 점차 높아지기 시작했습니다.

이런 가운데 1984년 오스트리아와 슬로바키아의 접경지점 근처인 다뉴브 강변 하인부르크 지역에 수력발전용 보를 건설할 계획이 진행

— 3 —
1870년도 다뉴브 강 정비계획도. 복잡한 물줄기를 직선화하고자 한다는 것을 알 수 있습니다.

3

되었습니다. 보가 세워지면 인근 수변생태계에 초래할 심각한 악영향을 우려한 환경단체들은 전국적인 반대운동에 착수했습니다. 그러나 니더외스터라이히 주 의회는 보 건설에 문제가 없다고 판단하고 착공 허가를 내렸고, 12월 8일 공사를 위한 벌목이 시작되려 하자 수천 명의 시민이 현장을 평화롭게 점거했습니다.

점거농성이 연일 계속되고 농성자들과 이들을 강경 진압하려는 경찰 간에 대치가 격화되자 분노한 시민들이 빈 시내 링슈트라세에서 행진시위를 벌였습니다. 12월 19일에 벌어진 이 날 시위에 참여한 시민이 4만 명에 달하자 이틀 후 총리는 '성탄절 휴전'을 선언했고, 1985년 1월에는 고등법원이 공사를 위한 벌목을 무기한 연장하라는 판결을 내렸습니다. 같은 해 3월에는 약 35만4,000명의 시민이 대규모 수력발전시설 건설 금지와 범람원 공원 조성을 요구하는 국민발안에 서명했고, 이듬해인 1986년 7월에 행정법원이 건설 중지의 법적 유효성을 선언함으로써 이 문제가 매듭지어졌습니다. 환경운동가들의 멋진 승리였습니다.

한편 정부는 전문가들에게 문제의 수력발전용 보 공사가 다뉴브 강 범람원 생태계에 미칠 영향에 관한 상세한 연구조사를 의뢰했습니다. 조사 결과, 다뉴브 강 범람원은 국립공원을 조성해서 보호할 만한 가치를 지닌 소중한 생태공간이며, 수력발전용 보의 건설은 이 같은 공간을 파괴할 것이라는 결론이 나왔습니다. 이에 따라 1990년 연방정부, 니더외스터라이히 주정부, 그리고 빈 시당국은 문제의 다뉴브 강 구간에 범람원 습지 보호를 위한 국립공원을 조성키로 합의하고, 1996년 10월 공원을 정식으로 설립했습니다.

시민들과 환경운동가들의 이런 노력에도 불구하고 다뉴브 범람원은 아직도 몇 가지 위험에 노출되어 있습니다. 19세기 말부터 심하게 이루어진 하천정비가 지금까지 강 생태계에 스트레스를 주고 있기 때문입니다. 예를 들어, 홍수로 강물이 범람할 때마다 습지 구석구석을 적시며 영양가 많은 침전물을 공급해주던 작은 지류들이 제거되거나 본류와의 연결로가 막혀, 범람원 습지에 필요한 영양 공급이 제대로 이루어지지 않게 되었습니다. 이렇게 되면 습지가 서서히 생기를 잃고 결국 파괴됩니다. 뿐만 아니라 다뉴브 강의 수심이 1년에 1~3.5센티미터씩 깊어지고 있는 것도 문제입니다. 강바닥이 깊어지면 강 주변의 지하수면도 함께 낮아져 습지에 사는 식물 뿌리까지 수분이 도달하지 못해 식물이 고사하게 됩니다. 특히 도나우카날이 다뉴브 강 본류와 만나는 곳에 위치한 프로이데나우(Freudenau) 수력발전용 보 부근에서부터 동쪽 하류 방향으로 강바닥 침식 현상이 현저히 나타나고 있어, 이를 막기 위해 최근 강바닥에 굵은 자갈을 쏟아 붓는 공사를 하기도 했습니다. 한편 강둑을 복원하기 위해 콘크리트나 돌로 된 제방을 걷어냈습니다. 동식물이 서식할 수 있는, 수심이 얕고 형태가 자연스러운 강기슭을 만들기 위해서입니다. 막혀 있던 지류와 본류의 연결부분들도 다시 열었습니다.

— 4 —
다뉴브범람원 국립공원.
자연스럽고 경사가 완만한
강변.

이 모든 것이 하천공학자들과 생물학자들의 학술적인 자문 하에 조심스럽게 이루어지고 있습니다. 19~20세기에 저질렀던 무차별 개발과 정비를 반성하고 실수를 만회하려는 노력입니다. 하천을 수로화하고 보를 마구 세우는 것이 생태계에 어떤 악영향을 주는지에 대한 지식이 그동안 많이 쌓였고, 사회도 그 중요성을 납득했기 때문입니다.

사족이지만, 예리하신 분들은 제가 독어인 '도나우' 대신 줄곧 영어식 표기인 '다뉴브'를 사용하고 있음을 눈치채셨을 겁니다. 이것은 영어 지상주의 때문이 아니라, '도나우'라는 표현을 반기지 않는 비독어권 국가들의 감성을 고려해 저 나름대로 '정치적 올바름'을 발휘한 것임을 밝혀둡니다. 길이가 2,857킬로미터에 달하는 다뉴브 강은 유럽에서 볼가 강 다음으로 긴 강으로, 독일 흑림 지대에서 발원해 빈, 브라티슬라바, 부다페스트, 베오그라드 등 4개국 수도를 포함해 총 10개국을 지나 흑해로 흘러듭니다. 즉 다뉴브 강은 독일과 오스트리아만의 전유물이 아니라는 얘기입니다. 다른 국가들은 두나(헝가리), 두너레아(루마니아), 두나브(불가리아, 크로아티아, 세르비아), 두나이(슬로바키아, 우크라이나), 도나바(슬로베니아) 등으로 부르고 있습니다. 엄연히 자국에도 흐르는, 따로 부르는 이름이 있는 강을 제3자인 한국 사람들이 하필 중부유럽의 두 강국(그것도 2차 세계대전 침략국이었던 나라)의 표기에 따라 발음하면 반가울 리 없습니다. 일본인도 아닌 제3자들이 나서서 동해를 일본해라고 부를 때 우리가 느끼는 기분과 비슷할까요. 그런 연유로 국제사회에서 편의상 통일된 명칭으로 영어인 '다뉴브'를 사용한다는 암묵적인 합의가 있으니, 각국의 표기법와 발음을 일일이 익힐 요량이 아니라면 이를 존중하는 것이 좋겠지요.

폐기된 츠벤텐도르프 원전

슈피텔라우 소각장이 시민들의 요구로 획기적으로 개선됐고, 다뉴브 범람원 국립공원이 범람원 생태계를 보호하기 위한 시민들의 투쟁으로 탄생했다면, 이번 사례는 시민들이 뜻을 모아 환경에 위해를 가할 요소를 일찌감치 제거해 버린 경우입니다.

오스트리아가 탈핵 국가인 것을 아시나요? 네, 오스트리아는 핵발전을 하지 않습니다. 오스트리아의 탈핵 과정은 몇 가지 점에서 특기할 만합니다. 첫째, 오스트리아는 이미 사용 중이던 원전을 어떤 계기에서 가동중지한 것도 아니요, 그렇다고 아예 핵발전소를 안 짓기로 결정했던 것도 아니고, 국내 최초의 원전을 완전히 다 지어놓고 가동준비까지 완료했다가 스위치도 안 켜보고 폐기해버린 묘한 케이스입니다. 또 한 가지 주목할 만한 사실은, 환경운동가들의 열정과 친환경적인 국민의식만큼이나 정치인들 간의 치졸한 신경전이 탈핵에 결정적인 요소로 작용했다는 점입니다.

1978년 완공되었지만 한 번도 가동하지 않고 폐기된 츠벤텐도르프 원전은 빈에서 다뉴브 강변을 따라 북서쪽으로 약 25킬로미터 떨어진 곳에 자리하고 있습니다. 서울 서쪽 끝에서 동쪽 끝까지의 거리가 30킬로

— 5 —
폐기된 츠벤텐도르프
원전 (출처: 홈페이지
www.zwentendorf.com)

5

미터 정도인 점을 생각해보면, 빈에서 정말 가까운 곳에 원전을 지은 셈입니다. 약 50억 실링(약 5,500억 원)의 비용과 공사기간 6년을 들인 이 원전은 당시 계획되어 있던 발전소 여섯 곳 중에 가장 먼저 세워진 오스트리아 최초의 원전이었습니다.

2차 세계대전 종료 이후 증가하는 전력 수요를 수력발전과 화력발전으로 충당해오던 오스트리아는 60년대 말에 이르러 원자력 발전에 관심을 갖게 됩니다. 보수정당인 국민당이 집권하던 시기라 전력업계와 원전 옹호자들에게 우호적인 분위기였습니다. 이런 가운데 1971년 츠벤텐도르프 원전 건설이 결정되고 이듬해 착공에 돌입합니다. 사민당이 집권한 후에도 건설은 계획대로 착착 진행되었습니다. 사민당 역시 집권 여당으로서 경제발전(과 이에 필요한 싼 전력 공급)이 최우선적인 과제였기 때문이지요. 특히 브루노 크라이스키 총리는 열렬한 원전 옹호자였습니다. 첨단과학기술에 회의적이고 사민당·국민당과는 다른 정책으로 차별화 전략을 구사하던 극우정당 자유당이 오히려 원전에 반대하는 입장을 취했지요.

그러는 동안 핵발전소의 위험성을 인식한 과학자들과 환경운동가들의 주도로 조촐하게 시작된 반핵운동이 점차 활발해지고 집회도 심심치 않게 열리기 시작했습니다. 1974년에 두 번째 원전이 착공될 움직임이 보이자 반핵운동은 일단 이 제2원전 저지에 총력을 기울였습니다. 반핵운동이 격렬해지고 전력수요 증가율마저 한풀 꺾이자 제2원전 착공은 일단 연기되었습니다. 그러자 정부는 1976년, 원전의 장점을 광고하는 대대적인 캠페인을 열고 원전 추가 건설을 시도하는데, 이것이 오히려 역효과를 초래합니다. 정부의 선전 공세 덕택에 더 많은 사람들이 원전 문제에 관심을 가지고 토론에 참여하게 되었고, 이것이 전국적인 논쟁에 불을 지폈기 때문입니다. 그때까지 원전에 무관심하던 주류 언론들도 관련 이슈를 연달아 심층보도 했습니다. 무엇보다 가장 쟁점이 되었던 것은 핵폐기물 처리였습니다. 핵폐기물은 돈 조금 내고 해외에 버리면 된다고 공언했던 정부는 그런 거래에 선뜻 동의하는 나라가 없자 국내에 처리장을 설치하려 했고, 후보지로 거론된 곳의 주민들은 거세게 반발했습니다.

1977년 후반부터 1978년 중반 사이에 반핵시위는 절정에 이르렀고 정부는 원전문제를 의회가 결정하도록 했습니다. 원전에 찬성하는 양대 정당 사민당과 국민당이 서로 협력해 친원전 법안을 통과시키는 것은 어려운 일이 아니었으나, 다른 정책 결정에서 국민당을 견제하려면 소수당인 자유당의 협조가 절실한 사민당 입장에서는, 반핵입장을 굳힌 자유당을 무시하고 국민당과 연합해 원전을 밀어붙이기가 곤란한 상황이었습니다. 주민 대다수가 반핵을 고집하는 일부 지역을 대변하는 사민당 의원들도 난색을 표했습니다. 결국 1978년 6월, 크라이스키 수상은 이 문제를 국민투표에 붙이기로 하고, 국민 다수가 원자력발전 반대에 투표하면 자진 사퇴하겠다고 선언했습니다. 여론조사 결과 원전찬성 입장이 압도적인 다수를 차지했기 때문입니다. 그러나 투표결과에 자기 자리를 내건 크라이스키의 도박은, 역설적이게도 의도하는 것과 정반대의 결과를 낳고 말았습니다.

당시 집권 8년차였던 크라이스키 총리는 국민당에게 여러 모로 눈엣가시 같은 존재였습니다. 어떻게 해서든 크라이스키를 총리 자리에서 끌어내리고 싶었던 국민당은 그가 국민투표 결과에 총리직을 걸자 이를 절호의 기회라 여기고 줏대 없이 순식간에 친원전에서 반원전으로 돌아섰습니다. 그리고 4개월 남짓한 국민투표 캠페인 기간에 맹렬한 기세로 당원과 지지자들을 원전 반대에 투표하도록 독려했습니다. 한편, 평소에 크라이스키를 지지하고 사민당을 찍는 부류로 분류될 만한, 젊고 교육수준 높은 좌편향적인 이들도 이 이슈에 관해서는 총리와 시각을 달리하고 원전 반대에 표를 던지고자 했습니다.

1978년 11월 5일, 완공된 츠벤텐도르프 원전의 가동 개시 여부 및 추가 원전 건설 여부를 묻는 국민투표가 이루어졌습니다. 결과는 박빙이었습니다. 찬성 1,576,839표, 반대 1,606,308표. 반대하는 의견이 50.47퍼센트로 승리했습니다. 불과 3만 표밖에 안 되는 차이였습니다. 이로써 원전 가동과 추가 건설은 금지됐지요. 그럼 크라이스키는 사퇴했을까요? 당시 크라이스키가 남긴 유명한 삼중부정 답변입니다: "사퇴하지 않는다는 데에 아니라고 하지 않겠다." 사퇴를 약속했지만 법적 구속력이 없었던 까닭에 사퇴 거부가 가능했고, 사민당이 이듬해 총선에서 크게 이겨 재집권하면서 크라이스키는 눈 하나 깜짝 안하고 1983년까지 4년간 더 총리직을 지켰습니다. 크라이스키도 전략적인 실수를 했지만, 정말로 바보가 된 것은 사람 하나 내쫓으려고 당의 정책을 호떡 뒤집듯 뒤집다가 원전도 놓치고 크라이스키도 못 내보낸 국민당이었습니다.

원전을 해체하는 데에도 큰 비용이 들기 때문에 츠벤텐도르프 원전을 달리 활용할 방법에 대해 수년에 걸친 논의가 있었습니다. 정부와 전력업계는 시설을 유지하되 가능한 범위 내에서 실익을 챙기기로 했습니다. 동일한 방식으로 건설된 독일의 일부 원전에서 연료봉 같은 부품을 교체할 필요가 있을 때 츠벤텐도르프 원전의 부품을 떼어내 팔고 있을 뿐 아니라 독일 원전 직원들의 훈련장으로도 제공하고 있습니다. 또한 각종 콘서트, 시상식, 전시회 등을 여는 행사장 역할도 하고, 최근에는 옥상에 태양열 집열판을 설치해 인근에 난방열을 공급하고 있습니다. 원전을 이용해 친환경 재생에너지인 태양열 발전을 하고 있으니, 현지인들의 농담처럼 츠벤텐도르프 원전은 "세상에서 가장 안전한 원전"인 셈입니다.

그러면 오스트리아는 에너지를 자급자족하고 있느냐 하면 실은 그렇지 않고, 체코 등지에서 원자력 발전으로 생산된 전력을 내내 수입해 썼습니다. 자기 집만 더럽히지 않으면 된다는 전형적인 님비 현상이어서 많은 비판을 받아왔지요. 그러나 2011년 후쿠시마 원전 사태로 인해 여론과 정부 정책에 큰 변화가 일었습니다. 오스트리아 정부는 재생에너지 생산에 박차를 가해 가능한 5~10년 내로 핵전력 수입을 일체 중단한다는 목표와 함께, 장기적으로는 재생에너지 수출국으로 변신한다는 계획을 세우고, 유럽연합 전체의 탈핵을 위해 노력하고 있습니다. 늙은 원전의 가동을 고집하고 새로 원전을 지으려는 시도로도 모자라, 부끄러운 줄도 모르고 해외에 원전을 수출하는 우리와 무척 대조되는 행보입니다. 빈에 본부가 있는 국제원자력기구의 직원 중에는 절 보고 한국 칭찬을 해야겠다고 생각했던 모양인지, '프랑스를 제치고 아랍에미리트 원전을 수주했지요? 대단해요'와 같은 코멘트를 날리는 이들이 있더군요. 그러면 저는 빈정거리고 싶은 욕망을 꾹꾹 참고 화제를 돌립니다.

사실 국제원자력기구마저도 요즘은 핵물리학자들을 새로 고용하는 데 어려움을 겪는다는 것이 관계자의 얘기입니다. 젊은 과학자들이 원자력발전을 한물 간 테크놀로지로 인식하고 재생에너지 쪽으로 관심을 돌리고 있기 때문입니다. 에너지의 미래가 원자력발전에 있지 않다는 것이 느껴지지요?

16

친환경·윤리경영으로 만든 신발

GEA/WALDVIERTLER

게아/발트피어틀러

– 위치 –
KIRCHENGASSE 24, 1070 WIEN

– 웹사이트 –
WWW.GEA.AT

1980년 빈 8구에서 자그마한 건강신발가게로 시작했던
게아(GEA)는 오늘날 오스트리아 전역과 독일, 스위스에
지점을 두고 신발, 가방, 의자, 책장, 침대, 이렇게 다섯 가지
제품군을 제조·판매하는 친환경 생활용품업체로 커졌습니다.
빈에 있는 게아 매장 네 곳 가운데 최근 젊은이들 사이에서
인기 있는 번화가로 떠오르고 있는 7구에 자리한 아담한
크기의 키르헨가세 매장에서는 특별히 게아의 신발브랜드인
발트피어틀러를 집중적으로 판매하고 있지요.
'발트피어틀러'라는 상표명은 빈 시를 에워싸고 있는
니더외스터라이히 주의 한 지역인 발트피어텔(Waldviertel)에서
유래합니다. 니더외스터라이히는 크게 북서쪽 발트피어텔(숲지대),
북동쪽 바인피어텔(와인지대), 남서쪽 모스트피어텔(과일즙지대),
남동쪽 인더스트리피어텔(공업지대)로 나뉘는데 빈 시는

— 1 —
상점 현관
— 2 —
매장 내부
— 3 —
게아와 발트피어틀러에
대해 정열적으로 설명해준
이네스 씨. 나이, 직급과
무관하게 자유로운 복장과
편안한 태도로 손님을
맞는 이곳 직원들과
이야기를 나눠보면 게아의
경영철학에 대한 신념을
나누는 특별한 공동체
같다는 느낌이 듭니다.

1   2   3

바인피어텔과 인더스트리피어텔 사이에 놓여있지요. 그중 체코와
국경을 맞대고 있는 발트피어텔은 과거에 섬유, 신발, 시계공업
등으로 융성하던 곳이었습니다. 그러나 1970~80년대에 접어들어
신자유주의의 부상과 세계화 물결로 중국, 인도에서 생산되는
저렴한 제품과의 경쟁에서 밀려나 공장들이 문을 닫고 실업자가
늘어났고, 이런 상황에서 1984년 공공고용프로젝트의 일환으로
설립된 노동자 자치기업 발트피어틀러만이 이 지역에서 유일하게
버텨주던 신발제조업체였습니다. 안타깝게도 1991년 이 업체마저
부도위기에 처하자 이를 인수해 생존을 도운 것이 바로 그때까지
내내 발트피어틀러 제품을 가져다 팔았던 게아였어요.
의대를 중퇴하고 친환경·친노동 사업에 뛰어든, 투박하면서도
독특한 카리스마를 지닌 하이니 슈타우딩거(Heini Staudinger) 게아
사장은, 이윤 이전에 노동자가 인간답게 살 수 있고 기업이
지역경제에 이바지할 수 있는 대안적 경영을 실천에 옮겨온
것으로 유명합니다. 실제로 발트피어틀러 공장에서는 노동자에게
작업량을 독촉하는 대신 느려도 품질 좋은 신발을 생산하는
것을 목표로 하고 있으며, 직원 중 가장 많이 버는 사람과 가장
적게 버는 사람의 급료 차이가 2.5배를 넘지 않도록 하고 있다고
합니다. 이윤이 제로 이하로 내려가 업체의 생존 자체가 문제되지
않는 한 절대로 직원을 해고하거나 협력업체에 납품단가 인하

— 4, 5, 6 —
게아가 만든 신발들.
아동용 샌들 등을 비롯한
여러 종류의 신발을
만듭니다.

4   5   6

압력을 넣지 않는다는 게아의 확고한 경영철학은, 이윤극대화를
위한 비인간적인 무한경쟁을 단호히 거부하고 발트피어텔의
지역경제를 되살리는 데 기여하면서 지난 30년간 개념소비자들에게
꾸준한 사랑을 받았고, 특히 경제위기 이후 기존 체제에 대한
대안을 찾는 이들 사이에서 다시금 주목받고 있습니다.

— 7 —
신발상자를 이용한
재치 있는 상품진열

— 8 —
게아는 신발 외에도 책장,
침대, 의자 등의 친환경
생활용품을 판매합니다.
빈 7구 키르헨가세 매장은
발트피어틀러 신발을
전문적으로 판매하는
곳이지만 게아에서
제조하는 책장을
신발 진열장으로 활용하고
있어서 책장도 구경할
수 있습니다. 사진에서
보여주고 있는 책장의
모델명은 '레제투름'
(독서타워)입니다.

7

8

17

유기농 채식카페 겸 슈퍼

REFORMHAUS BUCHMÜLLER

레폼하우스 부흐뮐러

– 위치 –
NEUBAUGASSE 17~19, 1070 WIEN

빈이라고 해서 우아하고 고색창연한 실내에 검정양복을 차려입은
웨이터들이 케이크나 소시지 담긴 접시를 들고 왔다 갔다 하는
전통 카페하우스만 있는 건 물론 아니지요. 특히 젊은이들이 많이
모이는 빈 4, 6, 7구 일대에선 윤리적 소비, 친환경 생활방식을
추구하는 신세대를 위한 대안상점과 대안식당들이 꾸준한 인기를
누리고 있고 그 숫자도 슬슬 늘어나는 중입니다. 레폼하우스
부흐뮐러도 그런 곳 가운데 하나로, 매장 한쪽은 유기농 식재료와
화장품 등을 판매하는 슈퍼마켓, 다른 한쪽은 셀프서비스
채식카페로 운영되고 있습니다. 각종 유기농 야채, 콩류, 곡류,
치즈 등으로 매일 다양하게 준비되는 점심 메뉴는 맛도 있고
양도 후한 편이어서 늘 사람들이 길게 줄 서 있습니다. 고기냄새
가득한 슈니첼의 도시 빈에서 신선한 채소가 그리운 분들은
이곳에 들려 애로사항을 해소하시기 바랍니다!

— 1 —
상점 현관
— 2 —
매장 모습
— 3 —
잡곡으로 만든
베지버거

1   2   3

빈의 전통식당
바이즐

빈에서 전통적인 음식을 맛보려면 어디를 가야할지 연구하다보면 이내 '바이즐'(Beisl)이라는 용어와 마주치게 됩니다. 바이즐은 전형적인 오스트리아 음식을 파는 수수한 밥집 겸 술집으로, 독일어로 흔히 비르츠하우스(Wirtshaus) 혹은 가스트하우스(Gasthaus)라 부르는 식당을 빈 식으로 부르는 별명이라고 생각하시면 됩니다. 음식점 이름에 '바이즐'이라는 표현이 직접 들어갈 때도 있지만 '비르츠하우스 OOO' 혹은 '가스트하우스 OOO'라고 표기하는 경우가 더 흔하기 때문에, 빈에서 어떤 식당 이름에 그런 용어가 들어가 있으면, '아하, 이곳이 바이즐이구나' 하시면 대충 맞습니다. 여기서 제가 "대충"이라고 한 까닭은 잠시 후에 다시 설명하겠습니다.

참고로 오스트리아와 지리적으로 가까운 독일 바이에른 지방에서는 선술집을 '보아츤'(Boazn)이라 하고, 스위스에서는 '바이츠'(Beiz)라고 해요. 제 귀에는 둘 다 발음이 바이즐과 비슷하게 들려서 혹시 한 뿌리에서 나온 말이 아닐까 했는데 찾아보니 그렇지는 않은 것 같습니다. 바이즐이라는 단어의 유래에 대해서는 체코어로 선술집을 가리키는 '파이즐'(pajzl)에서 왔다는 설, 그리고 유대인들이 쓰는 이디시어(셈어와 게르만어가 융합된 언어)로 '집'을 뜻하는 '바이스'(baijs: 히브리어로는 바이트[bajit])와 관련이 있다는 설, 이렇게 두 가지 설이 있습니다. 오스트리아에서는 명사 뒤에 -l, -rl, -erl 등의 지소사(指小辭)를 붙여 원래의 의미보다 더 작은 개념이나 친밀함을 나타내는데 이것이 바이스(beijs) 뒤에 붙어 바이즐(Beisl)이 됐다는 것입니다. 체코문화나 유대문화나 빈이라는 도시와 역사적으로 깊은 관련을 맺고 있으니 둘 다 일리 있는 추정입니다. 한편, 보아츤과 바이츠는 식초가 들어간 시큼한 양념을 뜻하는 '바이체'(Beize)와 관계가 있다는 설이 유력합니다. 보아츤이나 바이츠에서는 바이체로 양념해 구운 고기요리 '자우어브라텐'(식초구이)을 팔기 때문입니다. 오스트리아에서는 이런 요리를 찾아보기 어렵기 때문에 바이즐은 식초양념과는 무관해 보입니다.

빈의 바이즐은 독일어권에서는 흔히 독일의 크나이페(Kneipe), 그리고 위에서 언급한 바이에른 지방의 보아츤, 스위스의 바이츠와 비교되지만, 약간 성격이 다릅니다. 크나이페, 보아츤, 바이츠는 술집입니다. 그래서 음식은 술에 곁들이는 안주나 주전부리감 정도라면, 빈의 바이즐에서는 상대적으로 음식에 방점이 찍힙니다. 빈 사람들에게 바이즐은 단순한 술집이 아니라 밥을 먹는 곳입니다. 다시 말해 독일의 크나이페가 맥주를 주문하면 안주는 시켜도 그만, 안 시켜도 그만인 한국 호프집 같은 곳이라면, 빈의 바이즐은 전채, 메인, 디저트를 제대로 갖춘 식당이며, 술은 식사에 곁들이는 반주로 소비됩니다.

그런 의미에서 바이즐은 이탈리아의 트라토리아, 프랑스의 비스트로에 가깝다고 할 수 있습니다. 이것은 독일 사람들도 인정하는 편입니다. 독일 크나이페에서 파는 음식보다 오스트리아 바이즐에서 파는 음식이 평균적으로 더 다양하고 질 좋고 맛있다는 것이 빈에서 만난 독일인들의 평가였습니다. 밥을 먹으며 얘기 나누는 공간인 만큼 바이즐 손님들은 독일 크나이페 손님들에 비해 목소리가 크지 않습니다. 사실 빈의 카페나 음식점에서 잘 관찰해보면 빈 사람들은 어디서나 대체로 낮은 목소리로 조곤조곤 이야기한다는 것을 느끼실 겁니다. 바이즐도 마찬가지여서, 혹시라도 취해서 떠드는 사람이 있으면 다른 손님들이 눈살을 찌푸립니다.

　　　술과 관련해서 빈의 바이즐과 독일의 크나이페의 또 다른 점 하나는 크나이페에서는 주로 맥주를 마시지만, 바이즐에서는 맥주 뿐 아니라 꽤 다양한 와인을 즐긴다는 점입니다. 실제로 바이즐에서 소비되는 와인은 맥주 소비량을 능가합니다. 전통적으로 독일에 비해 오스트리아에서 와인문화가 현저히 발달했기 때문입니다. 특히 오스트리아 동부는 와인 특산지로, 다뉴브 강 부근에 와인을 재배하기 시작한 역사는 로마시대로 거슬러 올라갑니다. 가는 곳마다 포도재배와 와인제조 기술을 전파했던 로마인들의 유산이 이곳에도 남아 있습니다. 빈의 시 경계선에서부터 북동쪽으로 체코와 슬로바키아 국경까지 펼쳐진 지역은 행정구역상 아예 바인피어텔(Weinviertel) 즉 '와인지대'라고 부릅니다. 참고로, 수도 빈을 에워싸고 있는 오스트리아의 경기도 니더외스터라이히 주는 크게 북서쪽 발트피어텔(숲지대), 북동쪽 바인피어텔(와인지대), 남서쪽 모스트피어텔(과일즙지대), 남동쪽 인더스트리피어텔(공업지대), 이렇게 네 구역으로 나뉩니다. 빈은 바인피어텔과 인더스트리피어텔 사이에 딱 끼어있습니다. 사실 빈 시 경계 안쪽으로도 약 600헥타르의 포도밭이 존재합니다.

　　　바이즐에서는 보통 인근 와인제조업자들로부터 와인을 납품받아 제공합니다. 바이즐 주인이나 종업원들은 음식에 잘 맞을 와인을 골라주는 소믈리에의 역할도 마다하지 않습니다. 심지어는 손님이 맛없는 와인을 고르면 "그 와인은 별로에요"라고 말해주기도 합니다. (그럴 거면 메뉴에 왜 포함시켰는지 무척 궁금하더군요.) 그러니 바이즐은 우리 같은 과객들에게 빈과 인근 바인피어텔에서 나는 와인을 맛보고 싶을 때 가면 알맞은, 일종의 와인바이기도 합니다. 바이즐에서 파는 와인이 폼 잡고 마실 만한 고급와인은 아니니 긴장하지 않으셔도 됩니다. 바이즐이 본래 서민적인 곳이니만큼 와인도 편안하고 저렴하게 마실 수 있는 소박한 테이블와인을 내놓습니다. 그야말로 '편안하고 저렴하게' 즐기는 곳입니다.

　　제가 앞머리에서 바이즐, 가스트하우스, 비르츠하우스 등의 이름이 붙었다고 해서 반드시 바이즐이 아닐 수 있다는 암시를 드렸습니다. 이제부터 그 얘기를 하려고 합니다. 현지인에게 들은 것을 정리해 말씀드리면, 빈 시 중심가, 특히 관광객이 모여드는 1구에 있는 바이즐들은 진정한 의미에서 바이즐이라고 부르기 어렵다고 합니다. 물론 무엇이 진정한 바이즐이냐 하는 것은 바이즐을 어떻게 정의하느냐에 달려 있겠지요. 바이즐을 단순히 '전통적인 오스트리아 음식을 팔고, 실내가 투박한 나무장식으로 되어 있고 하얀 식탁보가 깔린, 고풍스러운 분위기의 음식점'으로만 간주한다면 그런 곳은 흔합니다. 예를 들어 1구 슈베덴플라츠 부근에 있는 유명 음식점 '그리헨바이즐'(Griechenbeisl)은 그런 이미지에 딱 들어맞는, 실제로 역사까지 오래된 바이즐입니다. 그런데 이곳에 들어가 보면 빈에 사는 현지인은 눈을 씻고 찾아봐도 없습니다. 손님은 거의 다 관광객이고, 파는 음식도 맛이나 정성이 특별하다고 하기 어렵고, 음식과 와인의 가격도 평균적인 바이즐에 비해 10~15퍼센트 이상 비쌉니다. 처음 빈에 왔을 때 손님도 많고 실내장식도 왠지 멋있고 해서 궁금한 마음에 한번 가봤다가, 같은 음식을 더 저렴하고 맛있게 먹을 수 있는 곳이 많다는 걸 알고부터 다시 가지 않습니다. 관광객 입장에서는 그 돈을 내고라도 '빈의 전통 바이즐'이라는 환상을 충족시키고 싶을 수도 있겠지요. 그러나 제가 말하고자 하는 것은 음식의 맛이나 가격이 아니라, 번화가에 있는 일부 바이즐이 세월이 흐르고 세상이 바뀌면서 바이즐의 애초의 모습에서 멀어지고 말았다는 점입니다.

현지인들이 보기에 바이즐이 '진짜' 바이즐이기 위해서는 슈니첼과 굴라슈로 대표되는 빈의 전통 음식을 팔아야 한다는 것 외에도 몇 가지 요건을 충족해야 합니다. 무엇보다도 원래 바이즐은, 위치한 동네에 깊이 뿌리박고 있어서 그 지역 주민이 자기 안방처럼 드나드는 곳이어야 합니다. 2차 세계대전 종료 후 바이즐은, 난방이 안 되는 자기 집에서 벗어나 겨울 저녁을 따뜻하게 보낼 수 있는 장소였고, 지금도 퇴근 후 회사동료들과 한 잔 하며 긴장을 풀거나 귀가 전에 들러 간단히 요기하거나 동네 사람들과 카드 게임이나 토론 한 판을 벌이는 밥집이자 마을회관 역할을 하는 곳입니다. 학술토론에서 취미동호회에 이르기까지 모임의 내용을 불문하고 한 집단이 단골 바이즐의 정해진 좌석에서 정기적으로 만나는 이른바 '슈탐티슈'(Stammtisch: 단골좌석) 문화도 바로 여기서 생긴 것입니다. 그러니 자리 없을까봐 미리 예약을 해야 하는 레스토랑은 벌써 바이즐이라고 할 수 없습니다. 언제 어느 때 가도 빈자리가 있고, 늘 오는 손님들의 친숙한

1

— 1 —
소박한 안방 같은
바이즐의 실내 풍경

180

얼굴이 보이고, 주인이 따스하게 맞아주는 단골 식당이어야 합니다.

그래서 빈 사람들에게 바이즐은 '게뮈틀리히카이트'(Gemütlichkeit)의 상징입니다. 게뮈틀리히카이트는 딱 한 마디로 설명하기 어려운 복합적인 의미를 지닙니다. 영어로도 딱 들어맞는 표현이 없을 정도로 매우 '독어권 문화스러운' 말입니다. 주로 아늑하고 편안한 느낌을 표현할 때 이 용어를 사용하는데, 중요한 것은 이 말에 미묘한 '사회관계적' 의미가 담겨 있다는 점입니다. 즉 단순히 아늑하고 편안한 분위기만을 가리키는 것이 아니라, 그곳에 사람들이 모이고 그 사람들이 나를 반갑게 맞아주고, 서로 격의 없이 따스하고 정겹게 어울리는 분위기, 주인도 빨리 먹고 나갈 것을 재촉하지 않고 어떻게 하면 손님이 더 편안할지 챙기는 여유로운 분위기, 이런 것을 형용사로 게뮈틀리히(gemütlich), 명사로 게뮈틀리히카이트라고 표현합니다. 한국식으로 말하면 '인심 좋고 정이 가는' 분위기랄까요. 이것이 바이즐이 전통적으로 동네사람들과 끈끈한 관계를 맺고 있어서 나이나 계층에 상관없이 수시로 드나들고 서로서로 다 알고 지내는 밥집이 된 이유입니다.

그러니 관광객이 몰리는 번화가에서 불특정 다수를 상대로 장사하는 '단골 없는' 바이즐은 바이즐의 겉모습만 간직한 일종의 박물관이라고 할 수 있습니다. 빈에 잠시 머물렀다 스쳐 지나가는 관광객은 지역적인 연고도 없고 단골도 될 수 없으므로, 바이즐 문화의 진정한 참여자는 될 수 없기 때문입니다. 물론 세상이 바뀌었으니 '진짜' 바이즐만 바이즐이라고 하는 건 지나치게 야박한 것인지도 모르겠습니다. 빈에서 바이즐이 크게 번성했던 시기는 19세기였습니다. 산업혁명과 함께 급증한 도시 노동자들이 일을 마친 후 요기를 하기 위해 바이즐을 찾았고, 이 같은 수요에 부응하면서 바이즐의 수도 빠르게 증가했습니다. 그러나 2차 세계대전 이후 사람들의 생활의 변화와 지역 공동체 붕괴로 바이즐은 점차 줄어들다가, 1970~80년대에 들어 또 한 번 르네상스를 맞습니다. 소득증가와 생활수준 향상으로 외식문화가 확산되자, 지역 단골뿐 아니라 일반인과 관광객을 상대로 업그레이드된 요리와 현대적이고 고급스런 실내 분위기로 승부하는 이른바 '네오바이즐'(신개념 바이즐)과 '에델바이즐'(고품격 바이즐)이 생겨났습니다. 칙칙한 바이즐을 더 이상 찾지 않던 중상류층, 젊은이, 여성 등을 겨냥해 변신을 시도한 것입니다.

도심을 벗어나면 아직도 동네 주민들이 단골로 드나드는 옛날 바이즐을 만날 수는 있지만 이런 바이즐은 아쉽게도 계속 감소하는 추세에 있습니다. 독일에서도 비슷한 이유로 지난 10여 년간 크나이페의 수가 크게 감소했습니다. 두 사회가 겪는 변화가 비슷하니, 그로 인해 벌어지는 현상도 유사한 것이겠지요. 그러니 우리가 빈 도심 번화가에서 마주치는 바이즐은 정통적인 바이즐이기보다는 옛날식 실내장식을 과하게 강조한 '관광객용 바이즐'이거나, 혹은 빈 현지인을 타깃으로 일정한 변신을 꾀한 '진화된 바이즐'일 확률이 절대적으로 높습니다.

그럼 우리 같은 나그네들은 어디에 가서 한 끼 식사를 하는 것이 좋을까요? 현지인들이 가는 거품 빠진 진짜 바이즐의 모습이 어떤지 가보고 싶은 분들께는 일단 1구를 벗어나라고 말씀드리고 싶습니다. 2구나 3구만 해도 그 부근에 사는 사람들이 주로 발걸음하는 바이즐들이 존재합니다. 예컨대 2구의 '쉐네 페를레'(Schöne Perle)나 '춤 바이센 티거'(Zum Weissen Tiger), 3구의 빌트(Wild), 4구의 우블(Ubl) 같은 곳입니다. 1구에서 멀리 벗어날수록 음식 가격도 조금씩 내려갑니다.

만약 그렇게까지 찾아다닐 시간적 여유는 없고 1구에서 짬을 내 바이즐에 가고 싶은 분들은, 일단 '그리헨바이즐'이나 '춤 바이센 라우흐팡 케러'(Zum Weissen Rauchfangkehrer)처럼 현지인은 잘 안 가는 '관광업소'들은 피해주시고, 현지인 고객 비율이 비교적 높고 (1구에서 관광객 없는 바이즐을 찾기란 어려우니 일치감치 포기하시고요) 맛으로 승부하는 곳에 가실 것을 권합니다. 빈 토박이 지인들이 추천하는 곳을 살짝 알려드리면, 20세기 초반의 분위기를 여전히 간직하고 있고 변함없이 꾸준한 메뉴로 빈 시민들의 향수를 달래주는 '라인탈러'(Reinthaler), '바임 착'(Beim Czaak), '가스트하우스 푸들'(Gasthaus Pfudl) 외에도, 전통음식을 성공적으로 고급화시킨 '오펜로흐'(Ofenloch), 응용미술관(MAK) 내에 자리하고 있어서 매우 현대적인 분위기 속에서 빈 전통음식을 맛보는 재미를 경험할 수 있는 '외스터라이허 임 막'(Österreicher im MAK) 등도 가볼 만한 곳으로 꼽힙니다.

바이즐이 어떤 곳인지, 어떤 바이즐을 가보면 좋을지를 대략 파악했으니, 이번에는 바이즐에서 무엇을 먹어봐야 할지 이야기해야겠지요. 바이즐에서 파는 음식 가운데 3대 대표주자라 할 수 있는 비너 슈니첼(Wiener Schnitzel), 굴라슈(Gulasch), 타펠슈피츠(Tafelspitz)는 한국에서 마치 된장찌개, 김치찌개, 순두부와도 같아서, 어느 바이즐에 가도 그 세 가지를 팔지 않는 곳을 찾기 어렵습니다.

비너 슈니첼은 많이들 알고 계시지요? 고기를 망치로 때려 얇고 넓게 편 다음 (바이즐에 가서 주방 근처에 자리를 잡으면 고기 때리는 망치 소리가 은은하게 울려퍼집니다) 밀가루, 계란, 빵가루를 차례대로 묻혀 돈가스처럼 튀겨내는 '슈니첼'은 독일에도 있고 스위스에도 있지만 '비너 슈니첼'이라고 부르려면 송아지고기를 사용하고 맑은 버터기름에 튀기는 것이 정식입니다. (첨부한 조리법을 참고하세요.) 제대로 만든 비너 슈니첼은 고기가 종잇장처럼 얇아야 하고 튀긴 표면이 (제가 갖고 있는 요리책의 표현을 빌리면) "다뉴브 강 물결처럼 잔잔히" 주름져야 합니다. 빈 1구에는 관광객으로 들끓는 '피글뮐러'(Figlmüller)라는 유명한 슈니첼 전문점이 있는데, 그곳에서 파는 슈니첼이 비너 슈니첼이 아니라 식물성 기름에 튀긴 돼지고기 슈니첼이라는 것을 빈에 온 지 2년이 넘어서야 알고 이를 갈았더랬지요. 손님을 모시고 가 송아지고기라고 설명한 적이 벌써 여러 번인데 본의 아니게 거짓말을 한 셈이 됐지 뭡니까. 어쩐지 메뉴판에 '비너 슈니첼'이 아닌 '피글뮐러 슈니첼'이라고 써놨더라니, 바로 송아지고기가 아니어서 '비너 슈니첼'이라는 명칭을 사용하지 못했던 겁니다. 이 식당에서는 '피글뮐러 슈니첼'의 재료가 돼지고기임을 금방 눈에 들어오게 메뉴에 똑바로 명기하지 않고 있는데 의도가 다소 불순하다 하겠습니다. 만약 정통 비너 슈니첼을 원하신다면 저 같은 실수를 하지 마시고, 메뉴판에서 슈니첼 앞에 '비너'(Wiener)라는 말이 붙어있는지, 송아지고기를 뜻하는 '칼프'(Kalb)로 만들었는지, 맑은 버터기름에 튀기는지 등을 꼭 확인하십시오.

2

— 2 —
최근 젊은 층을 겨냥해
새롭게 현대화되고
있는 바이즐의 한 예인
'외스터라이허 임 막'

고기, 양파, 고추가루, 허브 등을 넣고 뭉근히 끓인 찜요리 굴라슈는 원래 헝가리음식인 '구야시'(gulyás)의 독어식 발음으로, 빈이 오스트리아-헝가리 제국의 수도였고 헝가리와 지리적으로 가까웠기 때문에 오늘날 빈의 대표 음식이 되었습니다. 굴라슈는 여러 가지 고기를 재료로 쓸 수 있지만 빈에서는 주로 쇠고기를 재료로 하는 '린트굴라슈'(쇠고기 굴라슈)가 일반적입니다. 고기찜만으로는 양에 안 찬다는 듯 쇠고기 굴라슈 위에 소시지, 계란프라이, 오이피클, 삶은 감자 등을 얹어 든든하게 보강한 '피아커굴라슈'도 바이즐에서 자주 볼 수 있는 메뉴입니다. '피아커'(Fiaker)란 빈에 다니는 마차를 가리키는 말로, 피아커를 모는 마부들이 좋아하는 음식이라 그런 이름이 붙었다는 속설이 있는데 사실인지는 분명치 않습니다. 스튜 종류의 음식이 대개 그렇듯 굴라슈도 다음날 다시 따뜻하게 데워먹어도 맛이 덜하지 않고 오히려 고기나 야채에 소스가 배어 더 깊은 맛이 나기도 하는데, 이 때문에 오스트리아에는 "다시 데워서 맛있는 건 굴라슈뿐"이라는 속담도 있습니다. 지나간 일이나 옛 사랑에 연연하는 사람에게 과거의 재현을 꿈꾸지 말라고 조언할 때 쓰이는 표현이지요.

튀기고, 쪘으니, 이번에는 삶아볼까요? '타펠슈피츠'는 쇠고기를

3

소뼈, 당근, 양파, 샐러리, 허브, 향신료 등과 함께 2시간 이상 푹 삶은 것을 건져 사과와 서양고추냉이를 갈아 섞은 소스나 쪽파를 넣은 크림소스와 곁들여 먹습니다. 음식점에 따라 건져서 접시에 서빙하기도 하고, 아니면 국물 속에 고기가 들어 있는 채로 내오기도 합니다. 다른 고기요리에 비해 기름기가 덜하고 국물이 곰국 맛이어서 한국인의 입맛에도 맞습니다. 고기 삶은 국물에 따로 경단이나 국수 등을 넣어 스프로도 팔고, 삶은 고기를 차게 식혀 얇게 저민 후 채친 양파와 구수한 호박씨 기름(오스트리아 사람들은 호박씨 기름을 우리 참기름 쓰듯 일상적으로 사용합니다)으로 무쳐 전채로도 판매합니다. 전채 얘기 나온 김에 알려드리면, 바이즐에서는 전채-메인-후식을 코스대로 다 주문할 필요가 없습니다. 다시 말씀드리지만 바이즐은 서민적인 식당입니다. 고급레스토랑과는 달리 메인 하나만 시켜도 아무도 눈치를 주지 않습니다. 혹시 부담을 주면 관광객 바가지 씌우려 드는구나, 하고 그냥 일어나서 나오시면 됩니다.

근데 바이즐 메뉴가 어째 메인, 스프, 전채까지 죄다 고기요리네요? 네, 그렇습니다. 전통적으로 빈의 음식문화는 고기가 중심입니다. 생선요리는 그냥 민물생선구이 하나 정도 구색을 갖춰놓는 정도이고 그나마도 전통 빈 요리라고 부르기에는 무리가 있습니다. 바이즐 음식은 곧 고기요리라고 생각하시면 됩니다. 위의 세 가지 요리 외에도, 구운 쇠고기 위에 소스와 튀긴 양파를 얹은 '츠비벨로스트브라텐'(Zwiebelrostbraten) 역시 바이즐의 단골 메뉴고, 송아지 허파와 심장을 잘게 채쳐 크림소스와 함께 익힌 '칼프스람보이셸'(Kalbsrahmbeuschel) 혹은 '살롱보이셸'(Salonbeuschel)도 용감한 분들이 시도해볼 만한 빈 특유의 전통요리입니다. 각종 간 요리, 콩팥 요리도 약방의 감초입니다. 살림이 넉넉지 않던 시절 (우리 음식문화도 마찬가지지만) 소 한 마리를 잡으면 버리는 부분 없이 거의 모든 부분을 활용하던 습관에서 비롯된 식문화죠.

저는 어느 식당에서 살롱보이셸이 '오늘의 점심메뉴'이길래 시켰다가 몇 숟가락 뜨고 결국 포기하고 말았습니다. 먹다말고 놀라 휴대폰으로 검색을 했지요. 고기를 포기 못 한 채, 좋게 말하면 '유연하게' 그러나 실상은 기회주의적으로 육식을 하는 이른바 플렉시테리언(flexitarian)으로 사는 저지만, 내장 냄새 요란한 살롱보이셸은 도저히 무리였습니다. 짐작하신 대로 바이즐은 채식하는 분들에게는 상당히 괴로운 곳이 될 수 있습니다. 수제비와 비슷한 '노커를'(Nockerl)이나 감자 으깬 것과 밀가루를 섞어 만든 경단 '크뇌들'(Knödl) 등 밀가루가 주가 되는 음식도 메뉴에서 찾아볼 수 있지만, 여기에도 은근히 고기가 들어간 것이 많고, 버터, 치즈, 크림, 계란 등을 넣으므로, 계란과 유제품까지 피하는 채식주의자가 바이즐에서 먹을 수 있는 음식은 아마도 샐러드 정도일 것입니다.

마지막으로 후식을 잠깐 살펴볼까요. 오스트리아식 애플파이 '아펠슈트루델'(Apfelstrudel)은 너무 유명하고 꼭 바이즐에 가지 않더라도 제과점에서 사먹을 수 있으니, 바이즐에서 따뜻하게 준비해 내오는 대표적인

— 4 —
타펠슈피츠
— 5 —
노커를

4   5

후식 두 가지만 소개해 드립니다. 하나는 팬케이크의 한 종류인 '팔라트싱 켄'(Palatschinken)으로, 얇게 부쳐서 속에 잼을 넣고 반씩 두 번 접거나 둘둘 말아 내옵니다. 살구잼을 넣는 것이 보통이지만, 다른 과일잼이나 초콜릿 소스, 바닐라 소스 등을 이용하기도 합니다. 때로는 치즈나 고기 등을 넣어 후식이 아닌 식사로 먹기도 하고요. 이런 얇은 팬케이크는 프랑스, 스 칸디나비아 등 다른 유럽 지역에서도 찾아볼 수 있지만 특히 중유럽·동 유럽 식단에서 자주 눈에 띄고, 루마니아에서는 플라친타(plăcintă), 체코에 서는 팔라친카(palačinka), 헝가리에서는 팔라친타(palacsinta)라고 부르는 등 넓 적한 빵을 의미하는 라틴어의 플라첸타(placenta)를 어원으로 공유합니다. (플라첸타는 어원상 태아에 영양을 공급하는 태반과도 관계가 있지요!)

　　두 번째 후식은 두툼하게 부친 팬케이크를 한입 크기로 찢 어 가루설탕을 뿌리고 서양자두 졸인 것을 곁들여 먹는 카이저슈마른 (Kaiserschmarrn)입니다. 여기서 '카이저' 즉 황제란 프란츠 요제프 1세를 가리 키는 것으로 알려져 있는데, 여기에는 몇 가지 속설이 있습니다. 하나는 잘츠부르크 부근의 산악지대로 사냥을 나간 프란츠 요제프 1세를 위해 밀가루 반죽으로 만드는 그 지역 음식 홀츠펠러슈마른(Holzfällerschmarrn)을

6　　　　　　　　　　　7

준비하던 요리사가 황제에게 바치기에 음식이 너무 거칠고 보잘것없자 원래 들어가지 않는 우유와 달걀을 넣었고, 그렇게 해서 카이저슈마른이 탄생했다는 설입니다. 두 번째 설은 몸매관리에 몰두한 것으로 유명한 황후 엘리자베트가 요리사에게 가벼운 후식을 고안해줄 것을 부탁했고, 그렇게 해서 내온 후식조차 먹지 않자, 짜증이 난 황제가 요리사가 어떤 '슈마른' (황당한 것, 말도 안 되는 것)을 만들었는지 보자며 맛을 보다 맛있어서 황후 몫까지 다 먹어버렸다는 설입니다. 한편 황궁 요리사가 후식을 만들다가 망쳐서 이것은 황제에게 도저히 올릴 수 없는 '슈마른'(실패작)이라는 놀림을 받았다는 데서 유래한다는 속설도 있습니다. 이중 어느 것이 진실인지는 아무도 모르지만, 이런 이야기들을 듣고 있노라면 카이저슈마른은 빈에서 꼭 맛보아야 할 음식이라는 생각이 듭니다.

　　　이제 바이즐 음식을 대충 파악하셨지요? 바이즐에서 파는 요리들은 빈의 카페하우스에서도 양을 적게 해서 판매하는 경우가 흔하기 때문에, 이제 빈의 바이즐이나 카페에서 음식을 주문할 때 조금은 덜 긴장되실 겁니다. 낯선 음식을 맛보는 데는 약간의 용기가 필요하지만, 음식이란 한 장소의 문화와 역사가 통째로 고스란히 녹아있는 것인 만큼 빈에 대한 이해를 맛있게 확장시키리라 믿습니다. 구텐 아페티트(맛있게 드세요)!

빈 사람들은 비너 슈니첼을 이렇게 만듭니다

── 재료(4인분) ──

송아지고기 500g, 소금, 후추, 계란 2알

밀가루, 빵가루, 버터 300g, 레몬 1개

── 조리법 ──

1

냄비에 버터를 낮은 불로 녹여 잠깐 끓입니다. 표면의 거품과 우유 잔여물을
건어내고 가는 체로 걸러 맑은 버터기름을 만듭니다. 이렇게 해야 슈니첼을 튀길 때
버터가 타지 않습니다.

2

송아지고기는 납작하게 4등분합니다. 도마에 랩을 깔고 고기를 올려놓은 뒤
다시 그 위를 랩으로 덮고 프라이팬 바닥으로 살살 쳐서 두께가 3mm 정도 되도록
얇게 폅니다. 프라이팬 대신 밀가루 반죽할 때 쓰는 나무밀대나 맥주병을
사용해도 됩니다. 다 펴지면 소금과 후추로 밑간을 합니다.

3

넓은 그릇 세 개를 준비해 하나는 밀가루, 하나는 계란 푼 것, 나머지 하나에는 빵가루를
담습니다. 2에 밀가루를 입힌 뒤 여분의 밀가루는 털어내고 계란에 담갔다가 다시
빵가루를 입힙니다.

4

프라이팬에 맑은 버터기름을 1cm 정도의 높이로 부어 달군 뒤 3을 중불에
약 3분간 튀기고 한 번 뒤집어 다시 3분간 튀깁니다. 튀기는 동안 수저로 버터기름을
고기 윗면에 간간이 부어주거나 프라이팬을 살살 돌려 기름이 고기 윗면으로
넘치도록 해주면 튀김옷이 살짝 부풀면서 비너 슈니첼 특유의 주름이 생깁니다.
노릇노릇해지면 건져냅니다.

5

레몬을 세로로 4등분해 슈니첼 위에 한 조각씩 올려 완성합니다.

빈의 공예품을 한자리에
부활절 공예시장

― Altwiener Ostermarkt (알트비너 부활절시장) ―
FREYUNG, 1010 WIEN

― Ostermarkt am Hof (암 호프 광장 부활절시장) ―
AM HOF, 1010 WIEN

빈의 부활절 시장은 겨울철 크리스마스 시장에 버금가게 유명한
구경거리로 매해 부활절을 앞두고 두 주 남짓한 기간 동안 빈 시내
곳곳에 문을 엽니다. 빈의 중심가 1구의 경우에는 그라벤에서
그리 멀지 않은 곳에 있는 (도보로 3~4분 거리) 프라이웅(Freyung) 공터와
바로 그 옆 암 호프(Am Hof) 광장에 매년 어김없이 부활절 시장이
들어섭니다. 3월 말에서 4월 초 사이에 빈을 여행하는 분이라면
꼭 들려볼 만한 이벤트이며, 두 장터의 거리가 30여 미터에
불과해 양쪽을 한꺼번에 돌아보기에도 수월합니다. 이 두 곳은
물론 장터답게 소시지, 샌드위치, 달달한 간식 같은 먹을거리도
풍부하지만, 무엇보다 독특한 점은 빈 일대와 오스트리아
전역에서 활동하는 공예품 제작자들이 자신이 만든 물건을 빈의
소비자들에게 선보이는 공간이라는 사실이죠.
두 시장 가운데 프라이웅 공터 쪽에 열리는 알트비너(Altwiener)

― 1 ―
알트비너 부활절시장
전경
― 2, 3 ―
부활절 달걀 장식

1   2   3

부활절시장의 전통적인 명물은 부활절의 상징인 달걀을 이용한 장식품들입니다. 이 아담한 사이즈의 시장에서 선보이는 장식용 달걀의 수가 자그마치 4만 개에 달해서, 빈 시내에서도 최다수를 자랑할 뿐 아니라 혹자는 달걀 수로만 치면 유럽 최대 규모라고도 이야기합니다. 빈 사람들은 이곳에서 껍질에 다채로운 그림을 그려 넣은 달걀이나 혹은 달걀 모양으로 제작된 갖가지 장식품을 구입해, 이것을 버드나무 가지에 매달아 부활절 기간에 집안을 장식합니다. 알트비너 부활절시장은 어린이들을 위한 공간이기도 해서, 부모와 아이들이 함께 즐길 수 있는 전통음악 연주와 인형극 공연 등의 행사도 펼쳐집니다.

한편 프라이웅 동편에 열리는 암 호프 광장 부활절시장에서는 공예가들이 장난감, 인형, 나무그릇, 장식품, 천연비누, 촛대, 도자기 등 다양하고 개성 있는 공예품으로 구경꾼들을 유혹합니다. 남쪽 슈타이어마르크 주에서 온 목공예가 토마스 호헤네더 씨는 유채씨 기름과 밀랍으로 윤을 낸 불규칙한 형태의 도마와 나무그릇을, 라벤더의 역사에 관해 학위논문을 썼다는 라벤더 농부 잉그리트 트라베징거 씨는 자신이 직접 재배한 다양한 라벤더로 쿠션, 인형, 라벤더 농축오일 등을 제작해 판매하고 있더군요. 이들은 비록 부스비용은 만만치 않지만 소비자에게 자신들의 제품을 조금이라도 더 알리기 위해 이런 식으로 매년

— 4 —
암 호프 광장에 열린
부활절 공예시장 전경

— 5 —
라벤더 농부가
직접 만들어 파는 각종
라벤더 제품

— 6 —
장난감

4   5   6

부활절 시장을 활용하고 있다고 말합니다. 빈 시민들은 또
시민들대로 이런 기회를 통해 평소에 접하기 어려웠던 공예품과
그것을 만든 공예가들을 직접 만나볼 수 있는 것이지요.

프라이융 주변 볼거리
팔레 페르스텔 쇼핑 아케이드

프라이융 광장과 헤렌가세(Herrengasse)를 잇는 팔레 페르스텔(Palais Ferstel)
쇼핑 아케이드 입구.: 프라이융 광장에 면한 프라이융 2번지 팔레 페르스텔은
오스트리아 응용미술·현대미술관(MAK)과 빈 대학 본관, 포티프 교회 등을 설계한
건축가 하인리히 폰 페르스텔(Heinrich von Ferstel, 1828~1883)이 지은 건물로,
이 건물 속으로 뚫린 통로는 쇼핑 아케이드 겸 프라이융과 헤렌가세를 연결하는
지름길의 역할을 합니다.

다뉴브 요정 분수(Donaunixenbrunnen, 1861): 팔레 페르스텔 쇼핑 아케이드에 내에
있는 소규모 실내 광장 공간에 위치한 대리석 분수. 하인리히 폰 페르스텔의 작품으로
1861년에 완성됐습니다.

—7—
팔레 페르스텍
아케이드와
프라이융 광장

7

20

현지인들이 추천하는 맛집

OFENLOCH

오픈로흐

– 위치 –

KURRENTGASSE 8, 1010 WIEN

빈에 사는 현지인들에게 가볼만한 바이즐을 추천해달라고 하면
꼭 빠지지 않고 거론되는 오픈로흐. 중세에 유대인들이 모여
살았다 하여 유덴플라츠(유대인광장)이라 이름 붙은 장소에서 몇 걸음
떨어지지 않은 조용한 뒷골목에 자리한 이 바이즐은, 18세기부터
동명의 여관에 부속된 식당의 형태로 존재했던 오래된 업소입니다.
지금은 여관은 사라지고 식당만 꿋꿋이 남아 전통의 맛을 이어가고
있지요. 바이즐 특유의 나무 인테리어가 중후하면서도 예스러운
분위기를 자아내고, 메뉴에는 어김없이 빈의 3대 전통요리 비너
슈니첼, 굴라슈, 타펠슈피츠가 준비되어 있습니다. 그 외에도 역시
빈의 전형적인 요리인 츠비벨로스트브라텐(양파소고기구이)과 내장요리
보이셸을 비롯해 계절에 따라 한두 가지씩 전통음식에 창조적
변형을 가한 색다른 요리들을 맛볼 수 있습니다.

— 1 —
조용한 뒷골목에 자리한
오픈로흐
— 2 —
바이즐 특유의
실내 분위기
— 3 —
비너 슈니첼과 소고기구이
위에 튀긴 양파를 올린
츠비벨로스트브라텐

1 2 3

유대인의
자취를 따라서

다뉴브 강 본류와 그 지류인 도나우카날 사이에 위치한 빈 2구 레오폴트
슈타트(Leopoldstadt)는 오랜 세월 유대인들이 모여 살았던 전통적인 유대인
구역입니다. 강의 본류와 크고 작은 지류가 거미줄처럼 복잡하게 뒤얽히며
방대한 범람원 숲과 초지를 이루고 있던 이곳을 15세기에 빈 시가 사들여
유상 목축지와 땔감 공급지로 활용했고, 이와 함께 도로와 주택지도 점차
형성되기 시작했습니다. 그러다 1624년 페르디난트 2세가 빈의 유대인들
을 한꺼번에 이곳으로 강제 이주시키면서 유대인 거주지가 되었습니다. 유
대인 혐오로 유명했던 레오폴트 1세와 황비는 한술 더 떠, 1670년 유대인
들을 이곳으로부터 다시 몰아내고 유대사원을 불살랐습니다. 그리고 그
자리에 자신의 동명 수호성인인 바벤베르거 가문의 레오폴트 3세(1073~1136)
를 기리는 레오폴트 성당을 짓습니다. 레오폴트슈타트라는 2구의 명칭은
바로 여기에서 유래합니다. 레오폴트 성당은 지금도 2구 알렉산더-포흐-
플라츠(Alexander-Poch-Platz) 6번지에 서 있지만, 본래의 건축물은 오스만 군
에 의한 2차 빈 포위전으로 불타고 그 후 재건한 성당도 1945년 폭격으로
파괴되어, 현존하는 성당은 2차 대전 종료 후에 새로 지은 것입니다.

　　레오폴트 1세의 사망 후 유대인들은 하나둘씩 옛 거주지로 돌아
오기 시작했고 18세기에 이르러 계몽 전제군주 요제프 2세가 내정개혁

의 일환으로 '1782년 관용령'을 선포해 유대인에게 종교의 자유를 허용함으로써 유대인 공동체에 새로운 활력을 불어넣었습니다. 1839년에는 2구에 프라터슈테른(Praterstern) 기차역이 생기면서 합스부르크 제국 전역에 있던 유대인들이 빈 2구로 이주해왔지요. 이후 유대인 인구는 꾸준히 늘어 1938년 나치독일이 오스트리아를 병합하기 직전 레오폴트슈타트 구역의 유대인 주민 비율은 40퍼센트에 달했습니다. 오스트리아 문화에 완전히 동화된 상류계급 유대인들은 비유대인들과 섞여 1구 중심가나 13구 히칭(Hietzing), 19구 되블링(Döbling) 등 부유한 주택가에 살았던 데 비해, 2구에 살던 유대인 3만 명은 주로 중산층과 노동자 계급이었습니다. 그중 주로 상업에 종사하던 중산층은 프라터슈테른 역으로 이어지는 2구의 번화가 프라터 거리(Praterstrasse)를 중심으로 생활했습니다.

그러나 이들의 운명은 나치독일이 오스트리아를 병합하면서 하루아침에 바뀝니다. 특히 '크리스탈나흐트'라고 불리는 1938년 11월 포그롬을 신호탄으로 유대인들은 무참한 굴욕을 당하고 조상대대로 살던 삶의 터전에서 쫓겨나 강제수용소로 추방당하고 살해됩니다. 병합 전에 빈에 살던 18만 유대인(당시 빈 인구의 약 9퍼센트) 가운데 10만 명이 다른 나라로

1

— 1 —
빈 2구 레오폴트슈타트
전경

피난하고, 미처 도망하지 못하고 남은 사람 중에서 6만5,000명이 강제수용소에서 죽고 불과 6,000여 명만 살아남아 종전을 맞았습니다. 생존자 중 상당수가 미국이나 이스라엘 등지로 떠났지만, 남은 이들과 일부 되돌아온 이들, 그리고 전후 동구권에서 새로 꾸준히 이주해 오는 이들을 합쳐 현재 빈 시에 거주하는 유대인은 1만~1만2,000명 사이, 그중 2구에 사는 유대인은 약 3,000명으로 집계되고 있습니다. 오늘날 2구의 총 거주인구가 9만6,000명(2011년 기준)이므로 2구에서 차지하는 유대인 인구비율은 많이 잡아도 3퍼센트입니다. 한때 40퍼센트에 육박했음을 생각하면 엄청나게 줄어든 것이지요.

그럼에도 2구를 거닐면 여전히 이곳이 빈의 유대인들에게 그저 상징적이라고만 할 수 없는 중요한 실체적 터전임을 생생히 느낄 수 있습니다. 곳곳에서 코셔 빵집, 코셔 고깃간이 눈에 뜨이고, 그곳을 이용하는 키파 쓴 남정네, 검정치마 입은 아낙네, 단정한 차림의 얌전한 아이들이 보이고, 시너고그 등 유대인들의 주요기관 앞에는 경찰들이 지키고 있어 묘한 긴장감을 더합니다. 최근 2구에서 일고 있는 부동산 개발붐에도 불구하고 여전히 낡고 허름한 뒷골목 건물이나 대를 이을 사람이 없는 듯 폐

— 2 —
나치에게 조롱과 모욕을
받으며 길바닥을 청소하는
빈의 유대인들

2

쇄된 가게들이 서글픈 그늘을 드리웁니다. 그러나 다른 무엇보다도 어두운 과거의 기억을 끊임없이 현재로 끌어내는 것은 보도 여기저기에 박혀 희미하게 반짝이는 황동판입니다.

한꺼번에 여러 개씩 인도에 박혀 있어 지나가는 보행자의 눈길을 끄는 가로세로 약 10센티미터의 이 정사각형 황동판은 '슈톨퍼슈타인'(Stolperstein: 걸림돌)이라고 부르는 것으로, 특별히 빈에서는 '기억의 돌'(Steine der Erinnerung)이라 일컫습니다. 본래 이것은 1993년 독일의 미술가 군터 뎀니히(Gunter Demnig)가 고안한 것으로 쾰른과 베를린을 필두로 독일 각 도시에 설치되며 확산되기 시작했고, 빈의 '기억의 돌 프로젝트'는 2005년부터 착수되었습니다. 각각의 황동판에는 홀로코스트 희생자의 성명과 생년월일, 강제 추방된 날짜와 그들이 맞은 운명 등을 간략히 새겨, 희생자가 강제수용소로 끌려가기 전 마지막으로 살던 곳이나 그들에게 특별한 의미를 지녔던 장소 앞에 박아 넣습니다. 특히 무덤이 없는 희생자들에게는 이것이 묘비를 대신하는 상징적인 의미를 지닙니다.

이 소형 기념비석들을 건물 벽 대신 주로 길바닥에 설치하는 까닭은, 건물주들이 자기 건물 벽에 이것을 박아 넣는 걸 꺼려해서이기도 하

3

— 3 —
유대인 희생자를 기리는
'기억의 돌'

지만, '걸림돌'이라는 말 그대로 일부러 보행자의 발에 걸리게 하여 기념비의 존재를 알아차리고 역사를 기억하게 하기 위함입니다. 초기에는 희생자의 이름이 적힌 기념비를 어떻게 밟고 지나가냐며 저어하기도 했으나, 결국 프로젝트의 전체적 취지에 공감하는 쪽으로 유대인 공동체의 의견이 수렴됐던 모양입니다. 2구에서 시작된 이 기억의 돌 프로젝트는 점차 다른 구로도 확산되면서 지금도 꾸준히 진행되고 있습니다.

그러면 잠시 기억의 돌을 따라 의미 있는 장소 몇 군데를 살펴볼까요? 첫 번째 목적지는 프라터 거리 동편 템펠가세(Tempelgasse) 3~5번지의 레오폴트슈타트 유대사원 자리입니다. 1858년에 건립된 레오폴트슈타트 유대사원은 1938년 11월 포그롬이 있기 전 2구에 존재하던 시너고그 약 50곳 가운데 최대 규모를 자랑하던 무어양식의 아름다운 사원이었으나 나치에 의해 철저히 파괴됐습니다. 전후에 이곳에는 아파트, 기도실, 탈무드 학교, 홀로코스트 생존자와 그 후손들을 위한 정신상담소 등을 갖춘 유대인 공동체를 위한 단지가 들어섰습니다. 단지 앞에는 이곳이 과거에 유대사원이었음을 상징적으로 알리는 하얀 기둥 4개가 박혀 있고, 울타리에 부착

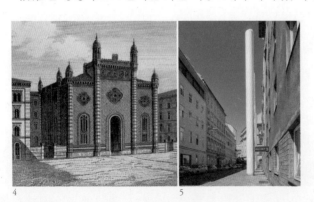

4

5

— 4 —
레오폴트슈타트 유대사원.
1879년 작품. 작자미상

— 5 —
지금은 없어진
레오폴트슈타트 유대사원
자리에 서 있는
4개의 흰 기둥

된 기념명판에는 사라진 유대사원의 모습과 함께 다음과 같은 글이 새겨져 있습니다.

"1858년 건축가 레오폴트 푀르스터의 설계에 따라 무어 양식으로 세워지고 1938년 11월 10일 '수정의 밤'에 나치의 야만에 의해 기초까지 파괴된 레오폴트슈타트 사원이 이 자리에 있었다."

템펠가세와 프라터 거리가 맞닿는 곳에는 시오니스트였던 건축가 오스카 마르모레크(Oskar Marmorek)가 1898년 유겐트슈틸 디자인으로 지은 건축물 네스트로이호프(Nestroyhof)가 서 있습니다. 이곳에 있던 레스토랑, 술집, 댄스홀 등은 유대인들이 모이는 장소였고, 건물 안에 있던 '레클라메'(Reklame) 극장에서는 유대인 배우와 연출가들이 유대인 작가의 작품을 무대에 올렸습니다. 작가 겸 비평가 카를 크라우스가 이끌던 연극단도 바로 여기에서 공연했습니다. 특히 1920년대 중반부터 시오니즘과 반유대주의를 주제로 하는 작품을 집중적으로 공연했는데, 이 때문에 나치의 오스트리아 병합 후 게슈타포에 의해 극장이 폐쇄·몰수되고 비유대인 기업가에게 넘겨집니다. 2차 세계대전이 끝난 후 이 건물은 영화관, 슈퍼마켓 등으로 이용되다가 2009년부터 다시 '네스트로이호프 하마콤'이라는 명

—6—
사원 자리에 설치된 명판
—7—
사원이 있었던 템펠가세
('템펠'은 사원을 의미)

6   7

칭으로 연극 공연장 운영을 재개했습니다. 하마콤(hamakom)이란 의미심장하게도 히브리어로 '그 장소'라는 뜻입니다.

아시다시피 시오니즘은 세계 각지에 흩어져 있던 유대인들이 팔레스타인에 유대국가를 건설하려는 운동이었고 1948년 이스라엘 독립으로 실현됐습니다. 막연한 형태의 시오니즘은 중세부터 존재했지만 근대적이고 체계적인 정치운동으로서의 시오니즘은 19세기 말에 부상했고, 여기에 중요한 이념적 근간을 마련해준 책이 바로 테오도어 헤르츨(Theodor Herzl, 1860~1904)의 『유대국가』(Der Judenstaat)였습니다(최근 한국어판이 나왔습니다.). 이 무렵 유럽의 유대인들은 상업 분야는 물론, 법·정치·예술 등 각 분야에서 두각을 나타내면서 그리스도교로 개종하거나 탈종교화되고 주류사회에 완전히 흡수되는 등 문화적으로 유럽인과 다름없어진 상태였습니다. 그러나 같은 시기, 합스부르크 제국을 비롯해 유럽 각지에서 일어난 자유주의와 자본주의의 물결 속에서 소외당한 계층, 즉 종교의 약화된 영향력에 불안해진 교회와 신도들, 상품의 대량생산에 타격을 입은 장인계층, 국적을 모르는 자본주의에 경악한 농민과 노동자들은 위기의 주범으로 몰아 분풀이할 대상을 필요로 했고, 이에 따라 반유대주의가 격렬하게 고개 듭니다. 빈 출신의 유대인 지식인 헤르츨은 오스트리아 문화에 동화된 사람이었고 청년기에는 유대인 문제에 무관심했습니다. 그러나 일간지 『노이에 프라이에 프레세』(현 『디 프레세』의 전신)의 파리 특파원으로서 프랑스 전국을 유대주의와 반유대주의로 양분시킨 드레퓌스 사건을 취재하면서 급진적인 사상의 전환을 경험했습니다. 그는 유대인이 핍박에서 벗어날 길은 유대국가를 건립하는 것이라고 확신하고 1896년 『유대국가』를 펴낸 후 시오니즘 운동에 투신합니다. 이 헤르츨을 열렬히 따르고 지지했던 동지이자 절친한 친구가 바로 네스트로이호프를 설계한 건축가 마르모레크였습니다.

헤르츨이 활약하던 시기는 유명한 반유대주의자 카를 루에거(Karl Lueger, 1844~1910)가 빈의 시장을 지내던 시기(1897~1910)이기도 합니다. 루에거는 현 국민당의 전신인 기독사회당 소속 보수정치가로, 아예 반유대주의를 전면에 내걸고 인기몰이를 해서 다섯 차례나 시장에 선출됩니다. 그의 행보가 당시 빈에서 생활하며 미술가의 길을 꿈꾸던 젊은 히틀러에게 영감을 제공하기도 했지요. 제가 굳이 이 인물을 언급하는 이유는, 1구를 둘러싼 순환도로 링슈트라세의 일부를 이루는 '독토어 카를 루에거 링'(Doktor.-Karl-Lueger-Ring) 구간이 2012년 봄 수년간 이어진 논쟁을 종결짓고 '우니베르지테츠링'(Universitätsring), 그러니까 '대학로'로 이름을 바꾸게 됐다는 점을 말씀드리고 싶어서입니다. 시청부지 남단에서 쇼텐토어(Schottentor) 전차역까지를 아우르는 이 구간에는 시청, 유서 깊은 극장 부르크테아터, 그리고 빈 대학이 위치하고 있습니다. 특히 빈 대학 당국은 반유대주의자의 이름이 붙은 거리에 자리한다는 점을 곤혹스럽게 여겨 벌써 10년 넘게 개칭을 요구해왔고, 유대인 공동체와 진보 정치인 및 시민단체의 지지와 연대로 드디어 개칭이 실현된 것입니다. 반성과 성찰 없이 남겨진 과거의 상흔은 현재까지 이어져, 빈 시민들에게 치유와 각성을 요구하고 있는 거지요.

사실 독토어 카를 루에거 링이라는 길 이름을 공식적으로 문제 삼아 개칭 운동을 촉발시키는 계기를 마련했던 사람은 다름 아닌 2000년 노벨생리의학상을 수상한 미국 신경과학자 에릭 캔델(Eric Kandel)이었습니다. 에릭 캔델은 1929년 빈의 유대인 중산층 가정에 태어났습니다. 부친이 18구에서 장난감 가게를 운영했지요. 나치독일의 오스트리아 병합으로 캔델 가족은 1939년 미국으로 피신해야 했고, 어릴 적 빈에서 겪었던 트라우마는 그의 저서 『기억을 찾아서』에서 언급되듯 그에게 '기억'이라는 정신작용에 관심을 갖게 했습니다. 그런 개인사를 바탕으로 그는 오스트리아의 과거 청산 문제와 '피해자 코스프레'에 관해 비판의 목소리를 높여왔고, 2000년 노벨상 수상에 오스트리아가 자국의 경사라며 즐거워하자 자신이 받은 상은 "오스트리아가 아니라 유대계 미국인에게 주어진 노벨상"이라는 따끔한 말로 오스트리아를 뻘쭘하게 만들기도 했습니다. 이에 토마스 클레스틸 오스트리아 대통령이 캔델을 접촉해 우리가 어떻게 하면 좋겠느냐고 물었지요. 캔델이 답했습니다. "독토어 카를 루에거 링이라는 길 이름부터 고치십시오."

　　　네스트로이호프에서부터 프라터 거리를 따라 북쪽으로 걸으면 곧 프라터슈테른 역과 프라터 놀이공원이 나옵니다. 원래 황실 소유의 사냥터였던 프라터 일대는 1766년 요제프 2세에 의해 일반 대중에게 개방된 이래 시민들의 휴식·오락 공간으로 개발됐고, 1895년에는 유대인 사업가 가보어 슈타이너(Gabor Steiner)가 약 5,000제곱미터의 부지를 임대해 앞서 언급한 건축가 오스카 마모레크의 도움을 받아 베네치아의 모습을 모방한 테마파크 '빈의 베네치아'를 개장합니다. 1897년에는 영국인 엔지니어 월

8

— 8 —
프라터 놀이공원에 있는
대형 회전관람차

터 바셋이 슈타이너의 적극적인 협조를 얻어 테마파크 바로 옆에 프란츠 요제프 1세의 즉위 50주년을 기념하는 대형 회전관람차를 설치합니다. 이 회전관람차는 오손 웰즈가 주연한 영화 「제3의 사나이」(1949), 줄리 델피와 에단 호크가 주연한 「비포 선라이즈」(1995)의 촬영장소로도 유명하지요.

1차 세계대전이 발발하자 적국의 국민이던 바셋은 이 기구에 대한 소유권을 상실했고, 프라하 출신의 유대인 사업가 에두아르트 슈타이너가 (가보어 슈타이너와 성이 같지만 혈연관계는 없습니다) 이를 인수합니다. 그러나 그는 나치의 오스트리아 병합으로 회전관람차의 소유권을 빼앗기고 아우슈비츠 강제수용소로 끌려가 살해당합니다. 가보어 슈타이너 역시 놀이공원 관련 이권을 전부 몰수당한 뒤 아들이자, 「킹콩」(1933) 「바람과 함께 사라지다」(1939) 「카사블랑카」(1942) 등의 음악을 담당했던 영화음악 작곡가 막스 슈타이너가 맹활약하고 있던 미국으로 피신해 1944년 로스앤젤레스에서 사망합니다. 오늘날 프라터 공원에서 양차 세계대전 이전의 모습을 간직하고 있는 것은 폭격으로 망가진 것을 복원한 회전관람차뿐입니다. 2차 세계대전이 끝난 후 회전관람차의 소유권은 희생된 에두아르트 슈타이너의 후손들에게 반환됐습니다.

이번에는 2구의 서편으로 향합니다. 프라터슈테른 역에서 지하철 U2를 타고 카를 광장 방향으로 한 정거장을 가면 타보어슈트라세 (Taborstrasse) 역입니다. 타보어슈트라세(타보어 거리)는 프라터 거리만큼 널찍한 대로는 아니지만 2구를 세로로 가르는 또 하나의 중요한 번화가로, 지하철 역이 있는 곳에서 오베레 아우가르텐 거리(Obere Augartenstrasse)로 꺾어 북서쪽으로 잠시 걸으면 아우가르텐 공원이 드넓게 펼쳐집니다. 17세기에 조성된 아우가르텐은 프랑스식 바로크 정원 구조를 지닌 52만 제곱미터의 쾌

적한 공원으로 훤칠한 마로니에와 피라미드 모양으로 다듬은 상록수들이
줄맞추어 서 있습니다. 위치상 많은 유대인들이 즐겨 찾던 이 공원은 1941
년 '아리안족 전용'으로 바뀌어 유대인들이 공원 벤치에 앉는 것이 금지됩
니다. 한편 1944년에는 연합국 폭격기를 막아내기 위한 대공포탑 두 채가
공원 안에 설치되는데, 높이 50미터가 넘는 이 거대한 구조물이 아직까지
남아 있어 묘한 분위기를 자아냅니다. 참고로 빈에는 2, 3, 6구에 각각 두
채씩 총 여섯 채의 대공포탑이 세워졌고 모두 지금까지 남아 있습니다. 그
중 3구의 대공포탑 한 채는 응용미술관(MAK) 전용 미술품 창고로, 6구에
있는 한 채는 수족관으로 개조해 사용하고 있습니다.

다시 타보어 거리로 돌아와 성 요제프 교회가 있는 카르멜리터
광장(Karmeliterplatz)과 타보어 거리가 만나는 곳에서 서쪽으로 100미터가량
걸으면 왼편으로 고등학교가 보이고 안뜰로 들어가면 중학교가 있습니다.
이곳 클라이네 슈페를가세(Kleine Sperlgasse) 2번지는 과거에 유대인 학교였던
곳으로, 1940년 겨울 나치에 의해 폐쇄되고 1941년부터는 빈에 남아 있던
유대인들을 강제수용소로 추방하기 전에 가둬두는 임시수용소로 사용됐
습니다. 유대인들은 허락된 작은 가방 하나만 들고 난방시설도 위생시설
도 없는 교실에서 초만원 상태로 며칠씩 지내다가 테레지엔슈타트, 아우
슈비츠 등의 강제수용소로 끌려갔습니다. 이곳을 거쳐 간 이들만 무려 4

— 9 —
아우가르텐 공원에
남아 있는 대공포탑
— 10 —
빈 유대인들이 감금되어
강제수용소행을
기다리던 학교

9

10

만 명이 넘고, 그중 살아남은 사람은 불과 2,000여 명뿐입니다. 강제수용소에 끌려가는 대신 자살을 택한 이들도 적지 않았습니다. '수정의 밤' 사건이 벌어진 이후부터 2구 전역에서 수많은 유대인 주민들이 게슈타포가 잡으러 오는 기미가 보이면 창문이나 지붕에서 투신했고, 이렇게 스스로 목숨을 끊은 이가 수백 명에 달했습니다.

당시 게슈타포의 본부는 슈베덴 광장 바로 서편 모르친플라츠 (Morzinplatz) 4번지에 있던 최고급호텔 '메트로폴'이었습니다. 마크 트웨인도 세기말에 빈에서 보냈던 20개월 중 8개월을 이 호텔에서 보냈더랬지요. 게슈타포는 1938년부터 전쟁이 끝날 때까지 이 호텔을 자기들 본부로 삼아 활동했습니다. 빈 중심가의 수많은 고급호텔 중에서 하필 도나우카날을 사이에 두고 유대인 구역에 바짝 맞닿아 있던 이 호텔을 고른 것은 아마도 우연이 아니었으리라 짐작됩니다. 이곳 게슈타포 빈 본부에 고용된 직원만 900명에 (물론 현지인들을 고용했지요) 하루 평균 500명을 감금·심문할 수 있는 규모를 갖추고 있었고, 여기서 심문받은 사람이 5만 명이 넘습니다. 나치가 지배한 유럽 전역에 설치된 게슈타포 본부들 중 최대 규모였을 뿐 아니라 임무수행 성과도 '최고 수준'이었지요. 여러분 가운데 슈테판 츠바

11

— 11 —
호텔 메트로폴.
1870년대 사진

이크의 소설을 좋아하는 분은 혹시 『체스 이야기』(Schachnovelle)를 읽어보셨을지 모르겠네요. 주인공 B박사가 게슈타포에 붙잡혀 독방에 갇힌 채 필사적으로 체스에 몰두하다 신경쇠약 상태로 내몰리는 장소가 바로 호텔 메트로폴이지요. 빈에서 태어난 유대인 츠바이크는 브라질 망명생활 중이던 1941년에 이 작품을 집필했습니다. 미래에 대한 희망을 잃고 세상을 비관하던 츠바이크는 『체스 이야기』를 탈고한 직후 아내 로테와 함께 동반 자살하고 말았습니다.

　　　호텔 메트로폴은 2차 세계대전 끝 무렵 폭격으로 무너지고 지금은 '레오폴트 피글 호프'(Leopold-Figl-Hof)라는 주상복합 아파트 건물이 서 있습니다. 1960년대에 지은 이 아파트의 이름은 전후 첫 총리에 오른 레오폴트 피글의 이름을 딴 것입니다. 피글은 유대인은 아니지만 나치에 저항하다 린츠 시 부근 마우트하우젠(Mauthausen) 강제수용소에 감금되기도 했던 인물입니다. 레오폴트 피글 호프 건물은 전쟁이 끝난 뒤 아돌프 아이히만 등의 나치 전범들을 추적했던 나치 사냥꾼 시몬 비젠탈(Simon Wiesenthal, 1908~2005)이 거주하면서 전쟁범죄 관련 자료를 모았던 장소로도 잘 알려져 있습니다. 그가 하필이면 게슈타포 본부였던 곳을 자신의 '본부'로 택한

12

— 12 —
나치 희생자들을 위한
기념비

것은, 결단코 과거를 잊지 않겠다는 상징적 행위였을까요.

오늘날 모르친플라츠 동편 공터에는 그곳이 게슈타포 본부였다는 사실을 알리고 나치스에 학살된 희생자들의 넋을 기리는 기념비가 서 있습니다. 이 기념비의 일부를 이루는 돌판은 학살 생존자들이 마우트하우젠 강제수용소에서 가져온 것입니다. 빈의 게슈타포 본부에서 취조 받은 사람들 가운데 상당수가 마우트하우젠 수용소로 끌려가 그곳 채석장에서 강제노동을 했습니다. 이 비석에는 이렇게 적혀 있습니다.

"이곳에 게슈타포 본부가 있었다. 그곳은 독립 오스트리아를 열망한 이들에게 지옥이었고, 그중 많은 이들에게 죽음의 대기실이었다. 그곳은 나치의 '천년왕국'과 함께 무너졌고, 오스트리아는 재기했다. 그와 함께 우리의 망자, 불멸의 희생자들도 부활했다."

그 위로 유대인 희생자를 상징하는 황색 다윗의 별, 정치적 의견을 이유로 박해당한 이들을 상징하는 붉은 역삼각형 사이에 새겨진 검은 문구가 보는 이들에게 "결코 잊지 말자"(Niemals vergessen)는 다짐을 재촉합니다.

21

고가구와 빈티지숍

GALERIE LA PARETE

갈레리 라 파레테

– 위치 –
TUCHLAUBEN 14, 1010 WIEN
– 웹사이트 –
WWW.LAPARETE.COM

갈레리 라 파레테는 마리세이 부부가 1977년부터 운영해오고 있는 고가구 상점입니다. 주로 1920~80년대에 제작된 가구에 초점을 두되 오스트리아 가구뿐 아니라 프랑스, 이탈리아 등 유럽 각지에서 빈 고객의 취향에 맞을 만한 빈티지 가구들을 구해 깨끗이 보수하고 복원해서 판매합니다. 그와 함께 같은 시기에 제작된 샹들리에 등의 조명기구와 액세서리, 그리고 오스트리아 디자이너들이 제작한 각종 생활용품, 장식품 등의 소품들도 함께 취급하고 있습니다.

북부 이탈리아 출신의 이민자인 주인 부부는 외국인으로서 빈에서 이 사업을 시작하면서 초기에 다소 어려움을 겪기도 했지만, 첫 10년이 지난 후부터는 고객이 원할 만한 고가구를 확보하는 일에 노하우가 쌓였고, 또한 상점이 빈의 번화가 그라벤 근처에 위치한 덕택에 차근히 사업을 확립할 수 있었습니다.

— 1 —
매장 입구
— 2 —
이 가게에서 판매하는 각종 빈티지 샹들리에
— 3 —
1890년대에 빈에서 제작된 진품 안락의자입니다. 심하게 낡은 상태였던 것을 사진에 보이는 정도의 상태로 복원하기 위해 이 상점에서 거의 50퍼센트 이상을 보수했다고 합니다.

1   2   3

또 한편으로는 고향 이탈리아와의 인연을 자산 삼아, 고가구와
더불어 샹들리에에 열광하는 빈 사람들에게 이탈리아 무라노
글라스로 만든 빈티지 샹들리에를 구해주면서 고객을
확보해갔지요. "그러는 동안 어느새 35년이 흘렀네요." 하며
엘리자베트 마리세이 씨가 상념에 젖었습니다.

마리세이 씨는 오스트리아 디자인에 관심이 있다면 알아두면
좋을 이름이라며 자신이 보유하는 아우뵈크 공방에서 제작된
작품 몇 점을 보여주었습니다. 바우하우스에서 수학한 오스트리아
디자이너 카를 아우뵈크(Carl Auböck, 1900~57)와 아들 카를 아우뵈크
2세(1924~93)가 설립한 아우뵈크 공방에서는 주로 뿔, 나무, 금속 등
전통적인 재료를 사용하면서도 아주 최근 디자인이래도 의심 없이
믿을 만큼 무척 현대적인 생활소품들을 벌써 20세기 중반부터
제작했지요. 그 외에도 피렌체에서 세라믹 공예를 배우고 빈에
돌아와 아프리카 스타일의 장식용 소형 세라믹 조형물을 만들어
50년대에 큰 인기를 누렸던 레오폴드 안첸그루버(Leopold Anzengruber,
1912~79), 세기말에 하게나우어 공방을 세우고 분리파 디자인의
금속공예품을 제작한 카를 하게나우어(Carl Hagenauer, 1871~1928)와
그의 뒤를 이은 아들 프란츠 하게나우어(Franz Hagenauer, 1906~86)
등 20세기 오스트리아를 대표하는 공예가들의 작품을 수집해
판매하고 있습니다.

— 4 —
좁은 매장에서 사진
촬영을 하다 보니 자꾸만
가구에 부딪혀서 무안해
하는데 오히려 주인이
더 미안해하면서 가게가
꼭 U보트 같지 않느냐며
농담을 합니다.

— 5 —
가게가 좁아 가구를
다 전시하지 못하고
창고에 따로 보관한 채,
이렇게 사진으로 찍어
가게 밖에서 보이도록
붙여 놓았습니다.

— 6 —
이 상점에서는 빈티지
액세서리도 판매합니다.
엘리자베트 씨보다도
바깥주인이 액세서리
수집에 열정적이어서
1920~70년대에 제작된
액세서리를 전 유럽을
뒤져 찾아낸답니다.

4   5   6

22

세기말 빈의 현대적 계승

GALERIE AMBIENTE

갈레리 암비엔테

– 위치 –
LUGECK 1, 1010 WIEN
– 웹사이트 –
WWW.GALERIEAMBIENTE.AT

슈테판대성당에서 북쪽으로 두 블록 떨어진 곳에 있는 자그마한
루게크(Lugeck) 광장에는 사시사철 붐비는 아이스크림 가게와
빈과 별 관계없는 구텐베르크 동상이 터를 잡고 있는 외에도,
다소 묘한 레트로 분위기를 풍기는 가구점 갈레리 암비엔테가
있습니다. 디자이너 말로(Marlowe) 씨가 남편 한스 라이트너 씨와 함께
1999년부터 운영해온 상점입니다. 이곳에서는 나무를 구부려 만든
토네트(Thonet) 의자 같은 고전적인 고가구도 일부 수집해 판매하지만
주력 상품은 말로 씨가 직접 디자인한 가구들입니다. '말로'라는
이름은 미국의 범죄소설 작가 레이먼드 챈들러(1888~1959)가 탄생시킨
사립탐정 '필립 말로'에서 따온 것으로, 필립 말로의 팬이던 자신에게
친구들이 붙여주었던 별명을 훗날 의상 디자이너로 활동하게
되면서 예명으로 차용해 지금까지 사용하고 있다는 군요.
가구전문가인 남편과 함께 가구제조업으로 전업하기 이전인

— 1 —
매장 입구

— 2 —
가구 사이사이에
말로 씨가 디자인한
의상을 입은 마네킹들이
서 있어 매장에 다소
기묘한 분위기를
자아냅니다.

1

2

1990년대 중반까지 빈에서 의상 디자이너로 활동했던 말로 씨는 스크랩북을 꺼내 자신이 디자인한 옷들을 보여주었습니다. 매장 곳곳에 가구와 함께 비치된 마네킹들이 바로 그 독특한 옷들을 걸치고 있었습니다. 요제프 호프만의 컵 디자인에서 힌트를 얻어 드레스를 제작하기도 하는 등, 의상 디자인을 하던 시기에도 말로 씨의 영감의 원천은 기본적으로 세기말 빈 모더니즘에 있었으며, 지금도 여전히 빈 모더니스트 예술가들의 디자인을 늘 염두에 두면서 이를 응용한 가구들을 제작하고 있습니다.

갈레리 암비엔테에서는 고객이 원하는 크기와 형태를 반영해 맞춤형 가구를 제작합니다. 장인들이 일일이 손으로 작업하는 것이어서 가구 한 점 한 점이 전부 다릅니다. 고객의 다수는 국내 고객이지만 미국에서도 종종 주문이 들어오고, 드물게 아시아 고객도 있는 모양입니다. 얼마 전에는 토네트 의자를 구입해간 한국인 손님도 있었다고 하네요. 말로 씨는 최근에 매장에 들르는 중국인 관광객이 증가하는 추세로 미루어 앞으로 아시아 고객은 늘어날 것으로 보인다며, 분리파 디자이너들이 바로 아시아의 문양에서 영감을 얻었는데 요즘 다시 아시아인들이 이들의 디자인에 관심을 가져주니 세상이 그렇게 돌고 도는 것이 아니겠느냐고 이야기합니다.

— 3 —
요제프 호프만의 컵

— 4 —
말로 씨가 옛날 의상 디자이너로 활동할 때의 기사를 모은 스크랩북을 꺼내 자신이 디자인한 옷들을 보여주었습니다. 요제프 호프만이 디자인한 컵에서 영감을 얻어 컵을 뒤집어 놓은 듯한 의상을 제작한 것이 잡지에 실렸습니다.

— 5 —
라이트너 씨가 아끼는 안락의자. 등받이 각도를 조절할 수 있습니다.

— 6 —
토네트 의자 (오리지널 고가구). 이곳에서는 직접 가구를 제작하는 외에도 고가구, 특히 나무를 구부려 제작하는 토네트 의자들을 보수해서 판매합니다.

4

5

6

오스트리아 와인과
빈의 호이리거

"신은 물을 만들었지만 인간은 포도주를 만들었다."
― 빅토르 위고

우리는 독일, 오스트리아, 스위스 등 독일어 사용권의 술문화 하면 흔히 맥주를 떠올립니다. 저 또한 그런 선입견이 있었던 까닭에 빈에서 선술집이나 식당에 가면 다들 뮌헨의 옥토버페스트에서 볼 법한 큰 맥주잔을 부딪쳐가며 떠들썩하게 건배를 하고 있을 줄 알았습니다. 그런데 겪어보니 그게 아닙니다. 빈에서 주점, 식당, 카페를 막론하고 와인잔 놓인 테이블의 수가 맥주잔 놓인 테이블에 뒤지지 않습니다. 그리고 조용합니다. 대화 내용이 다른 손님들에게 또렷하게 들릴 만큼 목청을 높이는 사람들을 찾아보기 어렵더란 말이지요.

와인 가격도 어딜 가나 저렴한 편이어서, 마시기에 부담 없는 하우스와인이 빈 시내의 카페나 식당에서 125밀리리터 한 잔(빈 사람들은 보통 와인 한 잔을 주문할 때 '아인 아흐텔'[ein Achtel], 즉 1/8리터를 달라고 표현합니다)에 2유로부터 시작하고, 4유로대 정도면 상당히 양질의 와인이 보장됩니다. 다시 설명하겠지만 빈의 와인농가에서 직영하는 와인주점 '호이리거'에 가면 1유로대 와인도 마실 수 있습니다. 이처럼 품질에 비해서 가격이 저렴하다는 것은, 그만큼 와인이 광범위하게 대중화되어 있다는 얘기입니다. 통계를 찾아보니, 2009년 오스트리아 국내 총 와인 소비량은 2억4,000만 리터였습니다. 인구가 약 8백만이니까 1인당 연간 30리터씩 마신다는 소리고, 와인 한

병이 0.75리터니까 40병, 즉 오스트리아 국민 한 사람이 한 달에 세 병 이상 마시는 셈입니다.

빈의 밥집과 술집에 가는 횟수가 늘어나면서 저의 선입견은 완전히 붕괴됐습니다. 적어도 빈을 포함해 와인을 많이 생산하는 오스트리아 동부 지역에서는 와인문화가 맥주문화를 압도하고 있었고, 이제 제 머릿속에 자리 잡은 빈 사람들의 이미지는 맥주잔이 아닌 와인잔을 쥐고 있는 모습입니다. 와인잔 얘기가 나왔으니 말입니다만 리델(Riedel)이라는 세계적인 와인잔 브랜드가 있지요. 바로 오스트리아 업체가 만드는 와인잔입니다. 오스트리아제 와인잔이 전 세계에 유명세를 떨치고 있는 것도, 오스트리아에 오랜 와인문화가 있기에 가능한 일이었겠지요.

그럼에도 오스트리아 와인이 프랑스나 이탈리아 와인에 비해 외국에 덜 알려져 있는 이유는 생산되는 와인 대부분이 자국에서 소비되고, 독일을 비롯해 체코, 스위스 등 이웃나라로 일부 수출될 뿐 먼 곳까지 수출되는 와인은 그리 많지 않기 때문일 것입니다. 예컨대 2009년 오스트리아에서 생산된 와인 약 2억4,000만 리터 중에 수출된 양은 약 7,000만 리터로, 생산량의 70퍼센트 이상이 국내에서 소비됐습니다. 다양한 수입 와인을 갖춘 고급 레스토랑들을 제외하면 실제로 빈의 음식점에서는 거의 전적으로 국내에서 생산된 와인이 판매되며, 오스트리아 사람들도 자국 와인을 다른 어느 나라 와인보다 많이 소비합니다.

오스트리아 와인의 주요 산지는 산간 지역인 서부보다는 평평하고 일조량이 많은 동부에 몰려 있습니다. 그중 빈과 니더외스터라히 주, 그리고 남쪽 슈타이어마르크 주는 화이트 와인이, 헝가리 접경 지역인 부르겐란트 주는 레드 와인이 유명합니다. 오스트리아의 와인 제조 역사가 로

마인들이 다뉴브 강가에까지 진출했던 시대로 거슬러 올라가는 것은 분명하지만, 오늘날 널리 인정받는 오스트리아 와인의 품질은 단순히 오랜 역사 때문만이 아니라 2만 곳이 넘는 중소규모 와인농가들이 서로 협력하고 경쟁하면서 각자 개성 있는 와인을 만들어내고, 끊임없이 새로운 시도들을 한 결과입니다. 특히 1980년대부터 지난 20~30년 동안 오스트리아의 젊은 와인업자들은 프랑스, 이탈리아, 미국, 호주 등 와인의 명소라면 구세계, 신세계를 가리지 않고 찾아가 포도재배와 와인제조의 새로운 노하우를 익히고, 오스트리아 토양에 맞는 품종에 적용시켜 이상적인 와인을 생산해내는 데 몰두해왔습니다.

오스트리아는 현재 화이트 와인과 레드 와인의 생산비율이 약 2 대 1로 화이트 와인 생산량이 크게 앞섭니다. 이것은 1999년 화이트·레드 와인 생산비율이 3 대 1이었던 데 비해 레드 와인의 비율이 증가한 것이어서, 전 세계에 불고 있는 레드 와인 열풍이 오스트리아에도 어느 정도 영향을 미치고 있음을 알 수 있습니다. 오스트리아 와인 판촉위원회(Austria Wine Marketing Board)에서 2011년에 발표한 보고서에 담긴 지역별 포도 재배면

1

— 1 —
빈 시내에 있는
소규모 와인농가

적을 살펴보면 (2009년 기준) 니더외스터라이히 주는 화이트 2만141헥타르와 레드 6,989헥타르, 슈타이어마르크 주는 화이트 3,225, 레드 1,017헥타르, 빈 시는 화이트 490, 레드 112헥타르입니다. 화이트와 레드의 재배면적이 각각 6,227헥타르와 7,615헥타르인 부르겐란트 주에서만 레드 와인이 화이트 와인을 앞지르고 있습니다.

화이트 와인, 그뤼너 벨트리너와 벨슈리슬링

오스트리아에서 화이트·레드 통틀어 가장 많이 재배되는 포도품종은 화이트와인용 그뤼너 벨트리너(Grüner Veltliner)로, 전국 포도재배 총면적 4만 6,000헥타르 중 30퍼센트를 차지합니다. 오스트리아 고유 품종인 그뤼너 벨트리너로 만든 화이트 와인은 오스트리아 전역에서 와인을 파는 곳이면 메뉴에서 빠지는 일이 없는 국가대표선수입니다. 특히 전국 최대의 와인 생산 지역인 니더외스터라히 주 토양에 잘 맞아서 이곳 화이트 와인 생산량 가운데 절반 이상을 차지합니다. 그뤼너 벨트리너 와인은 일반적으로 상큼하고 톡 쏘는 후추맛이 나는 것으로 유명하며, 평야에 퇴적된 비옥한 황토 토양에서 자라면 후추향에 더해 강하고 화려한 과일향의 풍미를 내고, 다뉴브 강 유역 바하우·크렘스탈·캄프탈 일대의 화강암과 편마암 암반 위에서 자라면 독특한 미네랄 향기를 풍깁니다.

　　여담이지만 국내에도 소개된 제노포브스 가이드 시리즈 중에 『오스트리아 문화이야기』(루이스 제임스 지음, 유시민 편역)를 보면 오스트리아인들이 "쇠부스러기 비슷한 맛이 나는 햇포도주를 대단한 자랑으로 삼는다"는 얘기가 나옵니다. 아마도 니더외스터라이히 주 일대에서 생산되는 화이트 와인에서 나는 미네랄 맛을 과장하는 말일 텐데, 저자가 이 책의 초판을 낸 때가 1994년임을 감안하면 지난 20년간 비할 바 없이 개선된 오스트리아 와인을 묘사하는 표현으로는 더는 적절치 못하다고 하겠습니다. 오스트리아인들이 열심히 분발해 좋은 와인을 많이 생산해내고 전반적인 와인의 수준을 끌어올림으로써 루이스 제임스의 짓궂은 야유를 시대에 뒤처지는 것으로 만들어버린 셈입니다.

오스트리아에서 두 번째로 많이 재배되는 화이트와인용 포도품종은 신맛이 다소 강한 벨슈리슬링(Welschriesling)으로 포도재배 총면적의 8퍼센트를 차지합니다. 다른 장에서도 언급한 바 있지만 '벨슈'란 로마인의 것, 즉 라틴문화와 관계되는 것을 의미하는 말로, 고대 로마인들이 북이탈리아에서 가져온 품종이어서 그런 이름이 붙었다고 보는 것이 일반적입니다. 전 세계에서 벨슈리슬링을 가장 많이 재배하는 나라가 바로 오스트리아이며, 주로 남쪽 슈타이어마르크 주에서 재배됩니다. 저도 처음에 이 품종에 대해 전혀 들어본 일이 없는 상태에서, 손가락으로는 메뉴판에 있는 벨슈리슬링을 가리키면서 입으로는 '리슬링 한 잔 달라'고 했다가 종업원에게 '벨슈리슬링 말씀인가요?' 하고 확인 받았던 경험이 있습니다. 벨슈리슬링이 잘 알려진 리슬링이나 비슷한 거려니 지레짐작하고 대충 말하려다 실수를 한 것이지요. 벨슈리슬링과 독일 라인 강 유역에서 재배되는 리슬링 품종은 서로 무관하다고 합니다.

위에서 소개한 두 가지 외에도 리슬링, 샤도네, 소비뇽 블랑 같은 화이트 와인 품종들이 널리 재배되고 있지만 이것들은 오스트리아 특유의 품종은 아니므로 설명은 생략키로 하고, 이번에는 레드 와인 품종 중에서 오스트리아 대표 주자들을 살펴봅니다.

레드 와인, 츠바이겔트와 블라우프랭키슈

제일 먼저 소개할 품종은 오스트리아의 스타 품종 츠바이겔트(Zweigelt)입니다. 사실 츠바이겔트의 역사는 그리 오래되지 않습니다. 1922년 빈 인근의 소도시 클로스터노이부르크(Klosterneuburg)에 위치한 연방포도재배연구소에서 일하던 프리츠 츠바이겔트라는 인물이 블라우프랭키슈(Blaufränkisch)와 장크트 라우렌트(St. Laurent)라는 오스트리아에 흔한 두 가지 품종을 접붙여 새로운 품종을 개발해냈는데, 여기에 개발자의 이름을 붙인 것이 바로 츠바이겔트입니다. 전통적인 레드 와인 산지인 부르겐란트 주뿐 아니라 니더외스터라이히 주의 토양에도 잘 맞는 츠바이겔트는 오늘날 오스트리아에서 가장 흔히 찾아볼 수 있는 레드 와인 품종으로, 현재 전국 포도 재배면적의 14퍼센트를 차지합니다. 이 품종으로 만든 레드 와인은 베리향이 나면서 살짝 떫고 진한 맛이 나지만, 그렇다고 부담스러울 정도로 무겁지도 않으며 오래 숙성시키면 벨벳처럼 부드러워지면서 감칠맛이 나는 매력 있는 와인입니다. 고기가 주종을 이루는 묵직한 전통 오스트리아 음식과 잘 어울린다는 점도, 츠바이겔트가 비교적 단기간에 널리 확산될 수 있었던 이유가 아니었을까 짐작해봅니다. 앞에서 제가 지난 10년간 오스트리아에서 레드 와인용 포도재배가 크게 늘었다고 말씀드렸는데, 바로 츠바이겔트 생산이 증가한 것입니다.

츠바이겔트의 부모 격인 블라우프랭키슈(포도재배 총면적의 7퍼센트)와 장크트 라우렌트(포도재배 총면적의 2퍼센트)도 빈의 카페나 레스토랑 메뉴판에서 심심치 않게 볼 수 있는 와인입니다. 약 11세기부터 오스트리아 지역에서 발견되기 시작한 블라우프랭키슈 품종의 정확한 유래를 아는 사람은 없지만, 프랑크왕국을 의미하는 프랭키슈(fränkisch)라는 말이 품종명에 들어 있는 점으로 미루어 ('블라우'는 파란색, 즉 포도색깔을 의미하고요) 프랑스 어느 지역에서 오지 않았나 하는 추측을 할 뿐입니다. 블라우프랭키슈 와인은 츠바이겔트보다 전체적으로 가벼운 편이지만, 후추나 이국적인 향료의 향미가 풍기기도 하고 체리향과 베리향이 잔잔한 신맛과 어우러지는 등 맛이 복합적이고 다층적인 세련된 와인입니다. 한편 알사스 지방에서 유래하는 장크트 라우렌트는 피노 누아르 계열의 품종으로 19세기 중반에 독일과 오스트리아, 그리고 체코 일대에 전해졌습니다. 키우기가 까다로워 많이 재배되지는 않지만 이 품종으로 만든 레드 와인은 버찌와 자두향이 느껴지는 깊은 맛을 냅니다. 니더외스터라이히에서도 잘 자라는 츠바이겔트와는 달리 블라우프랭키슈와 장크트 라우렌트는 주로 부르겐란트에서 재배됩니다.

빈을 찾아오는 분은 제가 지금껏 설명한 와인들을 술집은 물론이고 카페하우스, 전통식당 바이즐, 일반 레스토랑 등 어느 요식업소에서나 쉽게 접할 수 있으며, 아무리 허름한 슈퍼마켓이라도 그뤼너 벨트리너나 츠바이겔트를 몇 병씩 갖춰놓지 않은 곳이 드무니 슈퍼에 들러 천천히 와인을 구경하는 것도 재미있으실 겁니다. 가격대는 다양하지만 개인적인 경험으로는 동네가게나 슈퍼에서 파는 츠바이겔트나 그뤼너 벨트리너 한 병에 5~7유로 정도 지불하면 못 마시는 경우는 거의 없을 정도로 양호하고, 10유로가 넘으면 훌륭한 수준이어서 손님 대접용으로 손색이 없고, 20유로가 넘는 와인은 아주 고급에 속해서 와인전문점에 가야 구할 수 있을 정도입니다.

와인을 주점이나 음식점에서 즐겨도 좋고, 집이나 숙소에서 편안한 자세로 마시는 것도 좋겠지만, 도시 안에 600헥타르의 포도밭이 존재하는 빈에서는 다른 대도시에선 좀처럼 누리기 힘든 또 하나의 선택지가 주어집니다. 빈의 수많은 와인농가들이 농장 안에 직접 시설을 마련하거나 혹은 근처에 별도의 부지를 마련해 운영하는 야외 와인주점들입니다. 야외에서 맑은 공기를 마시며 나무탁자에 앉아 포도주를 즐길 수 있는 이 색다른 분위기의 업소들을 가리켜 '호이리거'(Heuriger)라고 부릅니다.

대도시 속 와인 농장, 호이리거

호이리거란 원래 오스트리아 사투리로 '올해'를 뜻하는 '호이어'(heuer)에서 비롯된 것으로, 올해 나온 햇포도주를 판다 해서 붙은 이름입니다. 호이리거는 와인농가에서 직접 경영하는 주점을 가리키는 말이기도 하지만, 동시에 햇포도주 자체를 일컫는 용어이기도 합니다. 말하자면 '호이리거에 가서 호이리거를 마시는' 것이지요. 호이리거 주점은 보통 봄부터 가을까지만 열고 자기 농가에서 가장 최근에 담근 단기숙성와인을 간단한 음식과 함께 판매합니다. '오스트리아의 보졸레누보'라고 할 수 있는 이 햇포도주는 전통적으로 매년 11월 11일이 되면 묵은 포도주로 간주되어 더 이상 호이리거라 부를 수 없게 됩니다.

　　　　용어를 얘기하는 김에 한 가지 짚고 넘어가면, 호이리거를 경우에 따라 '호이리게'나 '호이리겐'이라고 하기도 해서, 왜 말끝이 조금씩 달라지는지 (저처럼) 궁금했던 분들이 계실지 모르겠습니다. 인터넷에서 찾아볼 수 있는 한글 여행정보들도 이 세 가지를 혼용하고 있는데요, 독일어의 명사변화가 바로 이 혼란의 주범입니다. 예컨대 간판에 상호를 표시할 때 ("호이리거 OOO")나 용어의 정의를 설명할 경우("호이리거란 와인농가에서 직접 재배한 와인을 파는 곳이야")처럼 관사 없이 쓰거나 부정관사 ein과 함께 단수 주어로 쓸 때는 호이리거이지만, 특정한 것을 나타내는 정관사 der와 함께 단수 주어로 쓸 때("그 호이리게 정말 괜찮더라")나 관사 없이 불특정 복수주어로 쓸 때("빈에는 호이리게가 정말 많네")는 호이리게(Heurige)로 변합니다. 한편, 복수표시 정관사 die와 함께 복수주어로 쓸 때는 호이리겐(die Heurigen)이 됩니다("이 동네 호이리겐은 전부 관광객용이야"). 주격만 따지면 이렇지만, 여격(호이리겐에), 목적격(호이리겐을), 소유격(호이리겐의)에는 명사 끝에 전부 -n이 붙어 '호이리겐'으로 변하기 때문에 전체적인 빈도만 보면 호이리겐이라는 발음이 가장 빈번히 귀에 들려옵니다. 그러나 여기서는 편의상 개념 설명에 가장 적합하다고 여겨지는 '호이리거'로 용어를 통일하도록 하겠습니다.

오늘날과 같은 호이리거는 1784년 요제프 2세가 직접 만든 와인과 과일주스 등을 별도의 허가 없이도 손님에게 판매할 수 있도록 하는 칙령을 공포한 데서 비롯합니다. 농민들이 자신들이 담근 포도주나 재배한 농산물을 팔고 싶어도 지방영주에게 제약당하기 일쑤여서 불만이 컸기 때문입니다. 황제의 이 같은 허가 조치에 힘입어 합스부르크 제국 내에 수많은 호이리거가 생겨났고, 니더외스터라이히, 빈, 부르겐란트, 슈타이어마르크 등 와인산지가 몰려 있는 주마다 각기 호이리거를 규율하는 '부셴

2

—2—
호이리거 모습

샹크법'이 발달하기 시작했습니다.

부셴샹크(Buschenschank)란 호이리거를 달리 부르는 말로, '샹크'는 주점을 의미하고 '부셴'은 호이리거가 영업에 돌입했음을 알리기 위해 입구에 걸어놓는 나뭇가지를 뜻합니다. 이 전통은 지금까지도 이어져, 호이리거가 문을 여는 시즌이 돌아오면 입구에 풍성한 소나무나 전나무 가지가 매달립니다. 이를 이곳 사투리로 '아우스그슈텍트 이스'(ausg'steckt is: 나뭇가지 내걸렸음=영업중)라고 표현하며, 이 말이 적힌 명판에 올해 영업기간을 표시해 함께 내걸기도 합니다. 이런 집은 자기 농가에서 직접 재배한 포도로 빚은 와인을 파는 정통 호이리거입니다. 아무리 업소명에 호이리거라는 말이 들어 있어도 나뭇가지나 영업기간 표시 없이 1년 내내 영업하는 곳은 변종 호이리거라고 보시면 됩니다. '호이리거'는 법률적으로 사용에 제약을 받는 용어가 아니어서 아무나 가져다 상호로 쓸 수 있습니다. 반면에 부셴샹크는 법률로 정해진 해당 주의 부셴샹크법이 요구하는 요건을 갖추어야 합니다. 그 말은, 부셴샹크법을 따르지 않는 음식점도 스스로를 호이리거라 칭하고 손님을 끌어 모을 수 있다는 얘기여서 여행객이 자신이 들어간 곳이 부셴샹크법의 적용을 받는 진짜 호이리거인지 아니면 이름만 호이리거인 일반 식당인지 구분하기란 쉬운 일이 아닙니다. 현지인들은 후자를 '호이리겐레스토랑'이라고 부르며 부셴샹크와 구별합니다. 빈에는 현재 약 50여 개의 부셴샹크가 있습니다.

부셴샹크, 즉 정통 호이리거는 무엇보다도 자기 농가에서 양조한 와인만 팔고, 다른 업체의 와인을 납품받아 팔지 않습니다. 즉 스스로 포도농사를 하고 포도주를 양조하는 농부가 아니면 부셴샹크는 운영할 수 없습니다. 또한 새로 담근 포도주만 판매하며, 이듬해 다시 새 포도주가 나올 때까지 겨울에는 영업을 쉽니다. 부셴샹크에서는 원칙적으로 맥주, 커피, 따뜻한 음식을 팔지 않고, 햄, 치즈, 빵, 피클 등 제한된 종류의 차가운 음식만 제공합니다. 그러나 요즘은 고객의 요청에 부응하여 살짝살짝 규칙을 어기고 만들어 놨던 고기요리를 데워 팔기도 하고, 커피를 팔기도 하더군요. 다만 맥주를 파는 곳은 아직 보지 못했습니다. 하긴 일부러 와인농가가 직영하는 곳까지 와서 맥주를 찾는 사람이 이상한 것이겠지요. 와인은 점원이 테이블로 가져다주지만 음식은 대개 셀프서비스로, 음식진열대에 가서 원하는 음식을 말하면 접시에 담아 무게로 가격을 매기고 그 자리에서 돈을 지불합니다. 오스트리아 사람들은 이를 '뷔페'라고 하지만 우리의 뷔페와는 다릅니다.

호이리거에서는 녹음된 음악을 틀지 않습니다. 음악이 제공되는 경우엔 가수가 직접 기타나 아코디언을 연주하며 민요를 부릅니다. 영화 「제3의 사나이」(1949)의 음악을 맡아 세계적인 명성을 얻은 빈 토박이 안톤 카라스(Anton Karas, 1906~85)가 바로 호이리거 악사 출신이지요. 빈의 어느 호이리거에서 민속 현악기 치터(Zither)를 연주하다 영화감독 캐롤 리드에게 전격 스카우트되어 '해리 라임의 테마'를 직접 작곡·연주했습니다. 카라스

3

— 3 —
정통 호이리거는
소나무나 전나무 가지를
걸어 영업중임을 알립니다

덕택에 빈의 호이리거도 함께 유명해졌고, 호이리거를 찾는 외국 관광객들에게 특정 스타일의 연주를 기대하게 만들었습니다. 그러나 오늘날 연주는 호이리거의 필요조건이 전혀 아닙니다. 요즘 그린칭 등에 있는 몇몇 호이리거에서 공연되는 요란한 '호이리겐 쇼'에는 정작 빈 사람들은 얼씬도 하지 않습니다. 그보다는 차분한 분위기에서 자연을 즐기며 친지들과 조용히 대화를 나누려는 이들이 많지요.

호이리거에 가면 물론 그 호이리거에서 추천하는 와인을 마시는 것이 가장 이상적입니다만, 빈 지역 호이리거에선 화이트 와인 소비가 압도적이며 그중에서도 여러 품종을 뒤섞어 만든 화이트 와인 게미슈터 자츠(Gemischter Satz)가 대표적입니다. 영어로 필드 블렌드(field blend)라 일컫는 것으로, 포도밭에 몇 가지 다른 품종을 함께 심고 그것을 한꺼번에 섞어 포도주를 빚는 것입니다. 어떤 품종을 어떤 비율로 섞느냐에 따라 와인농가마다 다른 개성 있는 와인이 탄생하는 것은 물론이고, 빈의 와인농가들처럼 중소규모 농가의 입장에서는 이런 방식을 통해 일정한 품질을 유지합니다. 각각 익은 정도와 산도가 다른 여러 품종을 섞어줌으로써 특정 품종 하나에만 집중했다가 겪을지도 모르는 위험을 분산하는 일종의 분산

— 4 —
안톤 카라스와
캐롤 리드 감독
— 5 —
빈 지역 특산 화이트 와인
'게미슈터 자츠'

투자기법이지요. 그러나 분산투자로 대박을 기대할 수 없듯, 이와 같은 방식으로는 빼어난 와인을 만들기는 어렵기 때문에 너무 큰 기대는 금물입니다. 실제로 호이리거 와인의 시큼한 맛을 한풀 꺾기 위해 탄산수를 섞어 마시는 사람들도 흔하게 볼 수 있습니다. 이렇게 탄산수를 섞은 와인을 게슈프리츠터(Gespritzter)라고 부릅니다.

그러나 중요한 것은, 호이리거는 와인만을 목적으로 가는 곳이 아니라는 점입니다. 특출한 와인을 맛보는 것 자체가 목적이라면 그냥 도심 와인전문점에 가서 소믈리에의 추천을 받으면 되겠지요. 호이리거의 참맛은 가까운 이들과 함께 찾아가, 탁 트인 경치 좋은 곳에서 와인농부가 직접 빚어 서빙하는 수수하고 저렴한 와인을 편안한 분위기에서 마시며 노닥거리는 데 있습니다. 콘크리트와 소음에 둘러싸인 일상에서 잠시나마 벗어나, 포도밭에서 대지가 선사한 음료를 홀짝이는 빈 사람들의 여가공간인 것입니다.

ZAWODSKY
자보츠키

– 위치 –
REINISCHGASSE 3, 1190 WIEN
– 웹사이트 –
ZAWODSKY.AT

구스타프 말러, 알마 말러, 토마스 베른하르트 등이 잠들어 있는
그린칭 묘지에서 서쪽으로 300미터가량 떨어진 지점에 위치한
호이리거 자보츠키는 드넓은 포도밭 한켠에 편안한 자세로 앉아서
바로 그 포도밭에서 나온 포도로 빚은 와인을 즐기는 고즈넉한
사치를 맛볼 수 있는 곳입니다. 자보츠키 가족이 운영하는 이곳은,
여기가 아직 빈 시의 경계 내라는 것이 믿기지 않을 정도로 초록빛
가득하게 전원적인 느낌을 자아내면서도, 호이리거에서 자칫
보일 수 있는 유치함이나 상투성이 배제된 깔끔한 분위기입니다.
번화가나 대중교통 정류장에서 다소 떨어져 있는 만큼 여행객들은
찾아보기 어렵지만, 빈 현지인들, 특히 중장년층 사이에서 무척
인기가 있어 여름철 저녁때는 늘 붐비니 조금 일찍 가셔야
전망 좋은 자리를 잡을 수 있습니다. 상세한 영업기간과 시간은
홈페이지에서 확인하시면 됩니다.

— 1 —
자보츠키 호이리거 입구

— 2 —
도시 안에 있다고는
믿기 힘든 포도밭

— 3 —
와인과 함께 즐기는
간단한 음식들

1　　　　　2　　　　　3

MUTH

무트

- 위치 -

PROBUSGASSE 10, 1190 WIEN

- 웹사이트 -

HEURIGER-MUTH.AT

베토벤이 한때 머물며 동생들에게 유서를 쓴 장소라 해서 오늘날
기념관으로 보존되어 있는 건물(프로부스가세 6번지) 바로 옆 10번지에
자리하고 있는 호이리거 무트는 마로니에 나무 우거진 정원이
쾌적하여 어느 집 너른 마당에 들어와 앉아 있는 듯한 편안한 느낌을
주는 곳입니다. 근처 포도농장에서 와인을 빚어 이 호이리거로
공급하는 무트 집안은 입구에도 쓰여 있는 대로 무려 1683년부터
이 지역에서 와인을 생산해온 뿌리 깊은 와인업자 집안입니다.
특히 무트가 만드는 게미슈터 자츠(Gemischter Satz: 여러 품종을 섞어 빚는
화이트 와인)가 인기 높은데, 이곳에서 한 잔(1/8리터)에 2유로 미만의
가격으로 맛보실 수 있습니다. 이곳의 또 다른 강점은 음식입니다.
빈의 요식업계에서 잔뼈가 굵은 30대의 젊은 두 주인이 직접 셰프와
매니저로 뛰며 로컬푸드·슬로우푸드의 기치를 내걸고 기존
호이리거 음식을 한 단계 업그레이드했다는 평을 받고 있습니다.

— 1 —
호이리거 무트의 입구

— 2 —
초록 그늘이 시원한 마당

— 3 —
와인과 무척 잘 어울리는
로컬·슬로우 푸드

1   2   3

헬덴플라츠

"하루 종일 아내의 귀에 헬덴플라츠의 함성이 들려온다.
하루 종일 쉴 새 없이."
— 토마스 베른하르트, 『헬덴플라츠』중에서.

1938년 3월 15일 오전 11시 헬덴플라츠. 고국에 돌아온 오스트리아인 아돌프 히틀러가 흥분한 청중 앞에서 연설을 마무리합니다.

"그리하여 나는 지금 이 순간 독일민족에게 내 생애에서 가장 중요한 선언을 할 수 있게 되었다. 나는 독일국가와 제국의 총통 겸 총리로서 역사 앞에서 나의 고국이 향후 독일제국에 가입하게 되었음을 선포한다!"

함성이 터져 나옵니다. "와아!!" "지크 하일!" 마치 록콘서트라도 하는 듯 드넓은 헬덴플라츠를 메운 20만 군중은 나치식 거수경례를 남발하며 무아지경으로 환호를 지릅니다. 누가 총구를 겨누고 있어서 싫은데도 억지

— 1 —
헬덴플라츠
(남동방향): 노이에
부르크(Neue Burg) 전경

로 하는 환호가 아닙니다. 생생한 동영상과 사진들이 남아 있어 누구나 쉽게 확인할 수 있는 광경입니다. 같은 날 독일군에 서부 주데텐란트 지역을 무력으로 점령당한 체코슬로바키아가 이를 갈았던 것과는 무척 대조되는 반응이었습니다.

　　나흘 전인 3월 11일. 국내외 나치 세력을 견제하며 오스트리아의 독립을 지키기 위해 애쓰던 보수정권의 쿠르트 슈슈니크 총리는 히틀러의 협박 끝에 결국 사임하고, 그 자리에는 나치독일의 꼭두각시 노릇을 할 새 총리가 임명됩니다. 슈슈니크의 라디오 사임연설에는, "비록 정부는 폭력 앞에서 굴복했지만, 나는 어떤 경우에도 독일민족이 피를 흘리는 상황을 원치 않는다"는 구절이 담겨 있었지요. 여기서 "독일민족의 피" (deutsches Blut)란 독일국민의 목숨만을 가리키는 것이 아니라 독일과 문화를 공유하는 오스트리아 사람들의 목숨을 함께 지칭하는 것이었습니다. 바로 그런 이유에서 독일군의 침공이 임박했음에도 오스트리아군에는 아무런 명령도 내려지지 않았습니다. 나치에 저항했던 보수파 독립주의자가 사임하면서 국민에게 마지막으로 남긴 당부가 하필 히틀러가 오스트리아의 병합의 근거로 내세운 논리와 같은 것이었다니 아이러니가 아닐 수 없

2

　— 2 —
노이에 부르크 발코니에서
헬덴플라츠를 가득 메운
군중을 향해 연설하는
아돌프 히틀러
(1938년 3월 15일)

죠. 그만큼 오스트리아가 독일을 바라보는 관점이 양면적이었다는 얘기도 될 것입니다.

이튿날 새벽 독일군은 '작전명 오토' 하에 오스트리아를 침공했습니다. 그런데 오스트리아인들이 반항은커녕 환호를 하며 꽃을 던져줘서, 이날을 가리켜 '꽃의 전쟁'(Blumenkrieg)이라 일컬을 정도였습니다. 주민들이 연료가 떨어진 독일군 탱크에 기꺼이 연료를 채워주는 성의까지 보였다는군요. 이쯤 되면 슈슈니크의 당부가 무색합니다. "독일민족의 피"는 어차피 흘릴 일이 없었으니까요. 혹시 이날 독일군과 오스트리아군 사이에 전투라도 한 건 제대로 벌어졌더라면 오스트리아인들이 과거사를 변명하기가 한결 수월했을 겁니다. 그렇게 싸웠는데도 힘이 달려 나라를 빼앗겼노라고 말이죠. 그러나 접전은 없었고 이틀만인 3월 13일 병합을 위한 입법 절차가 순조롭게 완료됐습니다. 3월 15일 빈의 헬덴플라츠에서 히틀러가 직접 그 사실을 선포했습니다.

히틀러는 독일의 오스트리아 병합에 민주적 정당성을 부여하려는 목적으로 같은 해 4월 10일 국민투표를 실시합니다. 결과는 99.7퍼센트의 찬성이었습니다. 물론 20만 유대인을 비롯해 유권자의 약 8퍼센트가 선거권을 박탈당했고, 수많은 투표자들이 행여 병합 반대자로 오해받을까봐 자진해서 비밀투표를 포기하고 관리자가 보는 앞에서 찬성에 투표하는 등 심리적 압박이 존재한 건 사실입니다. 그러나 선거결과를 조작하지는 않았다는 것이 학계의 정설임을 염두에 둔다면 만장일치에 가까운 찬성표가 나왔다는 것은 당시 오스트리아에 팽배한 사회 분위기를 시사합니다. 영화 「사운드 오브 뮤직」 많이 보셨지요? 이 영화만 보면 마치 오스트리아 국민과 가톨릭교회가 나치즘에 열렬히 반대한 것처럼 오해하기 쉬운데, 실제로 폰 트랍 가족처럼 유대인이 아닌데도 나치즘에 반대해 오스트리아를 떠난 사람은 지극히 소수에 불과했지요.

물론 찬성표를 던진 모두가 적극적인 나치분자였다고 보기는 어려울 것입니다. 나치에 꼭 찬동하지 않더라도 개중에는 돌푸스와 슈슈니크로 이어진 극우 파시스트 정권이 끝나기만을 무조건 바란 사람도 있을 것이고, 언어와 문화를 공유하는 두 나라의 병합을 형제국의 운명적 결합이자 다시 한 번 대국으로 거듭날 절호의 기회로 생각한 사람도 있을 테고, 정치적으로나 경제적으로 무척 혼란스럽던 시기에 히틀러 같은 강력한 지도자가 종지부를 찍고 해결의 길을 열어줄 것이라는 기대감도 일부 작용했을 겁니다. 게다가 그 지도자가 오스트리아 출신이니 신뢰감과 뿌듯함이 더했겠지요. 이런 상황에서 오스트리아의 가톨릭교회 주교들까지 나치독일의 오스트리아 병합을 지지하고 나섰으니 신앙심 깊은 오스트리아인들 대다수가 대세를 좇아 찬성표를 던졌을 것입니다. 물론 이것은 결과적으로 오스트리아 유대인과 다른 소수민족, 그리고 나치반대자들을 참혹한 상황으로 내몰았지요. 안이함과 무성찰이 초래하는 악. 한나 아렌트가 말한 '악의 평범성'이 엿보이는 부분입니다.

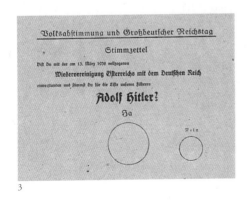

3

— 3 —
나치독일의 오스트리아
병합에 대한 찬반을 묻는
투표용지

망각과 부정

그러나 오스트리아 국민은 전후 수십 년 동안 자신들은 강제 병합의 피해자이자 희생자였다고 주장하며 자신들의 책임을 부인했습니다. 그래도 과거에 비하면 지금은 자아비판과 성찰이 이루어지고 있는 편이지만, 끈질기게 남아 있는 제도적 역사왜곡의 흔적들을 요즘도 여기저기서 찾아볼 수 있습니다.

빈 3구 벨베데레 궁전에서 상궁 뒤편 출구를 빠져나와 슈바이처카르텐(스위스정원)을 가로질러 남동쪽으로 몇 분 걸으면 군사역사박물관(Heeresgeschichtliches Museum)이 나옵니다. 다른 박물관에 비해 관광객의 발걸음이 뜸하지만 오스트리아의 역사가 한눈에 들어오는 장소여서 역사에 관심 있는 분이라면 얻어갈 만한 것이 많습니다. 이 박물관을 처음 방문하던 날 저는 내용뿐 아니라 전시가 어떤 관점으로 이루어지는지 눈여겨보았습니다. 도쿄 야스쿠니 신사에 있는 전쟁박물관 유슈칸(遊就館)에서 목격했던 거침없는 군국주의가 혹시 이곳 군사역사박물관에서도 엿보이는지 궁금했습니다. 한 국가의 군대와 전쟁사를 보여주는 전시 공간인 만큼 애국주의의 흔적이 곳곳에서 감지되지 않는 건 아니었지만, 유슈칸에 비하면 훨씬 담담하고 조심스러운 편이었습니다.

연대순으로 배치된 전시는 1930년대에 이르렀고, 오디오가이드는 나치독일의 오스트리아 병합을 설명하고 있었습니다. 문득 남편과 저의 눈이 마주쳤습니다. 남편이 오디오가이드를 귀에서 떼고 제게 낮은 목소리로 속삭였습니다. "의지가 없어서가 아니라 힘이 없어서(machtlos, nicht willenlos) 병합 당했다고 말하는 거 당신도 들었어?" 오스트리아 국방부가 운영하는 군사역사박물관에서 국내외 방문객을 상대로, 나치독일이 자국을 병합했던 역사적 사건은 오스트리아 국민이 히틀러에 대항해 독립을 유지하려는 의지가 없었던 것이 아니라 불행히도 국력이 약하다보니 일어난 일이었을 뿐이라고 구차한 변명을 하고 있었던 겁니다. 당시 오스트리아가 독일에 대항할 만한 힘이 없었던 건 사실일 수 있겠지만, 어떻게 해서든 독립국가로 남으려는 의지가 있었다는 건 과연 온전한 진실일까요?

오스트리아에서 두 번째로 큰 도시 그라츠를 여행할 때도 비슷한 일이 있었습니다. 그라츠 시내에 있는 슈타이어마르크 주정부 건물 앞을 지나는데 정문 앞에 1938년 시민들이 병합 찬반 국민투표를 하는 사진과 함께 그에 관한 설명이 담긴 표지판이 세워져 있더군요. 거기에는 "1938년 우리 국민에겐 선택의 여지가 없었다"는 문구가 포함되어 있었습니다. 당시 나치 지지자 비율이 무척 높아 병합을 열렬히 환영했던 것으로 유명한 도시가 할 소리는 분명 아니었지요. 그 설명문은 뜬금없이 투표 참여의 중요성을 강조하는 내용으로 마무리됩니다. 투표 참여율이 저조해서 병합 찬성이라는 결과가 나온 것도 아닌데 말이죠.

오스트리아의 이런 변명들은 나치독일의 침공 후 수개월을 저항하다 결국 런던에 망명정부를 세우고 레지스탕스 활동 지휘에 나섰던 체코슬로바키아나, 독일문화를 일부 공유함에도 나라를 거저 내주지는 않겠다는 각오로 독일의 침략에 대비했던 스위스와 비교하면 더욱 대조됩니다. 1940년 중립정책을 고수하며 자국 상공을 나는 비행기를 전부 착륙시키던 스위스의 방침에 분노한 괴링은 "스위스를 집어삼켜야 한다"(Die Schweiz muss noch geschluckt werden)는 원색적인 표현으로 침공의지를 드러냈고, 스위스는 이길 수 없다는 걸 알면서도 결사적으로 싸울 채비를 했습니다. 동진이 더 시급했던 히틀러가 굳이 스위스에 힘을 뺄 필요가 없다고 판단함으로써 스위스는 침공을 면할 수 있었지요. 오스트리아가 정말로 저항 의지가 있었다면 스위스처럼 싸울 기세로 독일을 긴장시키거나 병합 후에도 체코슬로바키아처럼 국내외에서 조직적인 저항운동을 시도해볼 수 있었을 겁니다. 그러나 그와 같은 활동은 미미한 수준이었습니다.

국민 대다수가 독일의 병합을 순순히 받아들이면서 오스트리아는 전쟁에서 가해자로 변신했고, 실제로 2차 세계대전 중에 유대인 핍박과 학살에 보인 적극성은 독일인들도 놀랄 정도였습니다. 그럼에도 그 책임을 묻고 국민적 성찰을 요구하는 과정이 흐지부지된 데는 오스트리아를 나치독일의 점령으로부터 구해준 해방군으로 자처한 연합군의 탓도 큽니다. 해방된다는 것은 핍박 받는 피해자·희생자의 지위가 전제되기 때문에 심리적으로 가해 책임에서 벗어날 수 있는 것이죠. 연합국은 전쟁 중에 이미 독일과 오스트리아를 분리 취급하고 오스트리아를 독일의 희생자로 지칭함으로써 독일에 대한 오스트리아의 충성심을 약화시키는 전략을 취했고, 전후에는 냉전 구도 속에서 지정학적으로 중요한 위치에 있는 독립 오스트리아를 경제적으로 번영시키는 일에 집중합니다. 이 과정에서 과거사 청산은 뒷전으로 밀려나게 되지요. (어디서 많이 본 패턴이죠?) 허나

4

— 4 —
그라츠에서 본 어느 표지판. "1938년 우리 국민에겐 선택의 여지가 없었다"는 문구가 담겨 있습니다.

청산되지 않은 과거는 언젠가 곪아 터지는 법. 바로 그렇게 곪아 터진 스캔들이 그로부터 약 40년 후에 벌어지는 쿠르트 발트하임 사건입니다.

발트하임 사건

1972~81년 유엔 사무총장을 지낸 쿠르트 발트하임(Kurt Waldheim, 1918~2007)은 1986년 보수당인 오스트리아국민당(ÖVP) 후보로 대통령 선거에 출마합니다. 사건의 발단은 그가 출마에 앞서 펴낸 자서전에서 독일국방군 정보장교를 지낸 1942~44년 사이의 활동이 누락된 것을 시사주간지『프로필』소속 기자가 탐사보도한 데서 비롯됩니다. 발트하임이 독일군에 복무한 경력은 알려진 사실이었지만 1942년 동부전선에서 입은 부상으로 군생활을 접었다는 것이 본인의 주장이었습니다. 그러나 새로 드러난 증거와 증언에 의해 발트하임이 실은 1942~44년에 발칸반도에서 유고슬라비아 빨치산과 그 가족 및 민간인 6만 명을 학살한 악명 높은 부대에서 정보장교로, 그리고 그리스 유대인 4만 명을 아우슈비츠와 트레블링카 수용소로 강제 이송하는 임무를 수행했던 부대에서도 참모로 근무했던 사실이 밝혀졌습니다. 세계유대인총회는 곧 발트하임을 전쟁범죄자로 규정했고 세계 언론이 오스트리아의 과거사를 새삼 이슈화하기 시작했습니다.

사실을 부정할 수 없는 상황에 몰리자 발트하임은 자성의 모습을 보이는 대신 "복무한 건 맞지만 그런 학살이 있었는지는 전혀 몰랐다"고 발뺌하면서, "당시 다른 오스트리아인들이 전부 그랬듯 나는 내 의무를 다했을 뿐"이라는 유명한 변명으로 자신의 행위를 정당화했습니다. 특히 후자의 발언은 자기처럼 나치독일에 동조한 한 세대 전체를 물귀신처럼 끌어들이는 의미심장한 발언이기도 했지요. 느닷없이 아픈 데를 찔린 오스트리아 국민 역시 진실을 외면하는 편한 길을 택했습니다. 발트하임이 말한 "의무"가 누구에 대한 어떤 의무였는지 짚어보며 역사를 돌아보는 대신, 경박한 애국심과 자기방어 심리에 젖어 오히려 발트하임을 대통령으로 뽑아주고 외세의 내정간섭에 반발심을 표출했습니다. 이스라엘 정부는 그의 대통령 당선에 항의해 자국 대사를 소환했고, 오스트리아 사회 전반에는 반유대주의가 다시 퍼지고 우경화 현상이 두드러졌습니다. 80년대 말부터 2008년 사망하기까지 나치즘에 동정적인 언사와 외국인혐오, 반유대주의로 큰 논란을 몰고 다녔던 오스트리아의 극우 정치인 외르크 하이더(Jörg Haider, 1950~2008)가 본격적으로 득세할 수 있었던 토양도 바로 이때 마련되었다고 볼 수 있습니다.

　　　발트하임의 요청에 의해 각국의 역사학자들로 구성된 진상조사위원회는 1988년 2월 발트하임이 학살이나 강제추방 같은 전쟁범죄에 직접 관여한 증거는 없지만 그런 사실을 알고 있었던 것은 확실하며, 범죄를 막기 위한 어떤 행동도 취하지 않았다고 결론지었습니다. 위원회의 결론은 전쟁범죄를 이행한 부대에 자진 복무한 일원이었다는 사실만으로도 최소한의 도덕적 책임이 없지 않다는 의미를 담고 있었지만, 발트하임

5

은 이로써 자신은 전쟁범죄 혐의에서 벗어났다고 강조하면서 변명으로 일관했습니다. 미국은 1987년 봄부터 발트하임을 전쟁범죄 용의자로 지목해 입국 금지조치를 취했고, 다른 서방국가로부터도 차가운 대접을 받아 결국 대통령 임기 6년 동안 그가 방문할 수 있었던 나라는 바티칸, 키프로스, 그리고 아랍 몇 개국뿐이었습니다. 그는 1992년 재출마를 포기하고 은퇴하여 2007년에 사망했습니다.

　　발트하임 사건은 나치즘의 잔상인 전후 극우파가 본격적으로 움직이게 된 계기였던 동시에, (독일보다는 다소 뒤늦지만) 생각 있는 전후 세대들이 나치즘에 동조했던 부모와 조부모 세대에 의문을 제기하고 국가적 반성과 성찰을 요구하게 되는 전환점이기도 했습니다. 이 의외의 국제적 스캔들이 갑자기 전 국민을 40년간의 긴 망각에서 깨워 과거와 직면하게 만든 것입니다.

반역자 베른하르트

발트하임 사건의 여파가 한창이던 때, 너무나도 시기적절한 작품을 무대에 올려 엄청난 소란을 일으킨 사내가 있었습니다. 1988년 11월 4일, 오스트리아의 소설가 겸 극작가 토마스 베른하르트(Thomas Bernhard, 1931~89)의 신작 희곡 『헬덴플라츠』가 독어권에서 가장 중요하고 역사 깊은 극장 가운데 한 곳인 빈의 부르크테아터(Burgtheater)에서 초연됐습니다. 당시 부르크테아터의 감독을 맡고 있던 독일 연출가 클라우스 파이만(Claus Peymann)은 베른하르트의 작품세계를 높이 샀고 개인적으로도 그와 절친해 『헬덴플라츠』의 탄생에 결정적으로 기여했지요.

　　연극 『헬덴플라츠』는 빈 출신의 유대인 슈스터 교수가 헬덴플라

츠에 면한 자기 아파트에서 투신자살하는 것으로 시작됩니다. 자살사건
은 하필이면 히틀러의 헬덴플라츠 연설이 있은 지 정확히 50주년이 되는
1988년 3월에 일어납니다. 관객은 교수의 유가족과 친지들이 나누는 대
화를 통해 전후 영국에서 돌아온 슈스터 교수와 그 가족들이 오스트리아
의 과거사와 빈에 남아 있는 나치즘과 반유대주의의 망령에 얼마나 시달
려왔는지 알게 됩니다. 이들의 눈에는 오늘날의 빈이 50년 전의 빈에 비해
나아진 바가 별로 없습니다. 다음은 슈스터 교수의 딸 안나의 대사입니다.

하지만 빈은 매일같이
점점 더 커다란 악몽이 되어가고 있어
나는 여기서 더는 못 살겠어
불안에 젖어 잠에서 깨
요즘 분위기는 38년도 같아
38년보다
지금 빈에 나치가 더 많아
두고 봐
끝이 좋지 않을 거야
통찰력 없이도 알 수 있지
40년 이상 굳게 닫혔던
온갖 틈새로
이제 다시 저들이
기어 나오고 있다는 걸 […]

첫 공연이 끝나자 우레와 같은 박수와 야유의 함성이 동시에 터져 나옵니다. 공연장 뒤편에서는 극우파들이 국기를 펄럭여가며 소란을 피웁니다. 개중에 차마 야유는 못하고 떨떠름한 표정으로 서 있는 나이 지긋한 관객들은 혹시 헬덴플라츠에서 히틀러를 환호하던 바로 그 청중 속 한 사람이었을까요? 무대로 나와 연출가, 연기자들과 함께 관객에게 인사하며 객석을 바라보는 베른하르트의 입가에 알쏭달쏭한 미소가 맺힙니다.

"다시 기어 나온 저들"은 자신들의 정체를 까발리는 베른하르트를 비판하고 위협하고 모욕하기에 바빴습니다. 베른하르트는 길에서 할머니에게 우산으로 얻어맞고, 파이만도 극우 분자에게 침 세례를 받았지요. 베른하르트 때리기에 열중한 것은 보통사람들만이 아니었습니다. 보수 국민당과 극우 자유당 소속 정치인들은 창작과 표현의 자유 따위는 상관없다는 듯 입을 모아 상연금지를 외쳤고, 사민당 소속인 헬무트 칠크 빈 시장, 브루노 크라이스키 전 총리마저도 베른하르트를 비난했습니다. 심지어는 작품의 영감이 되어준 스캔들의 주인공 발트하임 대통령까지 직접 나서서, "오스트리아 국민에 대한 치졸한 모욕"이라는 말로 불편한 심기를 공공연히 드러냈습니다. 일개 작가가 감히 조국과 민족을 모욕했다는 거

6

죠. 이에 베른하르트는 이렇게 응수했습니다. "그래, 내 작품이 고약한 것 맞다. 하지만 지금 돌아가는 꼬락서니도 그에 못지않다."

베른하르트는 아마도 일이 이렇게 되리라는 것을 정확히 예견하고 있었는지 모릅니다. 갑남을녀에서 국가 최고지도자에 이르기까지 빈 사회 전체가 그의 독설을 예술적 표현으로 받아주지 못하고 상연금지 운운해가며 폭발해버림으로써, 작가의 묘사가 과장이 아니라 적확하고 예리하게 현실을 드러냈다는 것을 반증한 것이지요. 사회 전체가 일개 연극에 그토록 격렬한 반응을 보였다는 것은 무언가 정곡을 찌르는 것이 있었다는 얘기일 겁니다. 베른하르트는 바로 그 점을 날카롭게 꿰뚫어보고 자기가 말하고자 하는 것을 증명해보였습니다.

오늘날 오스트리아 현대문학을 대표하는 작가이자 20세기 독어권 작가 중 가장 중요한 한 명으로 꼽히는 토마스 베른하르트는 1931년 네덜란드 헤를렌에서 혼외자녀로 태어났습니다. 그는 작가였던 외조부의 영향으로 음악과 문학을 접하고 잘츠부르크 모차르테움 대학에서 연기와 음악을 공부했지만 만성적인 폐질환 때문에 오페라 가수의 꿈을 접고 작가의 길을 택했습니다. 이런 음악적 배경은 그의 소설과 희곡에도 반영되어 마치 오페라 작품을 작사·작곡하듯 작품 전반에서 반복과 변주의 기법을 활용하고 있지요. 한 작품이 통째로 한 문단인 그의 장광설에 일정한 리듬과 질감을 부여하는 이 반복과 변주는 그의 작품들 전체에 확대되어, 등장인물과 줄거리가 완전히 다른데도 왠지 같은 작품을 읽는 것 같은 묘한 느낌을 불러일으키기도 합니다. 죽음, 질병, 천재성, 예술론, 가족 간의 갈등, 인간과 세상에 대한 혐오 같은 작가 자신의 개인사에서 도출되는 요소들이 작품에 공통적으로 반영되어 있기 때문일 것입니다.

베른하르트의 작품들을 관통하는 또 하나의 요소는 오스트리아 사회를 겨냥한 신랄한 비판입니다. 특히 1980년대로 들어서면서 그의 도발은 점점 심해지고 직설적이 되는데, 그 정점에 놓이게 되는 대표적인 작품이 소설『소멸』(1986)과 희곡『헬덴플라츠』라 할 수 있습니다. 달리 말하면『헬덴플라츠』는 새삼스럽게 시류에 편승한 작품이 아니라, 그의 30년 작품인생이 마치 예언이라도 하듯 1980년대 후반에 오스트리아 사회에서 벌어지는 상황을 표지판처럼 가리키고 있었다는 거지요.『헬덴플라츠』 상연 후 이듬해 2월에 타계하여 그린칭 묘지에 묻힌 베른하르트는 오스트리아 국내에서 자기 작품의 상연과 출간되지 않은 작품의 출간을 금한다는, 그야말로 그다운 유언을 남겼습니다. 사람들을 불편하게 만드는 것을 예술가의 임무로 여겼던 그는 죽어서까지 그 임무를 충실히 이행했던 것입니다. 이 유언은 후에 그의 동생이 설립한 토마스 베른하르트 재단에 의해 부분적으로 취소되어 1999년부터는 오스트리아 땅에서 다시 베른하르트의 작품이 상연되는 모습을 볼 수 있게 됐습니다.

이제 빈에서 베른하르트의 '기운'을 느껴볼 수 있는 곳은 부르크 테아터, 그린칭 묘지와 함께 카페 브로이너호프 정도가 아닐까 합니다. 심

— 7, 8 —
그린칭 묘지에 있는 토마스
베른하르트의 무덤

7   8

한 폐질환 때문에 공기 좋은 시골로 이사했지만 몇 주를 못 버티고 빈으로 달려와 지적·예술적 자극을 얻어가던 도시숭배자 베른하르트는 국내외 여러 신문을 하루도 빠짐없이 독파하던 신문광이기도 했습니다. 빈에 머무를 때면 매일 카페 브로이너호프에 들러 자신이 경멸해 마지않던 빈의 소시민들 틈에 섞여 온갖 신문을 꼼꼼히 살펴보며 자기 작품에 대한 영감을 얻었습니다. 지금도 전 세계의 베른하르트 팬들은 일반 여행객들은 잘 가지 않는 이 수수한 카페를 순례지 삼아 찾아와 오스트리아가 낳은 천재적인 풍운아를 기리고 갑니다.

아, 하마터면 미술사박물관을 잊을 뻔했군요. 이틀에 한 번씩 미술사박물관을 찾아가 보르도네 방(이 방은 실존하지 않는 방입니다)에 걸린 틴토레토의 '하얀 수염의 남자' 앞에 앉아 사색에 잠기는 음악평론가 레거 씨에 관한 이야기 『옛 거장들』(1985)이 있지요. 2010년 3월 어느 쌀쌀하던 일요일 오후 저는 미술사박물관 티치아노 전시실에서 스위스의 명 연기자 브루노 간츠(Bruno Ganz)를 보았습니다. 마치 레거 씨처럼 전시실 한 가운데 마련된 의자에 홀로 걸터앉아 있더군요. 브루노 간츠는 토마스 베른하르트가 무척이나 아끼던 배우여서 이미 1972년 잘츠부르크 예술제에서 베른하르트

9

—9—
빈 1구 블루트가세
3번지에 있는 토마스
베른하르트 재단

246

원작의 『무지한 자와 미치광이』(Der Ignorant und der Wahnsinnige) 에서 '미치광이' 역할을 맡아 열연한 바 있습니다. 한편 1974년에는 베른하르트가 아예 간츠를 주인공으로 염두에 두고 쓴 희곡 『사냥모임』(Die Jagdgesellschaft)을 부르크테아터에 올리는 과정에서 부르크테아터 소속 연기자들의 격렬한 질시와 반대로 간츠가 배역을 못 맡게 되는 일도 있었어요. 그 일로 베른하르트가 두고두고 속상해 했고요. 베른하르트가 세상을 떠난 후 브루노 간츠는 베른하르트를 소재로 한 다큐영화의 내레이션을 맡기도 하고 종종 오스트리아에 찾아와 그의 작품을 낭독하는 등 관련 행사에 꾸준히 참여해왔습니다. 아마도 작가가 자신에게 보여준 애정에 대한 답례이리라 짐작됩니다. 이 명배우가 그날 빈의 수많은 미술관 중에 하필 미술사박물관을 택해 홀로 시간을 때우고 있었던 것도 혹시 토마스 베른하르트라는 거장을 기리는 그만의 기억의 의식(儀式)은 아니었는지 문득 궁금해집니다.

10

— 10 —
토마스 베른하르트의
단골 카페
브로이너호프

— 헬덴플라츠 Heldenplatz (1988) —
한국어판 『영웅광장』(목원대학교출판부, 2003)

나치독일이 오스트리아를 병합한지 50주년이 되는 1988년에 무대에 올려진 이
희곡 작품은, 유대인 요제프 슈스터 교수가 헬덴플라츠에 면한 자기 집 창문에서
투신자살한 직후부터 이야기가 전개되는 3막극입니다. 그의 죽음을 놓고
대화를 나누는 가족과 피고용인들을 통해, 관객은 슈스터 교수가 나치점령기에
영국으로 피신했다가 전쟁이 끝난 후 돌아왔으나 고향 빈에 여전히 만연해
있는 반유대주의에 좌절한 끝에 자결한 것임을 알게 됩니다. 장례식 후 고인의
동생 로베르트는 가족과 친지 앞에서 빈의 고질적인 반유대주의와 부정부패를
통렬하게 비판하고, 슈스터 교수의 미망인은 창문 밖 헬덴플라츠에서 다시 한 번
50년 전 그날의 "지크 하일!" 함성이 울려 퍼지는 환청을 들으며 실신합니다.

— 소멸 Auslöschung (1986) —
한국어판 『소멸』(현암사, 2008)

1인칭 회고록의 형식으로 쓰인 이 소설의 주인공은 로마에서 독문학을 가르치며
사는 오스트리아 지주 집안의 아들 프란츠 요제프 무라우입니다. 이야기는
무라우가 부모와 형의 부음을 알리는 전보를 받고 과거를 회상하는 것으로
시작됩니다. 그가 보수적이고 속물인 부모와 어떤 갈등을 겪었고 왜 고향
볼프스에크를 떠나게 되었는지가 이 회고 속에 상세히 묘사됩니다. 장례식을
위해 고향에 돌아온 그를 기다리는 건 단독상속인이 된 자신의 눈치를 살피는 두

여동생과 매제. 가족과 고향의 무지와 위선, 나치스에 동조했던 과거를 신랄하고 집요하게 비판하는 무라우는 전쟁 중에 부모가 도왔던 옛 나치 장교들의 조문에 분개한 끝에, 물려받은 전 재산을 빈의 유대인 공동체에 희사하고 로마로 돌아와 회고록『소멸』을 쓴 뒤 생을 마감합니다.

— 옛 거장들 Alte Meister (1985) —
한국어판『옛 거장들』(현암사, 1997)

영국 일간지『더 타임스』에 기고하는 82세의 음악평론가 레거는, 이틀에 한 번씩 빈의 미술역사박물관을 방문해 보르도네 방에 걸린 틴토레토의 '하얀 수염의 남자' 앞 벤치에 앉았다가 가기를 벌써 30년 넘게 지속해왔습니다. 레거와 보르도네 방에서 만나기로 한 아츠바허는 먼저 와 있는 레거를 관찰하며 상념에 잠기고, 그의 회고 속에서 우리는 레거라는 인물의 개인사와 함께, 오스트리아 사회와 가톨릭교회와 관변예술가들에 대한 레거의 깊은 혐오를 알게 됩니다. 후반부에서 이야기의 초점은 레거의 아내의 죽음에 맞춰지고, 이 보르도네 방에서 처음 만나 결혼해 미술관에 늘 동행했던 아내가 바로 미술관에 오던 길에 넘어져 사망했다는 사실이 드러납니다. 아내와의 사별 후 집에서 은둔생활을 하던 레거가 깨달은 것은, 아무리 옛 거장들이 대단하다 하더라도 살아 숨 쉬는 동반자를 대신할 수는 없다는 사실이었지요.

— 몰락하는 자 Der Untergeher (1983) —
한국어판『몰락하는 자』(문학동네, 2011)

28년 전 잘츠부르크 모차르테움 음대 학생이던 '나'와 베르트하이머는 천재 피아니스트 글렌 굴드를 만나 그가 연주하는 골드베르크 변주곡을 들은 후 자신들은 결코 굴드의 수준에 다다를 수 없음을 깨닫고 절망해 음악공부를 접습니다. '나'는 아끼던 스타인웨이를, 베르트하이머는 뵈젠도르퍼 그랜드피아노를 처분해버리지요. 오스트리아를 등지고 스페인 마드리드에서 지내며 굴드에 관한 글을 쓰던 '나'는 잠시 귀국했다가 베르트하이머가 죽었다는 전보를 받습니다. 연주자의 길을 포기한 이후 내내 괴팍하게 살아온 그가 글렌 굴드의 사망 소식을 듣고 자살 충동에 시달리다, 자신이 그토록 학대했으면서도 의지했던 여동생이 결혼해 스위스로 가버리자 상실감과 절망을 견디지 못하고 여동생 집 근처 나무에 목을 맨 것입니다. 그가 자살 직전에 머물렀던 방의 전축에는 굴드의 골드베르크 변주곡이 걸려있었습니다.

— 비트겐슈타인의 조카 Wittgensteins Neffe (1982) —
한국어판 『비트겐슈타인의 조카』(현암사, 1997)

철학자 루트비히 비트겐슈타인의 조카 파울 비트겐슈타인과 토마스 베른하르트의 독특한 만남과 12년(1967~79)간의 우정을 그린, 픽션과 논픽션의 경계가 모호한 자전적 소설입니다. 우연한 기회에 음악을 토론하는 자리에서 만난 두 사람은 예술 전반에 대한 공통의 관심과 열정으로 급속히 가까워집니다. 지은이는 파울의 뛰어난 지성과 예민한 감성, 엄청난 재산을 자선행위로 탕진하고 정작 자신은 돈이 없어 쩔쩔매는 엉뚱함, 그리고 무엇보다 음악, 자동차 경주 등 자기 관심사에 쏟아 붓는 집착과 광기에 깊이 매료되지만, 궁극적으로 이 통제 안 되는 광기는 결국 파울을 집어삼키고 맙니다. 파울의 정신병과 지은이의 폐병은 두 인물을 결속시키는 또 다른 요소였지요. 결국 파울은 병원에서 홀로 숨을 거두고, 지은이는 파울의 숨통을 조였던 그의 가족과 오스트리아 사회를 맹렬히 비판합니다.

리스트가 사랑한 피아노

BÖSENDORFER
뵈젠도르퍼

– 위치 –
BÖSENDORFERSTRASSE 12, 1010 WIEN
– 웹사이트 –
WWW.BOESENDORFER.COM

고전음악을 간간히 듣기는 해도 그다지 박식한 편은 못 되는
제가 뵈젠도르퍼라는 피아노 이름을 처음으로 인지하게 된
계기는 오스트리아 작가 토마스 베른하르트의 『몰락하는
자』를 읽으면서였습니다. 천재 피아니스트 글렌 굴드와 만난 뒤
피아니스트의 길을 포기하고 서서히 파멸해가는 베르트하이머라는
소설 속 인물이, 아끼던 자신의 뵈젠도르퍼 피아노를 빈의 유명한
경매소 도로테움에서 경매에 붙여 팔아버리는 얘기가 나오기
때문입니다. 도로테움에서 경매하다니 굉장한 피아노인가보다,
하는 생각을 잠깐 했더랬지요. 그러던 어느 날 빈의 전통 깊은
공연장 무지크페어라인(Musikverein)을 지나다가 뵈젠도르퍼라는
간판을 보았습니다. 소설 속의 그 뵈젠도르퍼였습니다!
오스트리아의 유서 깊은 피아노 제조업체 뵈젠도르퍼가
무지크페어라인 건물 내에 전시장을 마련한 것은 1913년의 일.

— 1 —
무지크페어라인 뒤편에
위치한 매장 입구

— 2 —
카를스플라츠(카를광장)
쪽에서 바라본
무지크페어라인 건물

1   2

251

그로부터 벌써 100년이 지났습니다. 그사이 무지크페어라인 건물 뒷길(더 정확히 말하면 공연장 정문을 바라봤을 때 왼쪽으로 난 길)은 이 피아노 제조업체의 명칭을 따 '뵈젠도르퍼슈트라세'라는 이름을 얻었습니다. 이 특별한 피아노를 탄생시킨 장본인은 목수의 아들이었던 악기 장인 이그나츠 뵈젠도르퍼(Ignaz Bösendorfer)로, 그가 뵈젠도르퍼 회사를 창업한 해는 바로 프란츠 슈베르트가 빈에서 숨을 거두고 베토벤 곁에 묻힌 1828년이었습니다.

뵈젠도르퍼를 애용했던 첫 유명 고객은 다름 아닌 프란츠 리스트였습니다. 젊고 혈기왕성했던 리스트는 피아노를 지나치게 세게 치는 버릇이 있어서 그의 손이 닿는 피아노마다 배겨 내질 못했는데, 뵈젠도르퍼 피아노가 그의 거친 난타를 문제없이 견뎌냈던 것입니다. 이후 뵈젠도르퍼의 명성은 높아졌고, 1839년에는 피아노 제조업체로서는 최초로 공식 황실납품업체로 지정됐습니다. 1859년 사업체와 함께 악기제조의 비법을 전수받은 창업자의 아들 루트비히 뵈젠도르퍼는 음악과 사업 양면으로 뛰어난 감각을 발휘해 뵈젠도르퍼의 품질과 명성을 한층 더 끌어올리고 리스트 등의 음악가들과 돈독한 관계를 유지했습니다. 후사가 없었던 루트비히의 사후에 뵈젠도르퍼는 다른 기업에 인수되어 운영되다가 2007년에 일본 야마하의 소유가 되었습니다. 그럼에도 빈 외곽의 소도시 비너 노이슈타트(Wiener Neustadt)의 공방에서 일부 과정을 제외한 거의 전

— 3 —
매장 전경
— 4 —
이그나츠 뵈젠도르퍼
— 5 —
요한 슈트라우스 모델

3   4   5

생산과정을 수작업으로 진행하는 뵈젠도르퍼 피아노의 독특한
전통적 제조 방식은 지금도 그대로 유지되고 있으며, 야마하의 전
세계 판매네트워크를 활용해 고객에게 이전보다 한층 가까이 다가갈
수 있게 되었다는 것이 매니저 마르티나 모타멘 씨의 설명입니다.
알프스 해발 1,000미터 이상 고지대 음지에서 서서히 자란
가문비나무 목재를 따로 5년간 자연 건조시켜 피아노 몸체에
뒤틀림이 없도록 한다는 뵈젠도르퍼는, 피아노줄을 매는 방식도
다른 피아노와는 달리 옆줄과 연속으로 이어지게 하는 대신 한
줄씩 각각 따로 핀으로 고정시켜 한 줄이 끊겨져도 다른 키에
영향이 없도록 하는 독특한 구조를 갖고 있습니다. 뵈젠도르퍼는
청명한 금속성 소리를 내는 스타인웨이에 비해 깊고 따스한 소리를
낸다고 하는데, 모타멘 씨는 이를 "사람 목소리에 가까운 소리"라고
표현합니다. 한 대에 최저 1억 원이 넘는 뵈젠도르퍼 그랜드피아노를
갖기 위해 평생을 저축하는 사람들도 있어서, 실제로 호주의
한 고객은 오랜 세월 모은 저금을 들고 빈에 왔습니다. 이 여성을
위해 비너 노이슈타트 공방에서는 특별히 세 대의 피아노를
준비해 시험해볼 것을 권했고, 이를 쳐보던 고객은 두 번째
피아노에서 결국 감격의 눈물을 흘렸습니다. 자기가 원하던
피아노를 찾아낸 것입니다. 그때 그 현장에 있었다며 이 일화를
들려주던 모타멘 씨의 목소리가 살짝 떨렸습니다.

— 6 —
모델 290
— 7 —
사진 중앙의 피아노는
1913년부터 내내
이곳 쇼룸에 있었던
100년된 안티크 피아노
— 8 —
1933년 6월 7일 빈
뮤직페어라인에서
열린 부다페스터
콘서트오케스트라의
연주 팸플릿. 지휘자
오토 클렘페러가 지휘하고
작곡가 벨러 버르토크가
직접 피아노를 연주한
이 콘서트에서 뵈젠도르퍼
피아노가 사용되었다고
팸플릿 맨 아랫줄에
적혀 있습니다.

6   7   8

모델 290: 건반 88개인 일반 피아노보다 9개가 더 많은 97건반 모델 290.
이미 92건반 피아노(모델 225)를 생산해온 뵈젠도르퍼는 이후 추가된 5개의 건반을
사진6에서와 같이 검정색으로 표시하고 있습니다. 모타멘 씨가 이 다섯 개의 건반을
누르니 가슴 깊은 곳을 울리는 육중한 저음이 울려 퍼집니다.

모델 280: 이곳 쇼룸에서는 연습실을 빌릴 수도 있습니다. 사진 속 모델은 연습실에
놓여 있는 콘서트용 모델 280입니다. 모델명에 표시된 숫자는 그랜드피아노의
앞뒤 길이를 나타냅니다. 즉 모델 280은 길이 280cm, 모델 290은 길이 290cm입니다.

야마하 피아노: 피아노 현이 옆줄과 이어져 있습니다. 대부분의 피아노 브랜드가
피아노 현을 이런 식으로 연결합니다.

뵈젠도르퍼 피아노: 뵈젠도르퍼 피아노는 위의 야마하와는 달리 피아노 현을 한 줄씩
각각 따로 핀으로 고정시켜 한 줄이 끊어져도 다른 키에 영향이 없도록 되어 있습니다.

24

토마스 베른하르트의 단골집

CAFÉ BRÄUNERHOF

카페 브로이너호프

– 위치 –

STALLBURGGASSE 2, 1010 WIEN

빈 토박이 단골고객들. 아니면 소설가 토마스 베른하르트의
팬. 카페 브로이너호프에 오는 손님은 대개 이 두 부류 가운데
하나입니다. 위치로 보나 분위기로 보나 일반 관광객이 즉흥적으로
들어갈 만한 곳이 아니기 때문입니다. 밝고 예쁘게 장식한 다른
유명 카페들에 비해 칙칙하고 딱딱한 분위기인데다 웨이터들까지
무뚝뚝해서 사근사근한 서비스는 좀처럼 기대하기 어렵습니다.
불친절이 전통이었던 모양인지 생전에 이 카페의 단골손님이었던
베른하르트마저도 퉁명스런 이곳 웨이터들을 홍보할 정도였다지요.
그럼에도 그는 빈에 머물 때면 늘 이곳에 들러, 자신이 경멸해
마지않던 빈의 소시민들 틈에 섞여 국내외 온갖 신문을 세세한
부분까지 살펴보며 자기 작품에 대한 영감을 얻었습니다.
게다가 카페 브로이너호프가 입점해 있는 건물 위층에는 철학자
루트비히 비트겐슈타인의 조카 파울 비트겐슈타인이 살고

"세계적으로 유명한
전형적인 빈의 카페를
나는 늘 혐오했다.
모든 면에서 내게
적대적인 곳이기
때문이다. 그러나 바로
카페 브로이너호프는 […]
오랜 세월 내가 편안히
여긴 곳이다."
– 토마스 베른하르트의
『비트겐슈타인의
조카』(1982) 중에서.

— 1 —
카페 입구

1   2

있었지요. 실제로 친구 사이였던 베른하르트와 비트겐슈타인이
아래층 카페에서 만나 격렬히 나누던 대화 속에 소설
『비트겐슈타인의 조카』가 탄생하지 않았을까 짐작해봅니다.
베른하르트 팬이라면 절대로 그냥 지나칠 수 없는 장소입니다.

— 2, 3, 4 —
브로이너호프 내부

3   4

빈 숲 속의 이야기

빈 숲. 비엔나 숲. 독어로는 비너발트(Wienerwald). 그런 유명한 숲이 있더라는 얘기는 많이 들어보셨을 텐데 이게 정확히 어디에 어떤 모습으로 존재하는 걸까요? 궁금하니 인터넷 위성지도부터 한번 열어볼까요.

일단 빈의 동쪽은 평평하지요? 그래서 빈 국제공항이 동편에 자리 잡고 있습니다. 빈 동편의 녹지는 주로 다뉴브 강가에 집중되어 있는데, 빈 숲이 아니라 범람원 녹지대입니다. 그럼 도시 서편은 어떤가요. 넓은 녹지가 넓게 펼쳐지고 있는 모습이 보이죠? 바로 이것이 빈 사람들이 아끼고 사랑하는 빈의 '녹색 허파' 빈 숲입니다. 마치 거대한 녹색 손이 빈 시의 서쪽 경계면을 슬쩍 파고들어 도시의 왼쪽 반구를 스윽 감싸 쥐는 모습 같기도 하고, 누군가 물감통을 발로 차 넘어뜨린 듯 녹색 물감이 도시를 향

1

해 번져가는 형상이기도 합니다.

위성지도를 줌아웃해 오스트리아 전국과 주변국으로 시야를 넓혀 보면, 이 녹지대가 서쪽 방향으로 이어지면서 서서히 고도를 높여 결국 오스트리아 서부와 이탈리아 북부, 그리고 스위스를 잇는 알프스 산맥으로 연결된다는 것을 알 수 있습니다. 그러니까 빈의 서편을 감싸는 완만한 언덕과 그 언덕을 뒤덮고 있는 빈 숲은 알프스 산맥의 동쪽 끝자락이라고도 말할 수 있습니다. 그러나 '빈 숲'이라고 콕 찍어 말할 때는, 니더외스터라이히 주를 구성하는 4개 구역(우리로 치면 '군') 중에서 빈 숲의 북쪽 경계선인 다뉴브 강 남쪽에 위치한 두 구역 모스트피어텔과 인더스트리피어텔의 일부, 그리고 빈 시의 일부를 아우르는 동서 길이 약 45킬로미터, 남북 길이 20~30킬로미터, 면적 약 1,350제곱킬로미터의 녹지대를 지칭합니다. 서울시 면적의 약 두 배에 해당하는 넓이지요. 참고로 말씀드리면 현지인들은

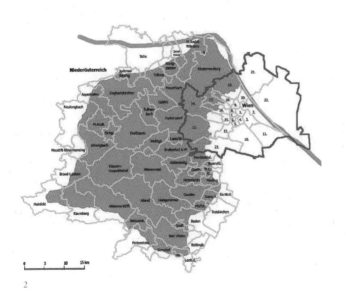

2

— 1 —
빈 숲 속의
전형적인 풍경

— 2 —
빈 숲의 범위.
오른 쪽에 표시된
붉은 선이 빈의 경계이니
빈 숲이 얼마나 큰 지
짐작할 수 있습니다.

언덕진 서쪽의 모스트피어텔을 '빈 숲 상부 지대'(Viertel ober dem Wienerwald), 해발고도가 점차 낮아지면서 빈 숲이 끝나는 동쪽 인더스트리피어텔을 '빈 숲 하부 지대'(Viertel unter dem Wienerwald)라는 별칭으로도 부릅니다.

빈에서 기차나 자동차를 타고 잘츠부르크 쪽으로 이동하는 경우 출발 후 30여 분, 반대로 서부에서 빈으로 진입하는 경우는 도착을 남겨 놓고 약 30여 분간 빈 숲을 관통하게 되는데, 이때 이용하게 되는 철도와 고속도로(A1)는 실제로 빈 숲을 뚫어가며 건설한 것입니다. 19세기에 도로와 철로를 건설하고 공업지대와 주택지를 개발하는 과정에서 벌목이 이루어지고 면적이 줄긴 했지만, 20세기 후반 빈 숲을 보존하자는 사회적 합의가 이루어짐에 따라 그린벨트로 지정되어 법의 보호를 받고 있습니다. 2005년에는 유네스코 생물권보전지역으로도 지정되어 식물 2,000여 종, 조류 150여 종, 그 외 멸종위기에 처한 각종 동식물이 평화롭게 번창하고 있습니다. 바꿔 말하면 빈 시는 유네스코 생물권보전지역을 옆구리에 끼고 있는 운 좋은 대도시라고 할 수 있습니다.

빈 숲이 발산한 예술적 영감

한여름의 뜨거움을 식혀주는 청량한 녹음. 노란 잎을 매단 나무줄기의 고동색이 진해지는 가을풍광. 굽이굽이 이어지는 둥글한 언덕. 오래된 성곽과 교회와 망루에 서린 우수. 곳곳에 펼쳐지는 포도밭과 호이리거.

빈 숲의 이런 모습들은 많은 예술가들에게 영감의 원천이었습니다. 특히 베토벤이 빈 숲을 좋아했다는 일화는 유명해서, 한국 여행객 중에서도 일부러 하일리겐슈타트에 들러 베토벤이 동생들에게 유서를 썼다는 집과 그가 다니던 산책길을 걸어보는 분들이 많이 생겼습니다. 고독남 베토벤이 빈 숲을 주로 홀로 거닐었다면, 사교적이었던 슈베르트는 늘 친구들과 함께 빈 숲에서 어울려 놀곤 했는데, 베토벤의 '전원교향곡'이나 슈베르트의 가곡 '송어' '보리수' 가곡집 '아름다운 물레방앗간 처녀' 같은 작품들은 두 거장이 빈 숲을 오가며 얻은 시각적·청각적 체험을 생생히 반영하고 있습니다. 이들의 선배음악가 모차르트의 경우는 숲보다 도심을 선호했던 모양이지만, 「마술피리」에서 파파게노가 새들과 함께 등장하는 장면이나 타미노 왕자가 마술피리를 부는 숲 속 장면이 빈 숲과 무관하지 않다는 얘기도 들립니다.

한편, 요한 슈트라우스 2세가 1868년에 작곡한 경쾌한 왈츠곡 '빈 숲 속의 이야기'는 '푸른 다뉴브 강'에 못지않게 우리 귀에 익숙한 곡이지요. 이 곡은 뒷부분에 중부유럽의 민속 현악기 치터 독주가 들어가는 것이 특징인데, 호이리거에서 연주되던 그 민속악기입니다.

요한 슈트라우스의 '빈 숲 속의 이야기'가 전원생활에 대한 전형화된 향수를 자극한다면, 외된 폰 호르바트(Ödön von Horváth, 1901~38)가 1931년에 발표한 동명의 희곡 작품은 슈트라우스의 왈츠를 배경에 깔고서 왈츠와 빈 숲이 상징하는 소시민적 삶의 이면을 그리고 있습니다. 약혼자를 배신하고 다른 남자의 아이를 임신하는 여인, 자기 아이와 그 아이를 낳은 여인에 무심한 건달, 매춘부이길 거부하는 여인에게 도둑 누명을 씌우는 돈 많은 나리, 자기 증손자를 추운 바깥에 내놓아 죽음에 이르게 하고는 태연히 치터를 연주하는 노인 등을 통해 세상사의 추악함과 인간 본성의 어두움을 적나라하게 그려내고 있습니다. 에리히 케스트너가 "빈 민중극과 정면충돌하는 빈 민중극"이라 평한 이 작품은 주로 현실도피적 해피엔딩으로 끝나는 빈의 전통 민중극을 패러디한 것으로, 작품에 담긴 사회비판을 도발과 모욕으로 받아들인 우파와 나치들의 격렬한 공격을 받았습니다.

이처럼 빈 숲은 작곡가뿐 아니라 문인들에게도 창조적 에너지의 원천이었습니다. 카프카를 비롯해 빈 숲에 매료된 문인들이 많았지만 그 중에서도 빈 숲에서 살다 빈 숲에 뼈를 묻은 영국 시인 W. H. 오든(1907~73) 은 특별한 경우였습니다. 여러분 중에서도 영화 「네 번의 결혼식과 한 번 의 장례식」(1994)에 나오는 장례식 장면 가운데 이승에 홀로 남겨진 연인이 망자를 그리워하며 낭송하는 W. H. 오든의 시 '장례식 블루스'(Funeral Blues) 를 기억하시는 분이 있을 겁니다.

"[…] 그는 나의 동, 서, 남, 북이었고/나의 주중이고 나의 일요일 휴식이었으며/나의 정오, 나의 자정, 나의 이야기, 나의 노래였다 […]"

토마스 만의 딸 에리카 만과 결혼해 나치독일로부터 피신을 돕기 도 하고 (동성애자였던 오든은 에리카 만과 친구사이였습니다) 스페인 전쟁 참전, 중일 전 쟁 취재 등 활발한 활동을 벌였던 오든은 미국으로 귀화했다가, 스트라빈 스키의 오페라 「난봉꾼의 행각」의 대본을 함께 쓴 동료시인이자 인생의 반려자 체스터 칼먼과 함께 1958년 빈 숲 속의 작은 마을 키르히슈테텐 (Kirchstetten)에 정착합니다. 오페라 극장과 와인농장이 가까운 곳을 찾고 있 던 오든에겐 더할 나위 없이 이상적인 장소였지요. 그 후 15년간 빈 숲을 고향 삼아 살아가던 오든은 1973년 어느 가을날 빈 시내에서 시 낭송회 를 마친 뒤 심장마비로 숨을 거두었습니다. 그는 지금도 키르헨슈테텐 공 동묘지에 고이 잠들어 있습니다.

빈 숲 체험하기

백문이 불여일견이니 이제 빈 숲을 한번 봐야겠지요? 말씀드렸듯이 빈 숲은 빈 시 경계 내에서도 접근할 수 있으므로 숲을 보기 위해 굳이 빈 시를 벗어날 필요는 없습니다. 빈 숲은 빈 시의 히칭(13구), 펜칭(14구), 오타크링(16구), 헤르날스(17구), 베링(18구), 되블링(19구), 리징(23구), 이렇게 총 7개구를 망라합니다.

　　일부러 짬을 내 빈 숲이 시작되는 서쪽 외곽까지 걸음 하는 여행객들도 주로 19구 되블링에 있는 하일리겐슈타트에서 베토벤 관련 볼거리를 잠시 보고 돌아오거나 그린칭 번화가에 늘어선 관광객용 호이리거에 가보는 것으로 그치는 경우가 많더군요. 빈 숲 언저리까지 가 놓고는 숲의 진면모를 못 보고 오는 것이지요. 그래서 빈 숲이 어떤 느낌인지 좀 더 체험해보고 싶은 분들을 위해 간단한 코스 몇 가지를 일러드리고자 합니다.

　　우선 숲 속을 유유히 산책할 만큼 시간이 많지 않거나 오래 걷기가 여의치 않은 분들은 지하철 U4 서편 종점 하일리겐슈타트 역에서 시작되는 이른바 '38A 버스 코스'를 고려해볼 수 있습니다. 38A 버스의 장점은 종점에서 종점까지 내리지 않고 편안히 앉아 창밖으로 빈 숲을 느껴볼 수 있다는 점입니다. 버스가 언덕을 오르면 오를수록 빈 시가지의 멋진 전망도 살짝살짝 모습을 드러냅니다. 종점인 레오폴즈베르크(Leopoldsberg)에

3　　　　4

—3—
구스타프 말러의 무덤
—4—
알마 말러의 무덤

도착하면 다시 하일리겐슈타트로 출발하는 같은 번호의 버스로 갈아타고 올라왔던 코스 그대로 내려오면 됩니다.

물론 시간이 허락한다면 38A 버스에서 잠시 내려 몇 군데 들르는 일정을 짜볼 수 있습니다. 베토벤 팬들은 십중팔구 아름부르스터가세(Armbrustergasse)에서 내려 베토벤 기념관이 있는 프로부스가세(Probusgasse)로 향하겠지요. 그러나 구스타프 말러를 좋아하는 분이라면 그린칭(잔트가세) 정류장에서 내려 말러가 잠들어 있는 그린칭 묘지에 가보고 싶으실 겁니다. 근처에는 알마 말러의 무덤도 있어요. 앞의 두 그룹보다는 아마 소수일 토마스 베른하르트의 팬들도 같은 묘지에서 비석 대신 금속 조형물과 명판이 박힌 그의 무덤에 술 한 잔 올릴 수 있습니다. 한편 빈 시내가 보이는 전망을 즐기며 요기하고 싶은 분은 코벤츨(Cobenzl) 정류장에서 내려 동명의 카페 겸 레스토랑에 들리시면 됩니다.

그러나 버스를 오르락내리락하는 것만으로 성에 차지 않고 시간을 들이더라도 빈의 녹색허파 속을 직접 걸어보는 체험을 하고 싶은 분들, 근처에 볼만한 명소가 있으면 더 좋겠다 하는 독자들도 있을 겁니다. 그런 분들을 위해서 현지인들이 널리 애용하고, 또 제가 직접 걸어본 산책 코스 두 가지를 귀띔해드립니다.

오타크링 산책 코스

지하철 U3 서쪽 방향 종점 오타크링 역에서 48A 버스를 타고 끝에서 두 번째 정류장인 오토바그너슈피탈(Otto-Wagner-Spital)까지 가면 현지인들이 슈타인호프(Steinhof)라고 부르는 오토바그너병원 정문 앞에 도착합니다. 거기서 내려 정문을 통과해 병원 부지 내로 들어섭니다. 오토 바그너의 마스터플랜에 따라 건설되어 1907년에 문을 연 이곳은 병동 60채와 각종 부속시설을 갖춘 대규모 의료센터로 정신과 질환과 폐질환, 이렇게 두 가지를 전문적으로 치료하려는 목적으로 지어졌습니다. 현재는 신경과와 요양전문 시설이 추가되어 '오토바그너 병원·요양센터'라는 정식명칭 하에 운영되고 있으나, 빈 사람들이 개원 당시부터 100년 넘게 이곳을 '슈타인호프'라고 불러온 까닭에 지금도 현지인들 사이에서는 슈타인호프로 통합니다.

토마스 베른하르트가 지은 『비트겐슈타인의 조카』의 도입부분에서 등장하는 병원이 바로 이곳 슈타인호프입니다. 화자(베른하르트)는 폐질환 전문 병동인 헤르만 병동에 입원해 있고, 친구 파울 비트겐슈타인은 정신과 병동인 루트비히 병동에 입원해 있는 상태에서 이야기가 시작되지요. "나는 헤르만 병동에 누워, 루트비히 병동에 친구가 있으니 외롭지 않다는 생각을 했다." 심한 폐병을 앓던 화자는 친구가 있는 루트비히 병동에 가보려고 몇 차례 시도하지만 매번 숨이 차서 포기하고 맙니다. 그리고 이렇게 뇌까립니다.

"파울은 정신병원에 나는 폐병원에, 그러니까 파울이 루트비히 병동에 내가 헤르만 병동에 들어가게 된 것은 너무도 당연한 결과였다. 파울이 수년간 그의 광기 가운데서 거의 죽음에 이를 만큼 허겁지겁 달렸듯이 나도 거의 수년 동안 광기에 차 거의 죽음에 이를 만큼 허겁지겁 내달렸다. 파울이 자꾸만 되풀이해 정신병원에서 끝나고 단절되어야 했듯이, 나 역시 자꾸만 되풀이해 폐병원에서 끝나고 단절되어야 했다. 파울이 자기와 그의 주변 세계에 되풀이해 반항하다 정신병원으로 실려 들어가야 했듯이 나도 나 자신과 내 주변 세계에 되풀이해 반항하다 폐병원에 실려 들어가야 했다."

자갈길을 따라 병원 뒤편 언덕을 오릅니다. 난데없는 금빛 원형지붕이 반짝 보였다가 울창한 나무 뒤편으로 사라집니다. 금빛 잔상을 좇아 계속 걸어 올라갑니다. 살짝 숨이 차려고 할 즈음, 다시 그 원형지붕이 달린 화려한 유겐트슈틸 건축물 한 채가 전모를 드러냅니다. 오토 바그너가 설계한 슈타인호프 병원 부속 교회, 키르헤 암 슈타인호프(Kirche am Steinhof)입니다. 미국 역사가 칼 쇼르스케는 명저 『세기말 비엔나』(*Fin-de-Siècle Vienna*)에서 키르헤 암 슈타인호프야말로 "에펠탑 이후 유럽 국가가 지은 가장 근대적인 기념비 건축물"이라고 말하기도 했지요.

교회 구경을 마쳤으면 왼편으로 난 산책길을 통해 시민공원 슈타인호프그륀데(Steinhofgründe)를 가로지르며 북향합니다. 원래 병원 부지였던 이곳은 오늘날 45헥타르 넓이의 시립공원으로 이용되고 있습니다. 1970년대부터 이곳을 없애고 건물을 지으려는 개발계획이 있었지만 1981년 12월 주민들이 투표를 통해 반대 의사를 표함으로써 공원으로 유지하는 쾌거를 올렸습니다. 한편 최근에는 오토바그너병원 남쪽 부지의 일부가 건설업계에 매각되어, 여기에 아파트, 호텔, 상점 등의 시설을 지을 계획이 확정됐는데 일부 주민들이 반대하고 나서서 앞으로 어떻게 될지 지켜봐야 할 것 같습니다.

슈타인호프그륀데 북쪽 출입문을 통해 공원을 빠져나오면 출입문 바로 옆에 고풍스런 소방서 건물 포이어바헤 암 슈타인호프(Feuerwache Am Steinhof)가 버티고 있습니다. 거기서부터 우리가 갈 목적지는 유빌레움스바르테(Jubiläumswarte)라는 이름의 전망대입니다. 이 타워에 가기 위해서는 요한-슈타우트-슈트라세(Johann-Staud-Strasse)를 따라가야 하는데 (다행히도!) 이 길 양쪽 가장자리에는 따로 인도가 마련되어 있지 않아서 보행자들은 이

5

차도를 왼편에서 나란히 따라가는 기분 좋은 숲 속 산책 코스를 경험하게 됩니다. 코스가 시작되는 부분에 '유빌레움스바르테'라고 적힌 작은 표지판이 세워져 있는데, 약 1킬로미터 정도 이어지는 이 산책길은 빈 시에서 관리하는 10킬로미터짜리 정식 하이킹코스 '4a'의 일부이기도 합니다. 차도와 가까운 데도 우거진 나무 때문에 숲 한가운데 들어와 있는 느낌이 들지요. 보행자가 길을 잃지 않도록 몇 백 미터마다 눈에 잘 뜨이는 큼직한 나무 윗동에 흰색과 녹색으로 해 둔 표시를 확인하며 20분가량 걷다보면 어느새 전망대 주차장으로 연결됩니다.

요한-슈타우트-슈트라세 80번지에 위치한 유빌레움스바르테는 해발고도 449미터의 언덕 위에 세워진 높이 31미터의 전망탑으로 해발고도 480미터의 망대 정상에서 서편으로는 빈 숲을, 동편으로는 빈 시내의 모습을 살펴볼 수 있습니다. 유빌레움스바르테라는 명칭은 기념일이나 기념제를 뜻하는 유빌레움과 망루나 전망대를 가리키는 바르테의 합성어이니 결국 '기념전망대' 정도의 의미입니다. 무엇을 기념하는 전망대였을까요? 바로 1898년 프란츠 요제프 1세의 즉위 50주년을 기념하는 것으로 원래 세워진 전망대는 나무로 된 목조탑이었습니다. 그러나 완공된 바로

6

7

그해 폭풍에 무너지는 불상사가 일어났고, 오타크링 구역 환경미화협회는 황제즉위 50주년 기념박람회 행사의 일환으로 프라터 공원에 임시로 설치되었던 철탑을 매입해 목조탑이 있었던 위치에 옮겨놓습니다.

그러나 이 철탑 역시 시간이 흐르며 낡기 시작했고 2차 세계대전을 거치며 심하게 손상되어 1953년에 철거되지요. 이후 철근 콘크리트로 만든 새 전망대가 들어서고, 56년 가을 일반에 공개됩니다. 이것이 바로 우리가 지금 보는 유벨레움스바르테입니다. 2012년 여름 다시 한 번 정비된 이 전망대는 무료이며, 승강기가 없어 걸어 올라갑니다. 바람이 불면 구조물이 흔들려서 바람이 잦은 빈에서는 용기가 필요합니다. 저는 조금 어지러웠는데 외려 스릴 있게 느낄 분도 있겠군요.

전망대 바로 아래에 있는 집은 학생들이 방문해 빈 숲의 생태계에 관해 배울 수 있는 '빈 숲 속의 학교'(Wiener Waldschule)입니다. 빈 시 삼림농경제과에서 운영하는 이 학교 소속 생태전문가들은 아이들과 함께 직접 빈 숲을 걸으며 빈 숲에 서식하는 동식물에 대한 지식과 자연 환경의 중요성을 전달합니다. 이 학교 건물은 빈 숲 속에서 결혼하고 싶어 하는 커플들을 위해 결혼예식 공간으로도 제공되고 있다고 하니, 빈 숲을 사랑

— 8 —
포이어바헤 암 슈타인호프
(Feuerwache am
Steinhof)

8

하는 시민들이 얼마나 많은지 짐작이 가지요?

　　유벨레움스바르테에서 다시 U3호선 종점 오타크링 역까지 가려면 숲 속 산책 코스를 반대로 거슬러와 슈타인호프 소방서에서 146B 버스에 오르면 됩니다.

옛 황실 사냥터 라인처 티어가르텐

수많은 여행객들로 북적거리는 쇤브룬 궁전에서 서쪽으로 불과 3킬로미터 지점에 한때 황실의 사냥터였던 넓이 약 24제곱킬로미터의 거대하고 한적한 녹지대가 있습니다. 라인처 티어가르텐(Lainzer Tiergarten)이라고 불리는 이 구역은 티어가르텐(Tier: 동물, Garten: 정원)이라는 이름이 자칫 일으킬 수 있는 이미지와는 달리 인공적으로 조성된 동물원이 아니라 자연 상태 그대로의 공간에서 멧돼지, 사슴 등 각종 야생동물이 자유로이 오가는 엄연한 빈 숲의 일부입니다. 다만 과거에 이 일대에 경계를 긋고 황가 전용 사냥터로 사용하기도 했거니와, 실제로 이 구역 안에 사는 야생동물이 찻길이나 주택가로 나오는 일을 방지하기 위해 지금도 구역 전체에 울타리를 둘러놓았습니다. 관리를 담당하는 빈 시 삼림농경제과는 이곳에 서식하는 동식물을 주도면밀하게 보호하는 한편, 시민들을 위한 산책코스를 개방하고 있습니다. 이곳 산책코스에는 몇 가지 선택의 여지가 있는데, 7킬로미터 짜리 코스가 비교적 간단하고 교통도 편리합니다.

　　우선 지하철 U4를 타고 서쪽 방향 종점 휘텔도르프 역에서 내립니다. 라인처 티어가르텐의 북동쪽에 위치한 출입문 니콜라이토어(Nikolaitor)까지는 걸어서 5분 거리입니다. 입장료는 없고 대문을 직접 열고 들어갑니다. 거기서 안내판 지도를 보고 산책길을 확인한 뒤 헤르메스빌

9

—9—
라인처 티어가르텐
언덕에서 내려다본
빈 시내

라(Hermesvilla) 방향으로 걷기 시작합니다. 이때 빈 시내의 경치가 잘 보이는 곳까지 완만한 언덕을 3킬로미터 가량 오르게 되는데, 은근히 운동이 되므로 물과 사탕, 땀 닦을 수건 등을 준비해 가시면 좋습니다. 전망 좋은 언덕 위에서 빈 시가지를 내려다보며 점심을 드실 요량이라면 샌드위치 등 간단한 도시락을 싸가지고 가는 것도 좋습니다. 벤치나 나무 탁자가 넉넉히 마련되어 있으니 편안한 자세로 한숨 돌리시고요.

빈에서 자주 느끼는 거지만, 이 도시는 녹지가 많아서 녹지 곳곳에 놓인 벤치는 꽉 차는 법이 없이 빈 자리가 늘 남아 있더군요. 도시 안팎에 있는 약간의 공원에서도 인파에 휩쓸리기 일쑤인 우리와는 달리 빈에서 사람에 부대끼는 일이란 극히 드뭅니다. 415제곱킬로미터 면적에 170만 인구가 사는 빈과 605제곱킬로미터 면적에 1,000만이 넘는 인구가 사는 서울을 비교하면 당연한 얘기겠지요. 인구밀도로 따지면 서울이 빈보다 40배 가까이 조밀한 셈이거든요. 빈으로 온 초기에는 그런 빈의 빈 공간들이 생경하고 외롭게 느껴졌고 북적거리는 대도시가 그리웠습니다. 낯선 곳에 도착했을 때 느끼는 살던 곳에 대한 향수나 친구들에 대한 그리움이 빈의 성긴 공간들 때문에 더욱 증폭된 것이지요. 허나 시간이 지나고 넉넉한 공간에 익숙해지면서 산책길에서 마주치는 사람에게 인사라도 더 하게 되고, 풀밭에서 뛰어 노는 아이들에게 눈길이라도 더 주게 되더군요. 이 여유 있는 녹색 공간들이 사람을 소중히 여기게 하고 서로를 돌아보게 하는 것 같습니다.

무엇보다 도시 면적의 46퍼센트가 녹지라는 통계는 놀랍습니다. 이 도시에 사는 시민들의 폐는 얼마나 건강할까요. 녹지가 이렇게 많은데도 빈의 주민들은 부동산 개발을 막고 동네에 남아있는 녹지를 보호하기 위해 연대해 시 정부에 반대 압력을 넣는 것입니다. 동네에 있는 녹지를 포기해 불필요한 상가가 생기고 교통이 혼잡해지는 모습을 보며 오를지 아닐지 모르는 땅값에 목을 매기보다는, 녹지를 유지해 거기서 매일 산책을 하고 휴식을 취하며 신체와 정신의 건강을 다스리는 편이 삶의 질을 높인다는 것을 빈의 시민들은 아는 것이지요.

언덕에서부터 다시 남쪽으로 출발합니다. 다음 목적지는 엘리자베트 황후의 별장 헤르메스빌라입니다. 거기까지 또 한 3킬로미터를 걷게 됩니다. 숲이 우거졌다 트이는 것을 몇 번 반복하는 이 코스에서 야생동물들을 보고 싶었는데 역시나 사람이 지나다녀서인지 모습을 드러내지 않더군요. 야생동물을 유인하는 비방이 있긴 합니다. 먹을 것을 손에 들고 다니며 음식 냄새를 풍기는 겁니다. 몇 년 전 제가 아는 분은, 당시 일곱 살이던 딸과 함께 이곳을 산책하다 갑자기 이상한 소리가 들려 뒤를 돌아보니 멧돼지 한 마리가 딸아이 손에 들려 있던 샌드위치를 노리고 쫓아오고 있더랍니다. 지인은 재빨리 빵을 낚아채 길옆으로 던져버렸고, 다행히 그 야생 돼지도 샌드위치가 떨어진 지점으로 방향을 틀었다죠. 영문도 모른 채 샌드위치를 빼앗긴 딸은 울음을 터뜨렸고요. 라인처 티어가르

10

텐은 여느 공원과는 달리 애완견을 데리고 들어오는 일이 금지되어 있습니다. 사냥본능을 지닌 견공들이 행여 야생동물을 뒤쫓다가 생길 수 있는 문제를 예방하기 위함이죠.

슬슬 쉬고 싶어질 즈음 헤르메스빌라가 반가운 모습을 드러냅니다. 1886년에 완공된 헤르메스빌라는 프란츠 요제프 1세가 아내 엘리자베트 황후를 위해 지은 별궁입니다. 조용한 빈 숲 속 사냥터에 별장 한 채 지어주면 도무지 빈에 정을 못 붙이고 타지를 떠돌며 세월을 보내는 아내가 좋아하는 승마도 하고 운동도 하면서 소일할 수 있지 않을까 하는 애처로운 소망이 담긴 건물이지요. 그래서 이곳에는 마구간과 각종 운동기구를 갖춘 체력관리실이 갖춰졌습니다. 황후의 요청으로 앞마당에는 헤르메스 상이 세워졌습니다. 헤르메스는 여행과 체육의 신이었으니 엘리자베트 황후에게 그보다 더 적절한 그리스 신상은 없었을 겁니다. 현재 헤르메스빌라는 빈 시의 문화와 역사를 보존하고 전시하는 빈 박물관(Wien Musuem)의 특별전시관으로 활용되고 있으므로 흥미로운 전시가 있는지 살펴보는 것도 좋겠지요.

다시 도심으로 돌아오기 위해서는 헤르메스빌라에서 가까운 라인처토어 출입구로 나와 60B 버스를 타고 종점 헤르메스슈트라세에서 내려 다시 62번 시가전차를 타면, 종점인 1구 카를스플라츠까지 한 번에 갈 수 있습니다.

25

캔버스백 메이커

VIENNA BAG

비엔나백

— 위치 —
BÄCKERSTRASSE 7, 1010 WIEN
— 웹사이트 —
WWW.VIENNABAG.AT

비엔나백은 2001년 우르술라 엥겔만, 가브리엘 호프슈테터
씨가 공동으로 설립한 가방제조업체입니다. 엥겔만 씨는 조부가
이탈리아 트리에스테 항구에 주요 시설을 설계한 건축가였던
인연으로 이탈리아를 자주 방문하며 가방 디자인에 관한 영감을
얻었고, 빈의 유명한 골동품상 집안 출신인 호프슈테터 씨는
미적 감각에 일가견이 있는 인물이지요. 이런 배경을 자산으로 두
사람은 품질이 좋으면서도 지나치게 비싸지 않고 일상생활에서
책가방이나 쇼핑백으로 부담 없이 사용할 수 있는 경쾌하고
발랄한 캔버스 백을 만들어보기로 의기투합합니다. 이것이 빈의
젊은 층으로부터 좋은 반응을 얻어냈고 관광객의 발걸음도 점차
잦아졌습니다. 2006년 영화 「클림트」에서 구스타프 클림트를 연기해
빈과 인연을 맺은 영화배우 존 말코비치도 이 가게에 직접 찾아와
비엔나백을 구입하며 무척 마음에 들어 했다는 호프슈테터 씨의

— 1 —
상점 현관

— 2 —
빈 1구에 있는 상점들이
흔히 그렇듯 비엔나백
가게도 협소한 편입니다만,
오히려 그래서 더
아기자기한 느낌을 줍니다.

— 3 —
가로 37cm, 세로 37cm,
넓이 14cm 쇼핑 가방
'쇼퍼.' 비엔나백이 소개된
잡지와 함께 점두에
진열되어 있었습니다.

1   2   3

자부심 섞인 진술이 있었습니다.

현재 모든 제품은 튼튼하면서도 감촉이 부드러운 이탈리아산 캔버스 천을 기본 재료로 하여 손잡이와 어깨끈만 가죽으로 처리하고 있지만, 앞으로 약간의 변화가 있을 것 같습니다. 가죽 가방을 찾는 손님이 꽤 많아서 그런 수요에 부응하기 위해 조만간 가죽 가방 모델도 선보일 계획이랍니다. 자신들이 현재 사용하고 있는 캔버스 천도 실은 가죽만큼이나 비싼 고급재료이지만, 가방은 역시 가죽이라는 세간의 고정관념이 잘 변하지 않더라는 군요. 비엔나백은 매년 새로운 모델을 내놓고 있는데, 특히 2010년 빈의 디자이너 티노 발렌티니치 씨가 디자인한 '그라피티백'은 큰 히트작이어서 앞으로도 계속 다양한 색상과 크기의 그라피티백을 판매할 예정이라고 합니다. 이 가방에 그려져 있는 비엔나백의 천사 로고는 합스부르크 제국 시절 궁정 관료를 지냈던 엥겔만(Engelmann) 씨 집안의 옛 문장(紋章)에 들어있던 천사 그림에서 힌트를 얻은 것입니다. 아마도 '엥겔'(Engel)이 독일어로 천사라는 뜻이어서 가문 문장에 천사 그림이 들어갔던 것이겠지요. '비엔나백을 들고 다니는 사람을 지켜주는 수호천사'로 보시면 된다고 호프슈테터 씨가 그럴듯한 풀이를 덧붙이시네요.

— 4 —
비엔나백 설립자
두 사람 가운데 한 명인
가브리엘 호프슈테터 씨

— 5 —
비엔나백에 가볼 이유가
또 한 가지 있습니다.
가게가 16세기에 지은
르네상스 건축물 안에
세 들어 있기 때문입니다.
세월이 흐르면서
르네상스 아치에 창문이
달리고 약간의 변형이
이루어지기는 했지만
큰 손상 없이 보존된
역사적인 건물입니다.

— 6 —
안뜰로 들어가는 통로에
난 유리창으로 비엔나백
가게 안을 들여다보면
가방을 진열해둔 벽에서
이 건물의 아치형 골격이
그대로 드러납니다.

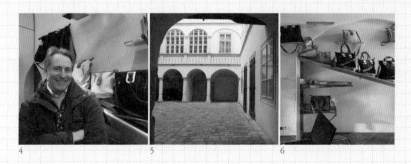

4   5   6

26

숨겨진 보석

CAFÉ KORB

카페 코르프

– 위치 –

TUCHLAUBEN 10, 1010 WIEN

현지인들은 도무지 안 보이고 관광객들만 들끓는 유명
카페에 지치셨나요? 빈 사람들은 도대체 어떤 카페를 가는지
궁금하신가요? 그런 분들에게 카페 코르프는 신선한 대안입니다.
1구 도심에 위치하면서도 번화가에서 살짝 벗어나 있고 비교적
유명세를 덜 타서 관광객 손님이 드문 이곳은, 현지인들 사이에서는
빈의 멋쟁이들이 모이는 곳, 음식을 맛있게 하는 곳, 때로 운이
좋으면 노벨문학상 수상자 엘프리데 옐리네크 같은 빈의 유명인들을
볼 수 있는 곳으로 소문이 나 있습니다. 사실 주인도 멋쟁이이지요.
오너 주잔네 비들(Susanne Widl) 씨는 왕년에 알아주던 패션모델 겸
배우였습니다. 1904년부터 운영돼 오던 카페 코르프를 1950년대에
비들 씨의 부친이 인수해 재단장 했고, 지금까지도 카페에는
50~60년대의 분위기가 많이 남아있습니다. 단, 화장실은 초현대식
알루미늄 디자인이어서 묘한 대조를 이루고 있지요.

— 1 —
도심에 위치한
카페 코르프

— 2 —
레트로 느낌을 자아내는
인테리어

— 3 —
음료뿐 아니라 간단한
음식도 즐길 수 있습니다.

1   2   3

황후이기 싫었던 황후

> "엘리자베트의 삶은 한 개인으로 인정받으려는
> 엄숙하고 처절한 노력으로 가득했다."
> ─ 브리기테 하만, 『엘리자베트: 타의로 된 황후』 중에서.

1898년 9월 10일. 제네바 레만호숫가.

　　검은 드레스를 입은 두 귀부인이 호텔 문을 빠져나와 선착장을 향해 종종걸음을 합니다. 오후 1시 40분 출발 예정인 몽트뢰(Montreux) 행 증기선에 올라타야 하기 때문입니다. 두 여인 중 한 여인은 한 손에 쥔 부채로 얼굴을 가리고 다른 한 손으론 양산을 낮게 받쳐 들고 있습니다. 선착장에서는 25세의 이탈리아 출신 무정부주의자 루이지 루케니(Luigi Lucheni)가 두 여인을 초초하게 기다립니다. 미리 송곳을 날카롭게 갈아두고 해부학 책에서 심장의 정확한 위치를 알아두었습니다. 여인들이 다가오자 루케니는 양산 든 여인에게 쏜살같이 다가가 가격한 뒤 도주합니다. 놀라 땅에 넘어진 여인은 멀쩡하다는 듯 일어나 먼지를 털고 부축해준 이들에게 감사하다고 말한 뒤 수십 미터를 걸어 증기선에 올라탑니다. 증기선이 출발하자 여인은 의식을 잃고 쓰러져 숨집니다. 루케니에게 가격당할 때 바늘처럼 가는 송곳이 심장에 한번 꽂혔다가 빠져나온 것을 본인조차 깨닫지 못했던 것입니다.

　　세상을 싫어하고 우울증에 시달리던 합스부르크 황가의 엘리자베트 황후(1837~98, 애칭 '시씨')는 그렇게 해서 61세의 생을 갑작스레 마감합니다. 이 암살사건은 곧 세계 언론에 선정적으로 보도됐지만 그녀의 죽음으로 인해 오스트리아 황실에 남겨진 빈자리는 그다지 크지 않았습니다. 엘리자베트가 황후로서 공식적인 자리에 얼굴을 드러내지 않게 된 지는 벌써 오래였습니다. 아들 루돌프는 이미 이 세상 사람이 아니었고 자신과 성정이 많이 달랐던 두 딸 기젤라와 마리 발레리와의 관계도 데면데면했습니다. 아내 엘리자베트를 자기 나름의 방식으로 아끼고 사랑했던 황제 프란츠 요제프도 마음을 빨리 추스르고 바쁜 국정을 돌보는 일에 전념해야 했습니다. 그리고 사실 황제에게는 아내가 바깥으로 도는 동안 대신 옆을 지켜준 여자 친구가 있었지요. 황후로서의 역할 일체를 거부하며 여행으로 소일하는 기이한 행동으로 저잣거리에 끊임없이 가십거리를 제공하던 그녀의 죽음에 빈 궁정은 안도했는지도 모릅니다.

이 쓸쓸한 죽음의 주인공 엘리자베트는 1950년대에 제작된 영화 「시씨」 삼부작의 상업적인 대성공으로 한없이 사랑스러운 동화 속 공주 같은 키치적 인물이나 19세기 오스트리아 상류사회의 패션아이콘쯤으로 간주되기 일쑤였습니다. 급기야 아예 관광 상품으로 전락해 초콜릿에서 머그잔에 이르기까지 온갖 기념품들이 그녀의 이미지로 도배됐고, 상인들은 염치 안 가리고 '시씨가 좋아한 디저트' '시씨가 좋아한 액세서리' 해가며 돈벌이에 나섰지요. 그러나 막상 인간 엘리자베트가 어떤 삶을 살았는지 정확히 아는 사람은 드물었습니다.

엘리자베트 황후에 대한 피상적이고 부정확한 이미지에 그나마 ('그나마'라고 표현한 이유는 얄팍한 엘리자베트 상품화는 지금도 진행형이기 때문입니다) 쐐기를 박은 것은 독일 역사학자 브리기테 하만(Brigitte Hamann)이 1981년에 펴낸 전기 『엘리자베트: 타의로 된 황후』(Elisabeth: Kaiserin wider Willen)였습니다. 엘리자베트 황후에 관한 책으로서는 최고로 꼽히는 이 저서는 지금까지도 역사

분야 스테디셀러로, 엘리자베트라는 인물이 지닌 다면적이고 복합적인 성격을 수많은 사료에 근거해 생생히 되살려내고 있습니다.

황후의 삶은 꿈같은 로맨스나 화려함 같은 것과는 전혀 무관했습니다. 모든 것은 스물네 살의 젊은 황제 프란츠 요제프가 바이에른 왕가 소속의 이종사촌동생 시씨를 보고 아이 같은 순진함에 끌려 (당시 15세였으니 '아이'가 맞지요) 구혼하는 것으로 시작됩니다. 모후 조피 대공비가 점찍어둔 며느릿감은 혼기가 찬 시씨의 언니 헬레네였지만, 시씨에 반한 황제는 평소의 그답지 않게 꼭 시씨여야 한다고 우기기까지 합니다. 어차피 조피 대공비에 입장에선 헬레네든 시씨든 별 상관이 없었습니다. 당시 동맹전략상 조피 대공비가 원했던 프로이센 신부는 아니지만 어쨌든 독일 신붓감이었고, 자기가 이래라저래라 하기 쉬운 어린 조카였으니 여러 가지로 적합한 며느릿감이었을 겁니다. 조피 대공비는 보통 여자가 아니어서, 시아주버니 페르디난트 1세가 정신장애로 황위에서 퇴위했을 때도 계승서열 1순위에 있던 자기 남편이 혁명으로 점철된 난세에 황제가 될 그릇이 아니라고 판단하고 남편에게 즉위를 포기시킨 뒤 성실하고 책임감 강한 장남을 대신 황제로 만든 사람입니다. 당시 조피 대공비는 '황실의 유일한 남자'로 불릴 정도로 야심차고 정사에 능했지요. 아들은 자신을 황제로 만들어준 어머니에 늘 감사했고 중요한 일은 늘 어머니와 의논해 결정했습니다.

시씨는 절대군주의 성은이 망극한 구혼을 거절할 처지가 못 됐을 뿐 아니라, 잘 생기고 상냥한 사촌오빠가 자기를 아내로 택해주었다는 사실에 취해서 선택의 여지없이 인생을 맡겨버립니다. 그러나 바이에른 시골에서 자유롭게 뛰놀며 자라다가 사춘기 소녀로 얼떨결에 황후가 된 시씨는 엄격한 의식과 위엄을 중요시하는 빈 궁정에 완전히 압도당합니다.

— 1 —
엘리자베트
(그림: 프란츠 빈터할터,
1965년)

시씨의 가족은 바이에른 왕가의 일족치고는 소박한 생활을 해왔고, 자유주의와 민주주의에 매료됐던 부친의 영향으로 집안 분위기가 비교적 자유로웠던 까닭에 어린 시씨에게 빈 궁정은 더더욱 차갑고 생경하기만 했습니다. 궁정 사람들은 적응 못하고 전전긍긍하는 시씨를 보며 수군거리고 비웃었습니다.

그런 시씨에게 내려진 처방은 춤, 사교술, 프랑스어, 역사공부 등등의 엄격한 황후 수업이었습니다. 친근하고 따스한 국모이기보다는 백성들 위에 군림하는 황후가 되길 요구했던 시어머니의 감시와 관리 속에 엘리자베트는 점점 움츠러듭니다. 결국 자기가 낳은 아이들을 돌보고 교육하는 주도권마저 시어머니에게 빼앗깁니다. 이것은 요즘 생각하는 식의 단순한 고부갈등은 아니었습니다. 조피 대공비에게 며느리를 질투하고 괴롭히려는 의도가 있었다기보다는 어떻게 하면 황제가 절대권력을 갖는 전제군주제를 계속 효과적으로 이어갈 수 있는가에 온 관심사가 쏠려 있었고, 조피에게 엘리자베트의 고통은 전제군주제 유지를 위해 불가피한 전략의 부수효과에 불과했습니다. 조피가 볼 때 엘리자베트의 불만은 큰 그림을 못 보는 철없는 아이의 투정이었던 것이죠.

두 공주 조피(생후 2년 뒤 사망)와 기젤라, 그리고 황태자 루돌프를 낳은 엘리자베트는 계속되는 시어머니와의 불화와 공무에 바쁜 남편의 무심함 속에 폐질환을 핑계 삼아 1860~61년을 포르투갈 마데이라 섬과 그리스 코르푸 섬에서 보냅니다. 앞으로 계속되는 도피성 여행의 시발점이었지요. 1860년대는 엘리자베트가 몸 가꾸기에 몰입하는 시기이기도 합니다. 십대 때는 귀엽지만 평범한 얼굴이었고 세 아이를 연속으로 낳으면서 몸이 불었던 그녀가, 20대 중반에는 발목까지 내려오는 긴 머리에 키

172cm, 몸무게 50kg의 모델 같은 몸매로 전 유럽에 미의 상징으로 군림
합니다. 장기간 끈질기게 지속한 다이어트와 운동 덕분이었고, 미모가 자
기로부터 늘 비난거리만을 찾는 빈 황실과 귀족사회에 대항하는 일종의
무기였기 때문이었습니다. 자신의 아름다운 자태에 열광하는 남편과 자녀
들, 그리고 전 유럽을 보며 자존감을 유지한 것이죠.

　　엘리자베트의 20대 때 몸매는 놀랍게도 숨질 때까지 30년 이상
거의 그대로 유지되었습니다. 어디든 자기가 머무는 곳에는 체력 단련장
을 설치해 매일 몇 시간씩 운동을 했고, 승마를 취미 이상으로 즐겨 노련
한 일급 명기수 소리도 들었습니다. 당시 귀족계급 여성이 그런 식으로 스
포츠에 집착하는 건 스캔들에 속했지만 황후는 전혀 개의치 않았습니다.
몸을 단련하는 시간은 여행과 마찬가지로 그녀에게 현실도피의 시간이었
습니다.

　　엘리자베트가 유일하게 정치에 적극적인 관심을 표했던 때가 있
다면 오스트리아가 1867년 헝가리와 대타협을 맺고 오스트리아-헝가리
제국을 확립할 때였습니다. 프란츠 요제프는 1866년 프로이센과의 전쟁

에서 패배하고 독일 연방에서 퇴출된 뒤 민족주의의 대두로 어지러운 국내정치를 안정시키기 위해 다시 동부로 눈을 돌렸고, 오랫동안 자치권을 요구하며 말썽을 피워왔던 헝가리에 내정 자치권을 부여함으로써 그들의 충성을 얻고자 했습니다. 그리하여 맺은 '대타협'에 의해, 오스트리아와 헝가리는 각자의 내각과 총리와 의회를 갖되 군주는 공동으로 하고 전쟁과 외교와 관련해서는 온전한 하나의 국가로 유지하기로 합니다.

이 협정으로 오스트리아의 황제 프란츠 요제프는 헝가리 왕으로, 엘리자베트는 헝가리 왕비로 즉위합니다. 황제 겸 국왕을 뜻하는 이른바 카운카(K u. K), 즉 '카이저 운트 쾨니히'라는 표현은 바로 여기서 비롯된 것이죠. 이 대타협을 누구보다 기뻐한 사람은 헝가리를 동정했던 엘리자베트였습니다. 그녀의 헝가리 사랑은 오스트리아에 협조적이던 보헤미아 귀족들을 잘 챙기고 그들의 언어인 체코어를 배울 것을 권하던 시어머니 조피에 대한 반항심으로 시작됐지요. 엘리자베트가 혐오했던 빈 귀족사회의 주류에 속했던 보헤미아 귀족들과는 달리 헝가리 귀족들은 끈질기게 개혁과 헝가리의 자치를 요구해 조피 모후에게 밉보였는데, 엘리자베트는 도리어 그 때문에 헝가리와 자신을 동일시해가며 호감을 보입니다. 특히

— 4 —
1867년 '대타협' 후 헝가리 국왕 즉위식을 위해 헝가리 예복을 입은 엘리자베트의 모습 (사진: 에밀 라벤딩, 1867년)

— 5 —
위와 동일.
(사진: 에밀 라벤딩, 1867년)

대타협 직후 헝가리 총리에 오른 줄러 언드라시(Gyula Andrássy, 1823~90) 백작은 엘리자베트의 영웅이었습니다. 물론 헝가리 쪽 인사들은 협상과정에서 황후의 이런 호감을 십분 활용했지요. 그녀는 대타협 성사 후 너무 기쁜 나머지 헝가리에 머물면서 셋째 출산 이후 피해왔던 임신을 시도해 막내딸 마리 발레리를 낳습니다. 엘리자베트는 이 아이를 '헝가리 아이'라 부르며 어느 자식보다 예뻐했고 아이와의 대화도 헝가리어로만 했다고 하지요.

그러나 얼마 안 있어 엘리자베트는 다시 세간의 눈을 피해 운동과 승마, 시 짓기 등으로 소일하면서 (그녀는 반항기 다분하고 자유를 동경했던 유대계 시인 하인리히 하이네의 열성적인 매니아였습니다) 공식 행사 참여를 거부하고 여행을 다니기 시작합니다. 드넓고 거친 바다를 사랑해 어깻죽지에 닻 모양의 문신까지 새겨 넣고, 배 위에서 많은 시간을 보냅니다. 껍데기만 화려한 빈 궁정생활에 대한 혐오는 갈수록 깊어만 갔고 때로는 민주주의와 공화주의에 공공연히 동정심을 표현하며 낡은 군주제에 냉소를 보냈습니다. 그런 와중에 그녀의 이런 성향을 한층 더 심화시키는 불행한 사건이 터집니다. 바로 루돌프 황태자의 자살 사건입니다.

루돌프는 엄마를 닮은 아이였습니다. 예민하고 감성적이고 시와 자연을 사랑했지요. 루돌프는 엘리자베트를 동경하고 숭배해서 하이네, 헝가리, 동물, 바다 같은 엄마가 좋아하는 것들에 관심을 가졌고 엄마처럼 구체제와 교회에 대한 반항적인 시각으로 빈의 귀족사회와 세계정세를 바라보며 개혁적 성향을 키웠습니다. 그러나 자기만의 세계에 틀어박힌 엘리자베트는 아들이 어떤 생각을 하고 어떤 고민을 겪는지 별 관심이 없었습니다.

루돌프는 황태자로서의 의무에 발이 묶여, 대학에 진학해 자연

과학을 연구하고 싶었던 꿈도 접은 채 군사 훈련을 받지만 뛰어난 군인은 못 됐습니다. 대신 그는 독학으로 조류학을 섭렵했고 독서에 몰두했습니다. 백과사전 편찬을 기획해 직접 필진으로 참여할 정도로 지적인 청년이었습니다. 그러나 총명한 루돌프에게도 서서히 근친결혼으로 인한 유전자 결함이 마수를 뻗치는 기미가 보였습니다. 부모가 이종사촌간일 뿐 아니라 근친결혼이 대대로 이어졌던 양쪽 가문에는 이미 여러 가지 정신적·육체적 질환이 존재했지요. 게다가 빈 궁정 주변에는 황태자의 개혁적 성향을 경계하며 그가 황제가 됐을 때를 걱정하는 사람들이 많아졌습니다. 무심한 모친, 엄격한 부친, 애정 없는 정략결혼, 늘어나는 정적 속에서 루돌프는 아무도 모르게 깊은 우울증에 빠져들었습니다.

　　황태자에게는 결혼 후에도 애인이 많았습니다. 당시의 윤리적 잣대로는 그다지 이상한 일이 아니었지요. 1889년 1월 29일 자신의 별장이 있는 빈 숲 마이얼링 지역에서 사냥모임을 주최한 루돌프는 사냥을 마치고 일찍 잠자리에 들었습니다. 그와 함께 사냥했던 두 사람 중 한 명인 호요스 백작도 그날 저녁 같은 별장에서 묵었지만 그곳에 귀족 집안 처자인 마리 베체라가 전날부터 머물고 있다는 사실은 몰랐습니다. 이튿날인 30

6　　　　　　　7　　　　　　　8

— 6 —
루돌프 황태자와 벨기에
공주 스테파니 황태자비
(1881년)
— 7 —
루돌프 황태자 (1887년)
— 8 —
루돌프 황태자와 함께
동반자살한 마리 베체라

일 아침, 하인이 호요스 백작을 깨웁니다. 황태자의 침실 문이 잠긴 채 아무리 문을 두드려도 일어나는 기척이 없다는 겁니다. 호요스는 서둘러 황태자의 침실로 달려가 하인에게 문을 부수게 합니다. 무너진 문짝 너머로 보이는 것은 침대에 누워 숨겨 있는 황태자와 베체라의 시신이었습니다. 총상에 의한 죽음이었습니다. 베체라의 관자놀이에 한 발. 루돌프의 관자놀이에 한 발. 머리를 관통한 총알은 두 발 모두 사건 현장에서 발견됐습니다. 황가에서 황태자의 자살 소식을 가장 먼저 들은 것은 엘리자베트였고, 이를 전한 것은 호요스 백작이었습니다.

교회에서 장례를 치르기 위해 황태자의 자살은 정신질환 때문이라는 의사의 진단서가 발행됐습니다. 아들의 죽음이 정신질환이 흔한 자기 집안 피 탓이라고 자책하던 엘리자베트에게는 가슴 아픈 진단서였습니다. 안 그래도 3년 전, 그녀와 절친했던 사촌동생 바이에른 왕 루트비히 2세가 편집증 진단을 받고 폐위된 며칠 후 진단을 내렸던 의사와 함께 자살인지 암살인지 알 수 없는 의문의 익사체로 발견되는 사건이 있었기 때문입니다. 참고로, 루트비히 2세의 삶은 루키노 비스콘티의 영화 「루트비히」(1972)에 잘 묘사되어 있는데, 거기서 루트비히 2세와 특별한 유대관계

— 9 —
루키노 비스콘티 감독의
영화 「루트비히」 포스터

— 10 —
에른스트 마리슈카의
영화 「시씨」(1955)에서
엘리자베트로 분한
로미 슈나이더

로 연결되어 있는 엘리자베트 역을 맡아 다소 어둡고 냉소적인 연기를 보여준 배우는 재미있게도 앞서 달콤하고 천사 같은 시씨의 역할을 맡았던 로미 슈나이더였습니다. 「시씨」 삼부작 이후 끈질기게 따라다니던 청순한 시씨 이미지를 극복하려고 부단히 노력했던 슈나이더의 연기는 완전히 딴판이었고, 어찌 보면 현실 속 엘리자베트에 더 가까운 모습이었지요.

빈의 유명한 연기자 집안에서 태어난 로미 슈나이더(1938~82)는 역시 배우였던 어머니 마그다 슈나이더(히틀러가 무척 좋아한 배우였고 실제로 친분도 있어서 친나치 혐의를 받고 있죠. 얘기가 나온 김에 말씀드리면 「시씨」 삼부작에서 프란츠 요제프로 분했던 배우 카를하인츠 뵘의 아버지는 바로 오스트리아의 명지휘자 카를 뵘인데 그 역시 나치동조자였습니다.)의 지원과 관리 하에 십대 때부터 배우생활을 했습니다. 알랭 들롱과 사랑에 빠져 60년대부터 프랑스로 활동무대를 옮긴 슈나이더는 의식적으로 예술성 있는 작품을 골라 자신의 한계를 시험하는 진지하고 욕심 많은 연기자였습니다. 들롱의 소개로 비스콘티 감독과 일할 기회도 주어졌지요. 그러나 들롱과 헤어진 후 결혼, 이혼, 재혼이 이어지는 가운데 첫 남편이 자살하고, 14세의 외아들이 끔찍한 사고사를 당하면서 심한 우울증과 알코올중독에 빠집니다. 결국 슈나이더는 아들이 사망한 그 이듬해 다량의 수면제를 복용하고 스스로 목숨을 끊습니다. 세인의 눈에는 아름답고 재능 있고 화려하게 한 시대를 풍미한 스타였지만, 사적으로는 불행한 여인이었습니다. 엘리자베트의 어두운 그림자와 어딘가 겹치는 데가 있지요.

루트비히 2세의 의문사 사건과 마이얼링 동반자살 사건, 그리고 그로부터 약 10년 후에 벌어진 엘리자베트 암살 사건은 많은 사람들에게 두고두고 이야깃거리였지만, 바로 거기서 영감을 얻어 세 사건의 주요 요소를 교묘하게 뒤섞고 자신만의 상상을 가미해 한 편의 픽션을 탄생시킨

— 11 —
루키노 비스콘티
감독의 영화
「루트비히」(1972)에서
엘리자베트로 분한 로미
슈나이더

— 12 —
극작가 장 콕토가
자신의 희곡을 바탕으로
직접 영화화한 작품
「쌍두독수리」(1948)

사람이 있었으니, 바로 극작가 장 콕토였습니다. 1943년에 완성되어 3년 후 초연된 희곡 「쌍두독수리」(L'Aigle à deux têtes)는 1948년 콕토가 직접 메가폰을 잡고 영화로 제작하기도 했는데요, 영화는 보지 못했지만 제 책장에 꽂혀 있는 희곡을 꺼내 읽고 줄거리를 간단히 정리해보면 이렇습니다.

왕이 암살당한 지 10년, 왕비는 공식 석상에 모습을 보이지 않고 이곳저곳으로 거처를 옮겨가며 유령처럼 살아갑니다. 암살 10주년이 되는 날 왕비는 크란츠 성에서 밤을 보내기 위해 도착하고, 그 정보를 알게 된 아나키스트 시인 스타니슬라스는 왕비를 죽이기 위해 왕비의 침실로 잠입합니다. 잠입하는 과정에서 부상을 입은 암살자는 왕비 앞에서 쓰러지고, 왕비는 죽은 왕을 빼닮은 그의 생김새에 놀랍니다. 그가 죽음의 천사를 의미하는 '아즈라엘'이라는 필명으로 지은 시들의 애독자였던 왕비는 그를 체포하는 대신 자기에게 책을 읽어주는 일을 전담하는 시종으로 임명합니다. 두 사람은 사랑에 빠지고, 스타니슬라스는 왕비에게 스스로를 고립시킨 채 그림자처럼 살아가기보다는 국가원수로 앞에 나서 시어머니의 보수적 통치체제를 종식시키라고 권합니다. 연인에게 설득당한 왕비는 거사를 실행에 옮기기로 마음먹지만, 시어머니의 심복인 경찰청장은 이를 막고 왕비를 무력화하기 위해 스타니슬라스를 협박합니다. 경찰에 협조하기도 체포되기도 원치 않는 스타니슬라스는 자신의 존재가 왕비에게 걸림돌임을 깨닫고 왕비가 지니고 다니던 독약을 먹습니다. 왕비는 죽어가는 그에게 자신의 애정도 개혁 단행을 위한 준비도 전부 연극이었음을 고하며 그를 모욕하고, 이에 격노한 스타니슬라스는 마지막 힘을 다해 왕비의 등에 단도를 꽂습니다. 그제야 왕비는 그의 손에 죽고 싶어 마음에 없는 이야기를 했음을 밝힙니다. 그리고 두 사람 모두 숨을 거둡니다.

아나키스트를 꿈꾸며 세상의 모든 권위를 비웃는 왕비("내가 왕비가 아니라면 아나키스트가 됐을 것이다. 사실 나는 왕비이자 아나키스트다.")와 계몽왕정이 세상을 바꿀 수 있다는 희망을 못 버린 아나키스트("우리가 함께 쌍두독수리를 이루자고 당신께 제안합니다.")라는 역설적인 두 인물이 인간 대 인간으로 만나 사랑에 빠지고 미래를 꿈꾸다 비참한 최후를 맞는 이야기지요. 작품의 제목이자 오스트리아 제국의 휘장인 쌍두독수리는 공존할 수도 따로따로 존재할 수도 없는, 그래서 함께 소멸되어야만 하는 이 두 주인공을 상징합니다. 이 작품에서 왕비가 바로 엘리자베트 황후라는 것은 여러모로 확연하지요. 남편의 화신이고 (잃어버린 사랑에 대한 향수) 시인이며 (하이네에 대한 동경) 아나키스트이고 (황실과 귀족사회에 대한 혐오를 공유하는 동지) 죽음의 천사 아즈라엘인 (죽음에 대한 집착) 스타니슬라스는 엘리자베트의 화신인 '왕비'에겐 거부할 수 없는 유혹이었을 수밖에요.

다시 현실 속 엘리자베트의 이야기로 돌아와서, 아들의 자살 이후 엘리자베트는 좋아하던 시 쓰기도 접고 공식 석상에는 아예 일체 모습을 드러내지 않게 됐습니다. 화려한 색상의 옷가지와 보석은 전부 딸들과 친척에게 나눠주고 자신은 죽는 순간까지 검정색 옷만 입었습니다. 방랑벽은 더욱 심해져 이제 빈에 머무는 시간은 일 년에 몇 주에 불과했고, 그나마도 한적한 빈 숲 속 헤르메스빌라에 혼자 틀어박혀 보냈습니다. 나이든 얼굴을 남에게 보여주지 않으려고 사진촬영을 일절 거부한 것은 물론이고, 외출시에는 반드시 부채와 양산으로 얼굴을 가렸던 까닭에 엘리자베트의 노년 시절은 파파라치들이 멀리서 찍은 흐릿한 사진 몇 점 외엔 실제로 남아 있는 것이 거의 없습니다. 그야말로 본인이 원하던 대로 후세대에 영원한 미의 화신으로 남는 데는 성공한 셈입니다. 그러나 말년에 삶의 의욕을 완전히 상실하고 심한 우울증에 시달렸던 그녀에게 제네바 암살 사건은 어찌 보면 일종의 해방이었습니다.

계몽군주들의 시대였던 18세기보다도 오히려 더 보수적이었던 19세기 합스부르크 황실에 운 없이 합류한 엘리자베트는, 끝까지 적응하지 못하고 이처럼 죽음으로만 해방될 수 있었습니다. 자신의 의사와 무관하게 황후가 되어 온갖 의무의 사슬에 묶인 채 자유를 열망하던 그녀의 마음은 이해가 갑니다. 2012년에 국내에서도 공연된 뮤지컬 「엘리자벳」에서 주인공이 부르는 대표적인 솔로곡 제목이 '나는 나만의 것'(Ich gehör nur mir)이지요. '내 주인은 나야, 난 자유를 원해~' 이렇게 목 놓아 절규합니다. (영화와 달리 음울한 분위기의 뮤지컬 대본은 앞서 언급한 브리기테 하만의 전기를 토대로 썼습니다.) 어찌 보면 엘리자베트는 자신이 속한 계급을 회의하고 비판적인 눈으로 볼 줄 아는 똑똑한 여인이었지만, 그녀가 선택한 저항 수단은 지극히 소극적이고 자기중심적인 것에 머물렀습니다. 하고 싶은 대로 하게 놔두는 남편의 애정과 너그러움을 이용해 황후로서의 의무를 기피하고 나르시시즘의 심연에 빠져든 것입니다. 물론 그런 현실도피는 진정한 해결책이 될 수 없었습니다.

미의 화신. 패션의 선도자. 아마추어 시인. 시대를 앞서간 스포츠 우먼. 시어머니와 반목한 며느리. 이기적이고 무책임한 아내. 아들을 잃고 슬픔에 빠진 어머니. 자아도취적 섭식장애자. 여행중독자. 정신병적 우울증 환자. 자아실현을 원한 개인주의자. 아나키스트의 영혼을 가진 황족. 19세기의 다이애나 황태자비.

엘리자베트에게 따라붙는 이런 수식어들은 일부는 맞고 일부는 과장된 것이지만, 이것들을 긁어모아 다 합쳐 놓아도 엘리자베트라는 인물을 완벽하게 구현해내지는 못할 것입니다. 다만 이 불완전한 표현들을 훑어 보며 제가 느낀 게 있다면, 그녀가 일부 관광객들의 유난처럼 컬트의 지위에 올라야 할 정도로 특출한 인물이었다기보다는 차라리 평범한 욕구를 가졌던 보통의 여자이고 인간이었구나 하는 것이었습니다.

빈의 기념품은 이곳에서

ÖSTERREICHISCHE WERKSTÄTTEN
오스트리아 공방

— 위치 —
KÄRNTNERSTRASSE 6, 1010 WIEN
— 웹사이트 —
WWW.AUSTRIANARTS.COM

번화가 케른트너 거리에 자리하고 있는 오스트리아 공방은 오스트리아산 공예품과 디자인을 홍보하는 차원에서 국내에서 제작된 다채로운 디자인 상품들을 전시하고 판매하는 공간입니다. 구스타프 클림트의 그림이 담긴 생활용품이나 요제프 호프만의 디자인처럼 빈 공방의 이름난 유겐트슈틸 디자인을 복제 내지 현대적으로 응용한 물품들이 기념품을 찾는 관광객의 눈길을 사로잡는 외에도, 신세대 오스트리아 디자이너들이 만든 참신한 디자인의 패션 소품이나 실내장식용품을 다양하게 찾아볼 수 있습니다. 그래서 빈 사람들은 마치 우리가 외국인 친구에게 줄 선물을 고르려고 인사동을 찾듯, 이곳 오스트리아 공방에서 외국인에게 선사할 물건을 고릅니다.

오스트리아 공방은 2차 세계대전이 끝난 후인 1948년에 설립됐습니다. 나치독일 치하에서 기존의 수공예조합들이

— 1 —
1구 도심 관광지에 자리한
매장 입구
— 2 —
매장 전경
— 3 —
분리파 특유의 문양을
넣은 소파 위에 놓은
요제프 호프만의 유명한
'멜론' 커피세트

1   2   3

완전히 해체된 상황에서 전쟁 종료 후 빈 수공예협회(Wiener
Kunsthandwerksverein)가 그 역할을 정식으로 이어받았고, 이 협회가
1948년 케른트너 거리에 오스트리아 공방을 열면서 협회의
명칭도 오스트리아 공방으로 바뀌었지요. 오스트리아 공방의
설립을 주도한 인물은 다름 아닌 1903년 빈 공방 창립의 주역
요제프 호프만이었습니다. 한편 디자이너 카를 아우뵈크와 카를
하게나우어, 롭마이어 대표 한스 하랄트 라트, 박하우젠 가구회사
대표 욘 박하우젠 등 빈을 대표할 만한 디자인과 예술계의 저명한
인사들도 공동설립자로 참여했습니다.

빈 공방을 설립했던 인물이 주도한 콘셉트이니만큼 오스트리아
공방은 빈 공방의 유겐트슈틸 디자인의 영향을 크게 받았고,
지금도 그 정신을 자랑스럽게 이어가고 있습니다. 오스트리아
공방의 로고 또한 빈 공방 로고의 W 문양을 바탕으로 만들어진
것이지요. 물론 오스트리아 공방의 설립 이래 오스트리아산
수공예품은 지난 60여 년간 여러 측면으로 변화하고 진화했지만,
빈의 공예전통이 고스란히 묻어나는 고전적인 제품과 새롭고
대범한 아이디어가 반영된 현대적인 제품들을 한데 묶어 국내외에
오스트리아 디자인을 널리 소개한다는 설립 의도는 지금에도
변함이 없습니다.

— 4 —
분리파 회관
— 5 —
베르 사크룸(Ver Sacrum)
시리즈 가방
1908년 '쿤스트샤우
빈'(빈 미술전)에서 소개된
요제프 호프만의 옷감
문양 '베르 사크룸'을 빈
미술전 100주년을 맞아
응용 제작한 베르 사크룸
시리즈 가방
— 6 —
이 세라믹 제품들은
오토 바그너의 제자였던
건축가 마우리츠
발자레크(Mauriz
Balzarek,
1872~1945)의 디자인을
응용한 전형적인 빈 공방
유겐트슈틸 복제품

4   5   6

스타벅스야 물럿거라!

AIDA
아이다

– 위치 –
SINGERSTRASSE 1, 1010 WIEN

빈 1구에 5개, 빈 전체에 29개의 점포를 두고 있는 카페 체인점
아이다. 창립자가 오페라광인데다 특히 베르디의 팬이어서 가게
이름이 아이다가 됐다고 하지요. 1925년에 창립된 이 빵집 겸
카페의 상징색인 핑크색은 빈에 사는 사람들에게는 맥도널드의
노란색만큼이나 친근해서, 누구나 단골로 다니는 점포가 하나쯤은
있을 정도로 서민적인 카페입니다. 사람들이 선 채로 커피를 금방
마시고 나가는 이탈리아의 에스프레소 바와 유사한 콘셉트를 차별화
전략으로 삼는 업소이니만큼, 신속한 카페인 혹은 혈당 충전이
필요할 때 잠시 들르기에 적합한 곳입니다. 가격도 저렴한 편이어서,
잘게 썬 사과를 얄팍한 파이반죽으로 둘러싸 구운 아펠슈트루델은
1.90유로로, 다른 케이크도 전부 3유로 미만입니다. 특히 케른트너
거리가 내다보이는 싱거슈트라세 매장 2층에선 운이 좋으면 거리
댄스공연 같은 행사도 내려다볼 수 있지요.

— 1 —
매장 입구
— 2 —
아이다 내부
— 3 —
케른트너 거리가
내다보이는 싱거슈트라세
매장 2층

1   2   3

붉은 빈

> "우리는 사라져도 이 석조물들은 남아
> 우리의 이야기를 전할 것입니다."
> ― 카를 자이츠 빈 시장 (1930년 10월 12일, 카를 마르크스 호프 완공식 연설 중)

1차 세계대전이 끝나고 패전국이 된 오스트리아는 엄청난 혼란 속에 놓였습니다. 1918년 10월 헝가리가 분리를 선언하고 그로부터 한 달 뒤 군주제가 붕괴되면서 도이치외스터라이히(Deutschösterreich, 1918~19) 즉 '독일계' 혹은 '독일민족의' 오스트리아라는 공식 명칭으로 공화국이 수립되었습니다. 헝가리가 빠져나간 나머지 영토는 독어문화권 민족 중심이 된다는 것을 선언하는 국명이었습니다. 승전국인 연합국 측은 독일과 베르사유 조약을 맺었듯 도이치외스터라이히 공화국 정부와는 1919년 9월 생제르맹 조약을 체결합니다. 이 조약에 의해 구 합스부르크 제국의 백성이었던 여러 민족이 독립국을 만들어 분리해 떨어져나가거나 옆 나라와 합칩니다. 이에 따라 영토도 토막토막 잘려나갑니다. 체코슬로바키아 공화국이 수립되고 슬로베니아와 크로아티아는 승전국 세르비아에 할양되어 유고슬라비아 왕국을 이루지요. 이탈리아에는 이탈리아 문화권이던 트렌티노 지역뿐 아니라 확연히 독어문화권이던 남티롤까지 포상으로 주어집니다.

문화적으로나 역사적으로 스스로를 독일민족으로 인식했던 독일문화권 오스트리아인들은 이전과는 비교할 수 없이 작아진 신생 공화국의 국민이라는 낯선 정체성 대신 이 기회에 아예 옆 나라 독일과 합쳤으면 하는 마음이 있었지요. 그러나 승전국들은 패전한 독일이 오스트리아와 합쳐 이전보다 덩치가 커지는 이익을 누리는 건 가당치도 않다며 생제르맹 조약에 양국의 자발적 합병을 금지하는 조항을 넣었습니다. 심지어 독일과 오스트리아를 심리적으로 분리시키기 위해 전후 오스트리아의 새 국명에서 독일민족 국가임을 강조하는 표현인 '도이치'를 떼도록 했습니다. '오스트리아 공화국'은 그렇게 패전국의 처지에서 출범했습니다. 독일과 합칠 길이 막힌 오스트리아는 별 도리 없이 독립국의 길을 가는 수밖에 없었습니다. (이때 억눌렀던 합병 열망은 그로부터 20년 후 동포 아돌프 히틀러에 의해 채워지지요.)

　　1918년에서 1919년으로 넘어가던 겨울. 영토 축소로 야기된 문제점들이 사람들 피부에 와 닿기 시작합니다. 특히 오랜 세월 헝가리에서 공급받던 식료품과 보헤미아에서 충당하던 석탄 조달이 끊어지자 식량 부족, 연료 부족으로 난리가 났고, 빈 시민들은 혹독한 추위와 굶주림으로 고통받으며 빈 숲에서 해온 장작으로 불을 때고 연합국 구호식량으로 연명했습니다. 어려움을 타개하기 위해 좌우 정당은 연립정부를 구성하고 서로 협조하는 길을 택했습니다. 1919년 2월 총선에서 (처음으로 선거권을 획득한 여성을 포함한) 오스트리아 공화국민은 사회민주주의노동당(이하 '사민당')을 다수당으로 만들어주었고, 사민당은 제1 야당인 기독사회당(현 오스트리아국민당의 전신: 이하 '기사당')과 협력해 노동자의 권리를 신장하는 다수의 진보적 법안들을 통과시켰습니다. 이듬해 10월에는 사민당 인사들과 가까웠던 헌법학자 한스 켈젠(Hans Kelsen, 1881~1973)이 기초한 헌법도 의회에서 제정됐습니다.

　　그러나 어려운 정국 속에서 움츠러들었던 보수 세력이 다시 힘을 키웠고 헝가리에서 일어난 1919년 공산혁명에 국민들이 긴장하면서, 1920년 10월 총선에서는 보수층과 가톨릭 교회세력의 지지를 받는 기사당이 집권여당이 됩니다. 2년을 못 넘기고 정권을 빼앗긴 사민당은 수도 빈으로 눈을 돌렸습니다. 면적은 작아도 인구 비중이 높고 경제의 중심지라는 면에서 다른 어느 곳보다 중요한 지역이었고, 마침 새로 제정된 헌법에 의해 연방제가 채택되면서 다른 주와 동등한 자치권을 지니는 독립된 행정구역으로 변신한 참이었습니다.

붉은 빈 시대의 개막

보수적이고 교회의 영향력이 큰 지방에 비해 빈 일대에 거주하는 노동자들과 시민계급은 사민당을 지지했습니다. 빈의 부유한 상인과 자본가들 가운데 상당한 비중을 차지하던 유대인들도 공공연한 반유대주의로 세몰이를 하던 기사당보다 반차별정책을 펼치던 사민당을 지지하는 것이 일반적이었습니다. 실제로 당시 사민당 최고지도자와 이론가들 중에는 유대인이 꽤 많아서 나중에 나치가 좌익과 유대인을 동일시하며 뭉뚱그려 핍박하는 빌미를 제공하게 되지요. 이렇게 다수 시민의 지지를 기반으로 사민당은 적어도 빈에서는 확실하게 주도권을 행사할 수 있었습니다. 보수의 바다에 둘러싸인 한 점의 붉은 섬이 되어버린 빈은 이로써 사회주의자들이 민주적으로 시 의회와 행정을 장악한 세계 최초의 도시가 됐습니다.

　　　　오스트리아 공화국 초대대통령으로서 짧았던 임기(1919~20)를 마치고 빈 시 시장으로 옷을 갈아입은 카를 자이츠(Karl Seitz, 1869~1950)와 그 외 사민당 최고지도자들은 빈을 실험실 삼아 사회주의에 기초한 다양한 공공정책을 지체 없이 입안하고 실행에 옮기기 시작합니다. 공중위생시설을 확충하고 공공보건시스템을 확립하는 한편 교육체계를 더욱 평등하게 개혁하고 종교교육 강제를 폐지하고 노동자 교육프로그램을 마련합니다. 공중목욕탕과 체육시설을 짓고 탁아소와 유치원을 설치해 여성 노동자들이 마음 놓고 일할 수 있도록 배려합니다. 이른바 '붉은 빈'(Rotes Wien)으로 칭해지는 사민정권 시대(1919~34)가 열린 것입니다.

빈 시정부가 다른 무엇보다도 심혈을 기울였던 분야는 주택정책이었습니다. 빈은 19세기 말부터 외부 인구가 빠른 속도로 유입되어 급속한 인구증가를 겪었습니다. 주택난에 집주인들의 횡포가 극심했습니다. 수많은 사람들이 집 없이 쉼터에서 간신히 몸을 뉘거나 길거리에 나앉았고, 여러 사람들이 비좁은 방 하나에서 함께 생활하면서 질병의 위험에 노출된 상태였습니다. 상황의 심각성을 인지한 시정부는 저소득층에게 저렴한 공공임대주택을 대대적으로 공급하기 위한 방안 모색에 착수했습니다. 문제는 재정이었습니다. 시정부는 어떻게 주택건설 예산을 마련했을까요?

새로 확립된 연방제에 기초한 각 주와 수도 빈 시의 지방자치권에는 무엇보다도 조세자치권이 포함되어 있었습니다. 이에 따라 빈 시정부의 집행부와 시의회는 조세제도를 조정함으로써 자신들이 기획하는 정책을 실행하기 위한 세수확보에 나섰습니다. 시정부가 특별히 시립공동주택 건설을 위해 확보한 세수원은 사치세와 주택세였습니다. 말이나 자동차를 소유하거나 경마장, 오페라극장, 나이트클럽, 호텔 등을 이용하는 경우, 샴페인을 소비하거나 집에 하인을 두는 경우에 이르기까지 생필품이 아닌 것을 구매하거나 사용하는 행위에 일제히 사치세를 매겼습니다. 한편 임대수입 등에 매기는 주택세에는 누진세제를 새로이 도입했는데, 상위 0.5퍼센트에 해당하는 고급주택이 주택세 세수의 45퍼센트를 차지할 정도로 급진적이었습니다.

이 조세개혁을 주도한 재정담당관 휴고 브라이트너(Hugo Breitner, 1873~1946)의 언급은 당시 분위기를 생생히 전달합니다.

"빈의 4대 제과점[에서 걷은 세금]으로 학교에 부설된 치과들의 운영비를 조달한다. 자허[호텔]에서 쓰는 식료품에 부과하는 세금으로 학교 부설 의료원 운영비를 충당한다. 마찬가지로 그랜드, 브리스톨, 임페리얼 호텔의 식료품세를 합치면 어린이전용 수영장 운영비가 나온다. 시간당으로 요금을 받는 호텔에 매긴 세금으로 시립조산원이 세워졌고, 그 운영비는 승마클럽에 부과하는 경마세로 충당이 된다."

사치세와 주택세를 아우르는 이른바 '브라이트너 세금'은 당시 빈 시 세수 총액의 36퍼센트에 달했습니다. 이것이 빈의 공공주택 건립에 지대한 공을 세운 것은 말할 것도 없습니다. 결과는 인상적이었습니다. 1923~34년 사이 빈 시는 저소득층을 위한 임대아파트 약 380개 단지를 지어 새로 6만 가구를 공급했습니다. 빈 인구 22만 명이 혜택을 받았지요. 참고로 유대인이던 브라이트너는 파시스트들이 정권을 잡은 1934년 체포됐다 풀려난 뒤 미국으로 피신해 그곳에서 사망합니다.

1

2

— 1 —
1920년 총선을 겨냥한 기독사회당의 반유대주의적 포스터. 유대인을 오스트리아를 옥죄는 뱀으로 묘사하고 있음
— 2 —
사민당 선거포스터. "브라이트너세. 바로 사회민주당을 찍어야 할 이유"라고 적혀있음

카를 마르크스 호프

당시 빈 시가 건설한 수많은 공공주택단지 가운데 가장 유명한 것이 바로 하일리겐슈타트에 있는 카를 마르크스 호프(Karl-Marx-Hof)입니다. '붉은 빈 시대'를 대표하는 상징처럼 여겨지는 곳이지요. 지하철 U4를 타고 종점 하일리겐슈타트에서 내려 역 바깥으로 나가면 붉은 색과 노란 색으로 된 성곽 모양의 거대한 아파트단지가 좌르륵 펼쳐집니다. 남북으로 길게 뻗은 카를 마르크스 호프는 길이가 1.2킬로미터에 달해 단지 북단에서 남단 사이에 버스 정류장이 세 곳이나 설치됐을 정도입니다. 오토 바그너의 제자였던 빈 시당국 건설 총책임자 카를 엔(Karl Ehn, 1884~1959)의 설계로 1927년부터 3년에 걸쳐 건설된 이 주택단지는 총 1,382가구, 주민 약 5,500명이 입주 가능한 규모였으며 구내에 공동목욕탕, 공동세탁실, 탁아소, 치과, 육아상담소, 도서관, 청소년센터, 우체국, 보건소, 약국 등의 시설과 각종 상점을 갖추어 그 자체로 하나의 마을 기능을 하도록 지어졌습니다. 그 중 공동세탁실은 현재 붉은 빈 시대를 소개하는 작은 기념관으로 사용되고 있습니다.

　　카를 마르크스 호프의 또 다른 특징은 부지 총면적 1만5,600제

—3—
카를 마르크스 호프

3

곱미터 가운데 아파트 건물이 차지하는 비중이 20퍼센트에 불과하다는 점입니다. 나머지 80퍼센트는 녹지대를 포함한 정원과 공동생활공간으로 이루어져 있습니다. 이것은 당시에 세워진 다른 공공주택단지들도 마찬가지여서 적어도 부지의 40퍼센트는 녹지로 조성해야 한다는 시정부의 원칙에 따른 것입니다. 애초부터 이 시립아파트들은 빈민에게 시혜용으로 베푸는 것이 아닌, 시민의 정당한 주거권을 보장하려는 사민정권의 핵심 프로젝트였기 때문에 넉넉한 공간을 남겨 나무와 잔디를 심고 주민을 위한 각종 편의시설을 설치하는 것을 원칙으로 삼았던 거지요. 당시 건설된 수많은 공공주택단지들이 지금까지도 슬럼화될 기미 없이 쾌적하고 꽤 살기 좋아 보이는 것도 바로 당시 시정부의 진보적인 선견지명 덕택이라 할 수 있습니다.

여성의 대학 입학을 허가하고, 교회와 학교를 분리시켜 종교 교육 강제를 폐지하고, 교사의 재량권을 확대하는 등의 주요 업적을 남겨 널리 존경받은 사민당의 교육개혁가 오토 글뢰켈(Otto Glöckel, 1874~1935)은 1930년 가을 카를 마르크스 호프 완공 기념식에서 이렇게 선언합니다.

"과거에는 인민의 압제자인 귀족과 기사들이 성과 요새를 지었

4

다. 그러나 오늘, 인민의 요새가 세워졌다. 이것은 민주주의의 표상이자 각성의 표상이다."

　　카를 마르크스를 수호성인으로 삼는 "인민의 요새"가 보수 세력에게 눈엣가시였음은 말할 필요도 없습니다. 보수당 눈에는 새로 건설된 수많은 공공주택단지들이 죄다 사민당 표밭으로 비쳤지요. 자신들이 권력을 휘두르고 있는 연방정부의 영향을 차단한 채 마음껏 자기들만의 정치를 펼쳐가는 '빨갱이'들의 모습이 얼마나 얄미웠을까요. 시간이 흐르면서 좌와 우, 수구와 진보, 교회와 세속주의, 민족주의와 세계주의는 점점 더 첨예하게 대립하기 시작했고 거의 문화전쟁·이념전쟁의 양상마저 보였습니다. 이것은 다가올 격렬한 내전을 예고한 것으로, 그 중심에 카를 마르크스 호프가 있었습니다.

갈등의 심화

생제르맹 조약 119조는 오스트리아에서 징병제를 금하고 지원병제만을 허락했으며, 120조는 오스트리아 군대의 규모가 3만 명을 넘지 못하도록 규정하고 있었습니다. 이에 따라 헌법과 공화국을 수호할 의무를 띤 소수 정예의 직업군인으로 구성된 오스트리아 연방군이 새로 창설됐지만 기사당의 연방정부 장기집권 체제하에서 군이 우경화하면서 헌법과 공화국보다 권력자에 충성하기 시작했습니다. 게다가 전국 각지에서 극우 무장단체인 일명 '향토방위대'(Heimwehr: 하임베어)가 감축된 정규군의 빈자리를 메우며 부상하는 움직임이 두드러졌습니다. 향토방위대는 원래 1차 세계대전 참전 군인들을 중심으로 국경지역을 방어하기 위해 자발적으로 조직된 국수주의적 민병대였으나, 시간이 지나면서 기사당의 지도와 자본가들의 돈줄 하에 파시즘 지지와 반좌익을 목표로 정치적 활동을 벌입니다. 이에 위협을 느낀 사민당은 또 그들대로 1923년 무장단체 '공화경비대' (Repubikanische Schutzbund)를 창설합니다. 공화경비대 총지휘관은 1918~20년 국방장관을 지낸 사민당 정치인 율리우스 도이치(Julius Deutsch)가 맡습니다.

오스트리아 사회 전반에 정치·이념 갈등이 깊어가는 가운데 1927년 한 사건이 터집니다. 부르겐란트 주 샤텐도르프라는 마을에서 향토방위대와 공화경비대가 티격태격하다가 남자 한 명과 아이 한 명이 향토방위대원의 총탄에 맞아 숨지는 사건이 벌어집니다. 그런데 살해혐의로 기소된 피고인들이 배심판결에 의해 무죄로 풀려납니다. 이에 분노한 빈 시민과 노동자들은 7월 15일 법원 건물 앞에서 항의 표시로 대규모 집회를 열지만, 결국 경찰과 군대의 무자비한 폭력진압으로 시위자 89명이 목숨을 잃고 약 600명이 중상을 입습니다. 이에 대한 사민당의 대처는 무기력했고 향토방위대는 자신들에게 유리한 정국을 감지하고 더욱 기세등등해졌습니다. 기사당과 향토방위대의 중대한 첫 승리였습니다.

이 무렵 오스트리아는 여러모로 어려운 시절을 보내고 있었습니다. 세계 대공황이 시작되면서 경제를 재건하려는 노력에 타격이 왔고, 특

5   6

히 1931년 오스트리아의 최대 은행 크레디트안슈탈트가 파산하면서 그 여파가 국내뿐 아니라 독일을 비롯한 전 유럽 금융시장으로 확산됐습니다. 1920년대 중반까지 20만 이하로 유지되던 오스트리아의 실업자 수는 급등해 1931년 33만 명, 33년에는 55만(경제활동인구의 26퍼센트)을 넘겼고, 실업자로 집계되지 않는 비경제활동인구까지 합치면 실질적인 실업률은 거의 40퍼센트에 이르렀습니다. 경제가 무너지자 양대 정당인 기사당과 사민당에 대한 국민의 불만은 높아만 갔습니다. 고삐 풀린 향토방위대는 점점 더 방자해졌고 새로 부상한 나치주의자들이 오스트리아의 전통적 독일민족주의자들을 제치고 전국 각지에서 기반을 넓혀가기 시작했습니다. 이제 향토방위대와 공화경비대, 나치 민병과 그 외 온갖 민간 무장단체들이 툭하면 거리에서 총질을 했습니다.

　　이 상황에 집권여당인 기사당은 긴장했습니다. 특히 기사당은 오스트리아 나치들이 독일 나치당의 성공에 힘입어 놀라운 속도로 세력을 불리는 모습을 보며 자칫 오스트리아가 나치독일에 점령당하게 될까봐 우려했습니다. 결정적으로 1933년 1월 히틀러가 독일에서 총리로 임명되고 나치가 독일의회의 다수석을 점하자 엥겔베르트 돌푸스(Engelbert Dollfuss, 1892~1934) 오스트리아 총리는 같은 꼴이 나기 전에 특단의 조치를 취하겠다고 의회를 강제 해산시키고 기사당 일당 독재에 들어갑니다. 또한 시민의

— 5 —
극우 무장단체 향토방위대
(1931년경)

— 6 —
사민당 소속
무장단체 공화경비대
(1930~31년경)

자유권을 박탈하고 모든 선거를 무한 연기합니다. 오스트리아에 이탈리아 파시즘과 유사한 파시스트 독재정권이 수립된 것입니다. 돌푸스에게는 무솔리니와 긴밀한 관계를 유지해 나치독일의 침략을 막아달라고 도움을 청하려는 계산도 있었습니다. 물론 무솔리니는 히틀러와 동맹을 맺고 독일의 오스트리아 병합에 독일 편을 들었으니 완전한 계산착오였지요.

　　　　이렇게 기사당은 독일에서 나치가 부상하는 모습을 보며 공화민주주의와 의회정치의 강화를 고민하는 대신 민주주의를 헌신짝처럼 내동댕이쳤습니다. 게다가 나치를 막겠다는 명목으로 쿠데타를 일으켜놓고 정작 사민당 때려잡기에 열을 올렸습니다. 이제 사민주의자들은 파시스트 정부와 한 판 싸움을 벌여야 할 운명이었습니다.

내전

1934년 2월 12일. 린츠 시의 사민당 소유 건물에 향토방위대가 진입해 무기수색을 벌이자 린츠 지역 공화경비대가 들고 일어나 양편이 무력충돌을 일으킵니다. 공화경비대는 정부에 의해 불법단체로 규정되고 무기도 일부 몰수당했지만 여전히 세력이 남아 있는 상태였습니다. 린츠 소식이 알

— 7, 8 —
엥겔베르트 돌푸스

7

8

려지자 전국 여러 지역에서 좌우 무장단체 간에 접전이 벌어졌습니다. 빈
도 예외는 아니어서 빈의 공화경비대원들은 붉은 빈 시대의 결실이자 자
신들의 생활 터전인 공공주택단지에 바리케이드를 치고 전투를 치를 준비
를 했습니다. 가장 치열한 교전은 카를 마르크스 호프에서 벌어졌으나 연
방군과 향토방위대의 병력을 당해낼 수 없었던 공화경비대는 며칠을 못
버티고 항복해야 했습니다. 15일까지 이어진 이 접전으로 빈에서만 1,000
명 넘는 공화경비대원들이 목숨을 잃었습니다. 사민당 고위 간부들은 망
명길에 오르고 카를 마르크스 호프는 하일리겐슈테터 호프로 이름까지
갈렸습니다. 붉은 빈 시대가 막을 내린 것입니다.

　　이후 오스트리아에 남은 것은 내리막길뿐이었습니다. 돌푸스는
내전이 있던 그해 7월 나치들에게 암살당하고, 뒤를 이어 총리에 오른 쿠
르트 슈슈니크는 1938년 히틀러에게 오스트리아를 내주고 사임합니다. 참
고로 카를 마르크스 호프를 설계한 건축가 카를 엔은 정권이 파시스트와
나치들에게 차례로 넘어가는 동안 아무 탈 없이 빈 시의 건축 관료로 재
직하다 퇴직했습니다. 수많은 유대인·비유대인 동료 건축가들이 파시즘과
나치즘에 반대하거나 내쫓겨 고국을 떠나는 가운데, 정작 붉은 빈의 상징

— 9 —
1934년 2월
연방군의 모습
(오페라극장 앞)

을 창조해낸 건축가는 색깔을 바꿔 제 살길을 찾았으니 아이러니가 아닐 수 없습니다.

오늘날 파시스트 쿠데타의 주역 돌푸스는 기사당의 후예인 국민당 소속 정치가와 지지자들 사이에서 나치의 손에서 나라를 구하려다 암살당한 순교자로 받들어지고 있습니다. 의회 건물 내 국민당 사무실에는 돌푸스의 초상화까지 걸려 있다지요. 국민당의 이런 성찰 없는 태도는 종종 비난의 대상이 됩니다. 민주주의를 무너뜨린 독재자를 순교자로 둔갑시켜 떠받드는 자들에게 어떻게 나라정치를 맡기겠냐는 비난이지요.

우연히 빈 지역 공공주택 서민들의 삶을 다루는 텔레비전 프로그램에서 고령의 할머니가 1934년 내전과 공화경비대원이던 아버지 얘기를 하는 것을 본 일이 있습니다. 할머니는 당시 어린 나이였음에도 자기 가족이 살던 공공주택 안뜰에서 향토방위대가 공화경비대원들을 재판 없이 바로 공개처형하는 것을 목격한 기억이 아직도 생생하다고 합니다. 처절한 얘기를 너무나 담담하게 말하던 그 할머니의 기억과 옛 파시스트 정권을 감싸고도는 정치인들의 기억. 그 사이에는 도대체 얼만큼의 간극이 있는 걸까요.

카를 마르크스 호프는 2차 세계대전이 끝난 후에야 이름을 되찾

10

— 10 —
카를 마르크스 호프의
'2월 12일 광장'

11

12

—— 11 , 12 ——
전후 건설된 공공주택.
벽면에는 건립년도가
표시되어 있다.

았습니다. 여기저기 남은 포화의 상흔 외에는 다행히 건재했습니다. 사람들은 카를 마르크스 호프의 중앙 광장에 '2월 12일 광장'이라는 이름을 붙였습니다. 1934년 2월 이곳에서 파시즘에 저항하다 죽어간 이들을 기리기 위함입니다. 이제 오스트리아 땅에서 파시스트 정권도, 나치 정권도 역사의 뒤안길로 사라졌지만 카를 마르크스 호프는 아직도 남아 붉은 빈 시대의 과감하고도 신선했던 실험들과 파시즘에 맞서 싸웠던 공화경비대원들의 이야기를 전합니다.

파시즘과 나치즘 때문에 10년간 끊겼던 사민주의 전통은 2차 세계대전의 종료와 함께 강력히 부활합니다. 어느 정도냐 하면 1945년부터 지금까지 사민당이 빈 시장 자리를 다른 정당에 내준 일이 한 번도 없을 정도입니다. 전쟁으로 수많은 건물이 파괴된 빈에서 사민당 시정부는 시립 공공임대주택을 다시 한 번 서민을 위한 전후 주택공급 방안으로 채택해 1970년대까지 이를 활발하게 이행했습니다. 빈 시의 공공주택 건설은 이전보다 규모는 줄었지만 지금도 조금씩 계속되고 있습니다. 1920년대에 탄생한 사민주의의 정책적 유산은 공고히 이어져 오늘날 공공주택 2,000여개 단지 22만 가구에서 빈 시민 약 50만 명이 생활하고 있습니다. 놀랍게도 빈 시 인구의 3분의 1 가까이가 공공주택에 산다는 얘기죠. 빈의 평균 임대료가 파리, 런던, 취리히의 절반 수준으로 유지되는 것도 이 때문입니다. 붉은 빈 시대를 살았던 사민주의자들이 이 얘기를 듣는다면 자기들이 이뤄놓은 일에 보람을 느끼며 흐뭇해하지 않을까요.

MAK DESIGN SHOP

MAK 디자인숍

– 위치 –

STUBENRING 5, 1010 WIEN

– 웹사이트 –

WWW.MAKDESIGNSHOP.AT

앞 글자만 따서 짧게 MAK(막)으로 통하는 오스트리아
응용미술 · 현대미술관(Österreichisches Museum für angewandte Kunst/
Gegenwartskunst)은 1864년에 황립오스트리아 미술 · 산업박물관(k.k.
Österreichischen Museums für Kunst und Industrie)이라는 명칭으로 개관했습니다.
1867년에 박물관 산하에 오늘날 빈 응용미술대학의 전신이고
구스타프 클림트의 모교인 황립응용미술학교가 설치되고,
1877년에는 박물관이 응용미술학교와 함께 현재의 위치, 즉
링슈트라세에 면한 슈투벤링(Stubenring)으로 옮겨옵니다. 3년에 걸쳐
지은 이 건물은 카페 첸트랄이 입점해 있는 '팔레 페르스텔'과
빈 대학 본관, 포티프 교회 등을 설계한 건축가 하인리히 폰
페르스텔(Heinrich von Ferstel, 1828~1883)의 작품입니다.
세기말이던 1897년 박물관장에 임명된 아르투어 폰 스칼라(Arthur von
Scala)는 보수적인 기득권층의 반발 속에 빈 분리파의 유겐트슈틸을

MAK: Österreichisches
Museum für
angewandte Kunst/
Gegenwartskunst
(오스트리아
응용미술 · 현대미술관)

— 1, 2 —
19세기 중엽의 절충주의
양식으로 지어진
MAK의 내외관

— 3 —
매장 전경

1　　　　　2　　　　　3

활발히 지원하여 오토 바그너, 콜로만 모저, 요제프 호프만 등과
함께 다양한 프로젝트를 진행했고, 주목할 만한 전시회 기획과
그에 따른 출판물 발행으로 박물관의 위상과 명성을 높이는 데
크게 기여했습니다. 박물관은 1909년 응용미술학교와 정식으로
분리되었고, 1919년 공화국 성립으로 '황립'이라는 표시를
잃은 대신 서남아시아 양탄자 등 합스부르크 황가가 소장하던
귀중한 공예품을 얻었으며, 나치 독일의 오스트리아 병합 후
국립응용미술관으로 개칭되었다가 2차 세계대전 종료 후
현 오스트리아 응용미술관으로 거듭나게 됩니다.

MAK 구내에 자리하는 MAK 디자인숍은 1991년에 설치됐습니다.
이곳은 단순한 기념품 가게가 아니라, 오스트리아 디자이너와
현대 미술가들의 작품을 소개하는 공간이기도 합니다. 빈
응용미술대 출신의 건축가 겸 디자이너 미하엘 발라프(Michael
Wallraff)의 실내디자인으로 단장한 이곳은 경쾌한 색깔의 각종 재치
돋는 디자인 상품과 함께 디자인과 건축에 관한 다양한 서적을
구비하고 있어서, 디자인에 관심 있는 분들에게는 오스트리아
응용미술 분야의 트렌드를 짚어볼 수 있는 곳입니다. MAK
디자인숍은 미술관 중앙현관 쪽에서도 입장할 수 있지만, 미술관에
입점해 있는 레스토랑 '외스터라이허'(Österreicher) 쪽에서도 입장이
가능합니다. 2006년에 새로 문을 연 이 레스토랑은 투박한

— 4 —
전시회: '김일성 주석께
드리는 꽃' (2010년
5~9월)

— 5 —
디자인 서적을 살펴보다가
『북한미술탐구』(Exploring
North Korean Arts)라는
책을 찾아냈습니다.
근대미술출판사가
빈대학과 MAK의 협조를
얻어 2011년 7월에 출간한
이 책은, 2010년 5월~9월
사이에 MAK에서 개최된
북한미술 전시회 '김일성
주석께 드리는 꽃:
조선민주주의인민공화국의
미술과 건축과
관련하여 열린 2010년
9월 국제학술심포지엄의
내용을 정리한
결과물입니다.

— 6 —
전시회를 기념해
특별 제작한
김정일 가방 시리즈

4   5   6

오스트리아 전통 음식과 현대적인 실내장식이 독특한 대조를
이루는 곳으로, 디자인숍에 들르셨다면 기왕이면 외스터라이허
쪽 출구로 나와 건축가 그레고어 아이힝거의 레스토랑 실내장식과
그가 디자인하고 롭마이어가 제작한 와인병 샹들리에를 구경한 뒤
레스토랑 출구를 통해 미술관을 빠져나가셔도 됩니다. 많은 이들이
그렇게 하기 때문에 종업원들이 신경 쓰지 않습니다. 물론 식사를
하셔도 되고 아니면 잠시 바에 앉아 (메뉴판 설명에 따르면) 아돌프
로스가 즐겼다는 화이트 와인·샴페인·탄산수를 섞은 칵테일
'파인슈프리처(Feinspritzer)'를 한 잔 하셔도 좋겠지요.

7   8   9

30

빈 응용미술대생들의 휴식처

CAFÉ PRÜCKEL

카페 프뤼켈

– 위치 –
STUBENRING 24, 1010 WIEN

MAK, 빈 응용미술대, 시립공원 건너편에 자리하여 미대생들,
전시회 보러왔던 사람들, 시립공원에 산책 나왔던 이들이 즐겨 찾는
카페 프뤼켈은, 1903년 유럽 사이클챔피언이었던 막시메 루리온이
같은 장소에 열었던 화려한 유겐트슈틸 카페 루리온을 전신으로
합니다. 1920년대에 카페를 인수한 새 오너가족은, 카를스플라츠에
있는 빈 박물관(Wien Museum)을 설계한 오스발트 헤르틀(Oswald
Haerdtl)의 군더더기 없이 기능적이면서도 준수한 디자인으로
1950년대에 실내디자인을 바꾸고 새출발했습니다. 지금까지 큰
변화 없이 50년대의 모습을 그대로 간직하고 있으면서도 여전히
모던한 분위기를 풍기는 카페 프뤼켈은 예술가 타입의 멋쟁이들이
애용하는 휴식처이며, 특히 파라솔 드리워진 여름철 야외 좌석은
책을 읽거나 사람구경하기에 더할 나위 없습니다.

— 1 —
카페 입구
— 2, 3 —
프뤼켈 내부

1
2
3

빈과 영화

매년 10월 말이면 빈에 있는 시네필들의 눈빛이 초롱초롱해집니다. 일명 '비엔날레'(Viennale)라고 불리는 빈 국제영화제가 열리는 시기이기 때문입니다. 영화제 개막일을 며칠 앞두고 영화입장권 사전 판매가 시작되면 빈의 교통요지 가운데 한 곳인 쇼텐토어(Schottentor) 전차역 지하도에 설치되는 임시 티켓부스를 비롯해 영화제에 참여하는 각 상영관의 매표소는 표를 구하려는 사람들로 북적거립니다. 조금 흥미롭겠다 싶은 영화는 금세 매진되고 맙니다.

1962년 정식으로 출범한 빈 국제영화제는 2012년에 50주년을 맞았습니다. 2차 세계대전 후 10년 동안 이어진 연합국 점령기가 끝나고 독립 민주공화국 국민으로서의 정체성을 확립해야 했던 빈 시민들은 대중

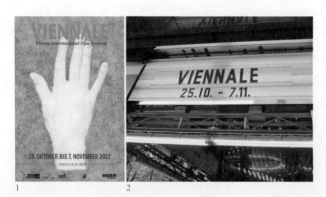

1

2

— 1, 2 —
2012 빈 국제영화제

문화를 활성화하고 도시에 활기를 불어넣을 문화 프로젝트가 필요했습니다. 빈 국제영화제는 이 프로젝트의 일환으로 구상되었지요. 빈 영화제는 냉전으로 예민했던 초창기에는 정치색을 배제하고 주로 코미디물에 집중했다가, 서구 전역에서 학생운동이 활발하게 전개된 68년 이후부터 정치적 작품에도 서서히 문을 열었습니다. 오늘날은 정치성, 예술성, 다양성을 추구하면서 유럽에서 주목받는 영화제 가운데 하나로 거듭나게 되었습니다. 관객도 꾸준히 늘어 2007년부터는 방문 관객 9만 명을 돌파했습니다.

　　매년 세계 각국에서 만들어진 다양한 장르의 영화 300여 편이 상영되는 빈 국제영화제에서는 그 해 제작된 좋은 오스트리아 영화에 주어지는 '빈 영화상', 국제영화비평가연맹상, 그리고 일간지 『데어 슈탄다르트』 독자들이 뽑는 인기상이 준비되어 있지만 기본적으로 칸·베를린·베니스 영화제와는 달리 비경쟁 영화제로 운영되고 있습니다.

　　빈 영화제를 흥미롭게 만드는 한 가지 요소는 오스트리아 영화박물관과 협력하여 준비하는 특별회고전입니다. 1964년에 설립된 오스트리아 영화박물관은 독어권 영화는 물론 세계 여러 나라의 예술영화·독립영화들을 다수 소장하고 있고 중부유럽, 동유럽, 러시아에서 제작된 영

3

화, 그리고 이 지역에서 다른 곳으로 망명 또는 이민한 영화인들이 만든 작품을 수집하는 데 초점을 두고 있습니다. 2005년부터 마틴 스콜세지 감독이 명예 관장을 맡고 있는 이 박물관은 한 달이나 두 달에 한 번씩 주제를 바꿔가며 관련 영화 상영과 강연회 등을 열고, 빈 국제영화제 기간에는 특별회고전을 개최합니다. 2010년 에릭 로메르 감독, 2011년 샹탈 아커만 감독에 이어 빈 영화제 50주년을 기념하는 2012년에는 빈 출신인 프리츠 랑 감독을 회고하는 회고전이 열렸습니다. 빈과 영화에 관한 이야기를 하면서 빼놓을 수 없는 인물이 바로 프리츠 랑입니다.

프리츠 랑 감독은 1890년 빈에서 태어났습니다. 모라비아 (오늘날 체코 동부) 출신 천주교도 건축가 아버지와 천주교로 개종한 유대인 어머니 사이에서 태어난 랑은 공대를 다니다 그만두고 빈 미술 아카데미에서 미술을 공부했고, 1차 세계대전에 참전했다 돌아온 후에는 베를린으로 활동무대를 옮겨 1919년부터 영화제작에 뛰어듭니다. 거기서 「거미」(1919) 「도박사 마부제 박사」(1922) 「니벨룽엔」(1924) 「메트로폴리스」(1927) 등의 표현주의 무성영화를 비롯해 첫 유성영화 「M」(1931)과 이후에 나치에 의해 상영금지 조치를 받게 되는 「마부제 박사의 유언」(1933) 등 수많은 걸작을 남깁니다.

4   5

—4—
2012 빈 국제영화제
프리츠 랑 회고전 포스터
—5—
베를린에서 활동하던
시절의 프리츠 랑
(1929년)

특히 암울한 미래도시를 배경으로 펼쳐지는 SF 영화 「메트로폴리스」는 당시로서는 최고의 제작비가 투입됐던 작품으로 수많은 후세대 SF 영화와 대중문화 전반에 커다란 영향을 끼친 걸작입니다. 리들리 스콧 감독의 「블레이드 러너」나 배트맨 시리즈에 나오는 고담시티의 묘사, 뤽 베송의 「제5원소」 등도 「메트로폴리스」에서 영감을 얻은 것으로 알려져 있고, 록그룹 퀸의 뮤직비디오 「라디오 가가」에서는 아예 「메트로폴리스」의 장면들을 원본 그대로 사용하고 있으며, 데이비드 핀처 감독이 만든 마돈나의 뮤직비디오 「익스프레스 유어셀프」의 경우도 「메트로폴리스」의 이미지들을 차용하고 있습니다. 마돈나는 일부 장면에서 프리츠 랑의 외양까지 흉내 내어 양복에 외알 안경을 끼고 나오지요.

후세대 아티스트들이 자기 작품에 「메트로폴리스」를 차용했듯 프리츠 랑 감독 또한 「메트로폴리스」를 만들 때 유명한 미술작품을 차용했지요. 네덜란드의 화가 피터르 브뤼헐(Pieter Brueghel)의 「바벨탑」(1563)을 모형 삼아 영화에 나오는 바벨탑의 이미지를 만든 것입니다. 브뤼헐의 '바벨탑'은 이곳 빈의 미술사박물관에 소장된 작품으로 사시사철 감상하는 인파가 끊이지 않는 인기작입니다. 랑의 바벨탑이 하필 빈 소재 미술관에

— 6 —
영화 「메트로폴리스」에
등장하는 바벨탑

— 7 —
영화 「메트로폴리스」에
등장하는 바벨탑의
모형으로 알려진 피터르
브뤼헐의 바벨탑

6   7

있는 브뤼헐의 바벨탑 형상을 하고 있는 것은 과연 우연일까요?

「메트로폴리스」는 나치들조차 매료시켰습니다. 특히 머리(메트로폴리스의 설계자로 대표되는 자본가)와 손(노동자)을 연결하고 중재하는 것은 심장(메트로폴리스 설계자의 아들로 대표되는 체제유지적 휴머니즘)이라는 지극히 순진한 해법으로 계급 갈등을 해소하는 동화 같은 얘기는 나치 선전관 요제프 괴벨스를 사로잡았습니다. 이 같은 내러티브가 나치즘 프로파간다로 이용하는 데 제격임을 꿰뚫어본 괴벨스는 높은 자리를 보장하며 프리츠 랑을 유혹해서 그의 재능을 나치즘 선전에 써줄 것을 요청하지만 랑은 거절하고 독일을 떠나 미국으로 향합니다. 한편 「메트로폴리스」와 「M」 등의 각본을 함께 썼던 아내 테아 폰 하르보우(Thea von Harbou)는 열렬한 나치당원이 되어 랑과 이혼하고 독일에 남습니다. 특정한 정치적 성향을 보이지 않았던 랑이 나치의 제안을 거절한 정확한 이유는 알려져 있지 않지만, 어머니가 유대인이라는 점, 그리고 헐리우드에 가서도 영화 일을 계속할 수 있으리라는 판단이 독일을 떠나게 했으리라 짐작됩니다. 실제로 그는 미국에서도 스무 편 이상의 영화를 제작해 대중적인 성공을 거두었고 특히 미국의 필름누아르 장르에 크게 기여했습니다.

랑의 첫 번째 유성영화 「M」은 획기적인 걸작이지만 특히 끝부분의 살인범 재판 장면은 주목할 만합니다. 경찰도 잡지 못한 아동 연쇄살해범을 잡은 조직범죄자들은 자체적으로 유사법정을 열어 살인범을 재판하기로 합니다. "살해욕망을 이성으로 억제할 수 없다"고 고백하며 제정신으로 저지른 일이 아니라고 호소하는 피고에게 검사역을 맡은 조직범죄자 슈렝커는 "안전한 사회를 위해서 너 같은 자는 말살하는 게 최고"라는 말로 사형을 선고하지요. 테아 폰 하르보우가 쓴 것으로 알려진 이 재판 장면은 아동 살해범을 유대인에 대한 은유로 본 나치에게 어필했고 '저들'에 대한 '말살' 해법은 결국 나치에 의해 현실 속에서 실행에 옮겨집니다.

아이러니하게도 영화 속에서 살해범을 연기한 페터 로레(Peter Lorre, 1904~64)는 실제로 유대인이어서 영화 개봉 후 미국으로 피난해야 했던 데 반해, 슈렝커로 분했던 연기자 구스타프 그륀트겐스(Gustaf Gründgens, 1899~1963)는 나치 정권에 협력함으로써 출세를 도모합니다. 참고로 그륀트겐스는 토마스 만의 딸이자 배우 겸 작가 에리카 만의 첫 남편인데, (빈 숲에 관한 부분에서 언급했듯이 에리카 만은 이후 나치 독일로부터 피신하고 시인 W. H. 오든과 위장결혼해 영국국적을 얻습니다) 에리카의 동생 클라우스 만은 바로 매형이었던 그를 모델 삼아 출세를 위해 영혼을 파는 배우 이야기『메피스토』(1936)를 집필합니다. 이제까지 그륀트겐스만큼 괴테의『파우스트』에서 메피스토펠레스 역을 잘 연기하는 사람이 없다고 하니 역설적이죠.

한편, 오스트리아-헝가리 제국 시절 현 슬로바키아에 해당하는 지역에서 태어나 빈에서 연기자로 데뷔한 헝가리 유대인 페터 로레는 나치를 피해 헐리우드로 건너간 후에 독특한 개성을 지닌 성격배우로서 명성을 얻었습니다. 특히 영화「M」에서의 인상적인 열연은 알프레드 히치콕 감독의「너무 많이 안 사나이」(1934)와「비밀첩보원」(1936), 존 휴스턴 감독의「말타의 매」(1941) 등의 필름누아르 장르에서 활약할 길을 그에게 터주었고, 1942년「카사블랑카」에서의 연기 또한 많은 이들에게 강렬한 인상을 남겼습니다.

나치의 치하에서 미국으로 피신한 오스트리아 출신 유대인 영화인 가운데 빌리 와일더(1906~2002)도 빼놓을 수 없습니다. 1906년 오스트리아-헝가리 제국의 (현 폴란드 남부) 소도시에서 태어난 와일더는 어린 시절부터 빈에서 자라 빈 대학을 다녔습니다. 지금도 빈 1구의 플라이슈마르크 트 거리 7번지에 가면 건물 입구에 "빌리 와일더가 1914~1924년 학생 시 절에 살던 곳"이라는 명판이 붙어 있습니다. 빈에는 이런 식으로 빈 출신 혹은 빈에서 활동했던 유명인들이 태어나거나 머물던 곳임을 알리는 명 판이 흔합니다. 대학 졸업 후 빈에서 저널리스트로 일하다 독일로 옮겨 영 화계에 발을 담근 와일더는 1933년 헐리우드로 갑니다. 그다음은 우리가 대략 아는 대로입니다. 와일더는 「선셋 대로」(1950) 같은 필름누아르 최고 걸작으로 꼽히는 작품부터 마릴린 먼로와 오드리 헵번과 같은 당대 스타 들과 함께 「7년만의 외출」(1955) 「사브리나」(1954) 등의 코미디물을 만들며 헐 리우드 황금기를 대표하는 거장 자리에 오릅니다.

다시 시계바늘을 현재로 돌려봅니다. 이제 빈의 영화인들은 더 이상 인 종이나 정치적 이견을 이유로 외국으로 피신할 필요 없이 표현의 자유를 보장받고 실험적이고 도발적인 작품을 만들 수 있습니다. '도발적인 작품' 이라 하면, 폭력을 다룬 영화로 논란의 중심에 서곤 하는 오스트리아의 대표적인 영화감독 미하엘 하네케(1942~)를 언급하지 않을 수 없습니다.

8   9

— 8, 9 —
페터 로레

326

2012년 칸 영화제 황금종려상 수상작 「아무르」에서 다소 다른 모습을 보여주기 전까지 그는 화면 앞에 앉아 있는 것이 고역스러울 정도의 잔인한 영화들을 줄곧 만들어 왔습니다. 그는 살인, 관음, 가학, 자학, 자기혐오 등의 폭력적인 도구를 통해 소시민적 삶의 불완전함과 인간의 죄업을 적나라하게 드러내는 독특하고도 탁월한 영화예술의 장인입니다.

하네케가 즐겨 다루는 주제들은, 문명의 발달과 함께 금기를 내면화하고 성적욕망이나 가해욕구 같은 본능적 충동을 억누른 결과 욕구불만과 불안증, 신경증, 죄의식에 시달리게 된다고 지적했던 지그문트 프로이트의 『문명 속의 불안』을 떠올리게 한다는 점에서 정신분석학적이고 '빈스럽다'고 말할 수 있습니다. 관객은 서구사회 중산층이 애써 구축한 교양과 문명의 껍데기가 예상치 못한 (그러나 구조적으로 내재된) 외부의 자극으로 힘없이 붕괴하는 모습을 무기력하게 바라보면서 관객인 우리 자신의 보호막에 균열이 오는 경험을 합니다. 한 평화로운 중산층 가정의 일상에 이유 없이 가해지는 황당한 폭력을 그린 (전혀 '퍼니'하지 않는) 「퍼니 게임」(1997), 제자를 향해 억눌린 성적 욕구를 분출하는 피아노 선생 이야기 「피아니스트」(2001), 어느 날 배달된 비디오테이프가 한 지식인에게 야기하는 신경

10

빌리 와일더가 살던 곳임을
알리는 명판
(플라이슈마르크트 7번지)

증과 감춰둔 과거에 대한 죄의식을 다루는 「히든」(2006), 차갑고 잔인한 아이들의 행태와 훈육의 이름으로 가해지는 아동학대, 그리고 그 속에서 암시되는 파시즘의 부상을 엿볼 수 있는 「하얀 리본」(2009)은 전부 같은 연장선상에 있습니다.

그중에서도 「피아니스트」는 비록 프랑스 배우들이 불어로 연기하고 있지만 오스트리아 작가의 소설을 원작으로 하고 공간적 배경을 빈으로 하고 있어 주목할 만한 작품이라 할 수 있습니다. 특히 마지막 부분에서 주인공이 칼로 자신의 가슴을 찌르는 장소는 빈의 유명한 공연장 비너 콘체르트하우스의 로비지요. 2004년 노벨문학상 수상자인 「피아니스트」의 원작자 엘프리데 옐리네크(1946~)는 빈의 부유한 가정 출신인 비유대인 어머니와 화학자였던 유대인 아버지 사이에서 태어나 줄곧 빈에서 활동해온 페미니스트 작가이자 좌파 지식인입니다. 「피아니스트」의 주인공 에리카처럼 옐리네크 자신도 성인이 된 후에까지 어머니와 함께 살며 (아버지는 69년 정신병으로 사망) 어려운 모녀관계를 맺고 있었고, 어려서는 딸을 음악영재로 키우려는 어머니의 극성 속에 빈의 한 음악학교에 다니며 피아노와 오르간을 배우기도 했다는 점에서 작품에서 자전적인 요소를 엿볼 수 있습

11   12

니다. 68년을 전후해 학생운동이 한창이던 시기에 문인의 길에 들어선 옐리네크는 74년 오스트리아공산당에 가입하고 (91년 탈퇴) 마르크스주의 페미니즘의 관점에서 작품 활동을 하는 한편 오스트리아의 친나치 과거청산을 요구하며 보수 세력의 미움을 샀습니다. 특히 1990년대부터는 극우 외르크 하이더와 하인츠 크리스티안 슈트라헤를 비롯한 자유당 세력을 집요하게 비판하면서 ("무도회 시즌의 망상" 참조) 오스트리아 사회에 대한 신랄한 비평을 작품 속에 꾸준히 담아내고 있습니다.

빈과 얽힌 영화 가운데는 외국 제작팀이 빈에 와서 촬영한, 빈을 배경으로 삼는 영화들이 있지요. 여러 편이 있지만 프로이트가 등장인물로 나오는 최근 영화를 하나 골라볼까요? 정신의학 분야의 두 거목인 지그문트 프로이트와 카를 구스타프 융의 관계를 다루는 데이비드 크로넨버그 감독의 「데인저러스 메소드」(2011)는 스위스인 융과 오스트리아인 프로이트가 빈에서 첫 만남을 갖는 장면을 실제로 빈에서 촬영했습니다. 특히나 두 인물이 나누는 대화 뒤편으로 조용히 모습을 드러내는 지그문트 프로이트 박물관과 벨베데레 궁전의 정원, 그리고 역사 깊은 카페 슈페를의 모습을 실물로 구경하는 재미가 은근히 쏠쏠합니다.

　　우선 영화 속에 등장하는 프로이트의 사무실은 실제로 그가

— 11 —
비너 콘체르트하우스
로비
— 12 —
비너 콘체르트하우스
전경

1891년부터 나치를 피해 런던으로 망명하는 1938년까지 살았던 빈 9구에 있는 사저 겸 사무실로, 현재 이 건물은 프로이트를 기리는 박물관으로 개조되어 사용되고 있습니다. 영화를 본 분들은 프로이트와 융이 유유히 거닐며 이야기를 나누던 공원과 그 뒤로 보이던 궁전 같은 건축물을 보셨을 겁니다. 이곳이 바로 오스만군을 물리친 명장 외젠(오이겐) 공을 위해 지어진 벨베데레 궁전의 뜰입니다. 벨베데레 궁전 미술관은 여행객들에겐 클림트의 '키스'를 전시하는 곳으로 유명하지요. 영화 속에서 프로이트가 융에게 말하는 것처럼, "여기서 자주 산책한다. 내 최상의 아이디어 몇 가지가 바로 여기서 나왔다"는 이야기가 사실인지 여부는 알 수 없으나 정말 이곳을 거닐면 뭔가 멋진 아이디어가 떠오를 것만 같은 편안하고도 아름다운 빈 시민들의 휴식공간입니다.

한편 두 대학자가 커피와 케이크를 시켜놓고 담소를 나누는 고색창연한 카페는 영화세트가 아니라 빈 6구에 있는 카페 슈페를이라는유서 깊은 카페입니다. 크로넨버그 감독이 20세기 초의 모습을 그대로 간직하고 있어서 따로 손봐야 할 곳도 없었다고 말할 정도로 전통적인 빈 카페의 모습을 유지하고 있는 카페 슈페를은, 1995년 영화 「비포 선라이즈」에도 등장합니다. 여행길에 만난 두 젊은이 셀린과 제시가 하루 저녁을 빈에서 함께 보내면서 서로에게 호감을 갖게 되고, 바로 이곳 카페 슈페를에 앉아 각자 자기 친구에게 가짜로 전화를 거는 방식으로 그런 마음을 고백하게 되지요.

「비포 선라이즈」에는 카페 슈페를 말고도 또 하나의 유명한 카페가 등장합니다. 제시와 함께 야외 카페에 앉아있는 셀린에게 점쟁이가 다가와 손금을 봐주며 강인하고 창의적인 여인이 될 것을 예언하는 장면

13

— 13 —
벨베데레 궁전

입니다. 이곳은 빈 1구 프란치스카너 광장에 자리 잡고 있는, 이름 그대로 '자그마한' 클라이네스 카페(Kleines Café)입니다. 클라이네스 카페를 1970년부터 운영해온 빈 토박이 배우 한노 푀슐(Hanno Pöschl)은 독어권 내에서 꽤 이름 있는 중견배우로 그가 주연한 「빈 숲 속의 이야기」(1979)는 오스트리아 영화사에 남을 명작으로 꼽힙니다. 빈에서 태어난 오스트리아·스위스 배우로서 헐리우드에서 성공한 몇 안 되는 독어권 배우 가운데 한 명인 막시밀리안 셸이 메가폰을 잡았던 「빈 숲 속의 이야기」는 빈 숲을 소개하는 꼭지에서 제가 언급했던 외된 폰 호르바트의 희곡 『빈 숲 속의 이야기』를 영화화한 것입니다. 호르바트의 작품이 1931년 베를린 무대에서 초연될 당시 자기가 유혹한 처자 마리안네와 그녀가 낳은 자기 아이를 나몰라라 방치하다시피 하는 건달 알프레트 역을 맡았던 배우가 바로 영화 「M」에 출연했던 페터 로레였는데, 같은 역을 막시밀리안 셸의 영화 버전에서는 한노 푀슐이 연기하고 있습니다.

푀슐은 클라이네스 카페 외에도 근처에 자기 이름을 걸고 '가스트하우스 푀슐'이라는 바이즐을 운영하고 있습니다. 어디로 보나 전형적인 빈의 바이즐이지만, 빈 사람들 사이에 회자되고 있는 한 가지 특징은 오

14   15

스트리아 전통 디저트 가운데 하나인 '셔츠 입은 검둥이'라는 뜻을 지닌 초콜릿 케이크 '모어 임 헴트'(Mohr im Hemd)를 '오텔로 임 헴트' 즉 '셔츠 입은 오텔로'로 명칭을 바꿔 판매하고 있다는 점입니다. 독어에서 '모어'(Mohr)라 하면 단순히 북아프리카와 이베리아반도에 머물던 무슬림을 뜻하는 무어인을 가리키는 게 아니라 영어의 '니그로' '니거'처럼 흑인 전체를 비하하는 식민주의·인종주의적 의미가 담겨 있습니다. 오늘날 독어권 사람들이 거의 입에 담지 않음에도 오스트리아에서는 지금까지 디저트 이름으로 버젓이 사용되고 있어요. 푀슐은 모어를 (배우답게도) 오텔로로 대체하는 간결하고도 재치있는 발상으로 생각 없이 메뉴판을 보던 손님들을 미소 짓게 하고 그들의 의식을 깨웠던 거지요. 물론 사람 사는 사회란 어디나 비슷해서 늘 써왔던 이름인데 뭘 그런 것까지 걸고 넘어지냐는 사람들도 있지만 많은 이들이 푀슐의 익살을 환영하는 분위기입니다.

　　　　푀슐은 아주 잠깐이긴 하지만 「비포 선라이즈」 도입 부분에서 얼굴을 내비칩니다. 열차 안에서 책을 읽던 셀린이 독어로 시끄럽게 말다툼하는 어느 부부를 피해 제시 건너편 자리로 옮겨가는데 이때 아내와 티격태격하던 남편으로 분한 배우가 바로 푀슐입니다. 부부싸움 내용을 잠시 엿볼까요?

16

아내: 신문을 아예 외우쇼 외워.

남편: 당신은 관심 없겠지만 여기 당신 얘기 나오거든? 여성 7만 명이
        알코올중독이라는데 당신도 그중 하나잖아.

아내: 알코올중독이야 당신이 알코올중독이지. 거울 좀 들여다보지? 거
        울 줄까?

남편: 나야 그럴만한 이유가 있으니까. 당신이랑 결혼해서 살잖아.

아내: 망할 신문 좀 내려놓고 내말 좀 들어요!

남편: 15년이나 들었으면 됐지 뭘. 제발 나 좀 내버려 둬.

아내: 당신이야말로 나 좀 내버려둬요. 아예 그냥 당신 엄마 집에 들어
        가 살면 좀 좋아? 갈 땐 당신 요리책도 전부 다 가져가라고!

남편: 어이구 대단한 제안이셔. 그놈의 똑같은 소리 한 달에 두 번은 듣
        는구만.

[아내가 남편이 들고 있던 신문을 잡아채 구겨버린다]

저의 세대 중 비슷한 경험을 한 분들이 있으리라 짐작되지만 영화 「비포
선라이즈」는 제게 빈이라는 도시를 소개해준 첫 번째 관광가이드였습니
다. 거기 나오는 주인공들처럼 여행 중에 만난 이와 사랑에 푹 빠져보고
싶다는 친구의 권유로 영화를 처음 보았을 때는 (수다가 만발하는 영화의 특성상
배경보다 대화내용에 몰입했기 때문이기도 하지만) 셀린과 제시가 거닐던 도시 빈이 특
별히 인상적으로 각인된 건 아니었습니다. 제 눈에는 그게 프라하여도 좋
고 로마여도 상관없을, 유럽 도시 분위기를 대표하는 추상적인 공간에 불
과했지요. 영화를 이 도시, 저 도시에서 조금씩 촬영해 모자이크처럼 접
붙여놓았더라도 눈치 채지 못했을 겁니다. 이처럼 하마터면 주인공들의

예쁜 얼굴과 위트 있는 대화에 겸손하게 앞자리를 내주고 흐릿한 기억의 뒤편으로 퇴장할 뻔했던 문제의 도시는 이후 제 속에서 다시 새롭게 태어납니다. 그 도시에 살게 되면서였습니다.

빈에 사는 해가 거듭될수록 「비포 선라이즈」를 시청할 때마다 알아보는 배경이 많아지고, 또 그런 재미에 가끔씩 「비포 선라이즈」를 다시 보곤 합니다. 한번은 아예 주인공들의 대화는 밀어놓은 채 처음부터 끝까지 주인공들이 다니는 장소에만 주의를 기울여 살펴본 적도 있습니다. 그러다보니 영화였기에 망정이지 여행의 달인들이래도 빈에 머무는 저 짧은 시간 내에, 저렇게 큰 반경으로 싸돌아다니기란 어려웠겠다, 하는 것까지 알아차리게 되었네요. 셀린과 제시의 로맨스가 펼쳐지는 도시는 이제 제게 막연한 '유럽의 어느 도시'가 아닌 너무나도 생생한 '빈'입니다.

이제는 어쩌다 빈을 배경으로 펼쳐지는 영화나 방송을 시청하게 되면 거기가 어디쯤인지 맞혀보는 일이 버릇처럼 되어버렸습니다. 무의미했던 장소가 의미 있는 곳으로, 낯선 곳이 익숙한 곳으로 바뀌는 과정은 여행이라는 경험이 선사하는 전형적인 묘미이지만, 타지에서 얼마간 살아보는 경험이야말로 그와 같은 느낌을 한층 더 진하고 선명하게 만들어주지요. 영화라는 매체는 이처럼 저에게 빈으로 다가가는 또 하나의 통로를 제공했고, 저는 오늘도 빈과 관련된 이전에 몰랐던 영화들을 고르며 도시 빈을 만납니다.

BERGER

베르거

– 위치 –

WEIHBURGGASSE 17, 1010 WIEN

– 웹사이트 –

WWW.BERGER-OFEN.AT

17세기 초에 건립된 르네상스 양식의 프란치스카너
성당(Franziskanerkirche)과 '클라이네스 카페'가 자리한 프란치스카너
광장에서 바이부르크가세(Weihburggasse)를 따라 서쪽으로 20미터쯤
걸으면, 오른편으로 마흔 개가량의 전구에 한 줄로 불이 들어와
있는 가게가 눈에 띕니다. 따로 간판도 없이 쇼윈도에 푸른색
스테인드글라스로 '베르거'라는 상점명만 간단히 박혀있는 이곳은
밖에서 보면 단순한 세라믹 소품 가게로 보여지만, 상점 안으로
들어서면 웬만한 어른 키보다 크고 겉을 타일로 씌운 다양한
난로들이 손님을 맞습니다. 이 가게의 주인 하로 베르거(Harro Berger)
씨는 빈에서 유일하게 '카헬오펜'(Kachelofen)이라는 유럽의 전통적인
타일스토브를 전문 제작하는 장인입니다. 호프부르크 궁전이나
쇤브룬 궁전 같은 곳을 구경하다보면 겉에 타일을 붙인 독특한
난로들이 방 한구석에 놓여 있는 모습을 볼 수 있는데, 바로

— 1 —
상점 현관 사진

— 2 —
베르거 상점이 면해
있는 바이부르크가세는
1603년에 건립된
프란치스카너 성당과
클라이네스 카페가 있는
프란치스카너 광장으로
이어집니다.

— 3 —
매장 내부

1   2   3

그것들이 카헬오펜입니다. 카헬(Kachel)이란 유약을 발라 윤이 나게 구운 타일을 뜻하고 오펜(Ofen)은 오븐 혹은 난로를 의미합니다. 카헬오펜은 요즘 흔히 볼 수 있는 연소실이 개방된 벽난로와는 달리, 연소실에 문을 달아 열손실을 막고 음식을 조리하는 오븐으로도 사용할 수 있게 되어있습니다. 내부는 내열성이 뛰어나고 열을 장시간 저장하는 내화벽돌을 사용하고, 겉은 두툼한 세라믹 타일을 붙여 단열성과 축열성을 한층 더 높입니다. 연료는 장작을 사용하는데, 불을 지피면 내화벽돌이 그 열을 머금었다가 실내로 천천히 내뿜습니다. 축열성이 뛰어나서 장작이 다 연소된 후에도 6~12시간가량 난방이 지속되며 스토브의 크기에 따라 총 8시간에서 길게는 24시간까지 열을 방출할 수 있습니다. 타일스토브의 이런 기본적인 난방 방식은 매우 효율적이어서, 8~9세기에 남독일·스위스 부근에서 처음 등장해 11~12세기에 중부유럽과 북유럽·동유럽 등지로 확산된 이후 19세기에 석탄과 석유가 장작을 대체하기까지 천년 이상 꾸준히 사용됐습니다. 카헬오펜의 우수한 열효율을 열심히 설명하던 베르거 씨는, 석유 난로에 밀려 타일스토브가 거의 사라지다시피 했지만 최근 석유 값, 전기 값이 오르면서 사람들이 다시 타일스토브에 관심을 보이기 시작했다고 말합니다. 실제로 지난 겨울 주문이 늘어 바빴다고 하고요. 환경적인 측면에 관한 질문에, 베르거 씨는

—4—
단색뿐 아니라 손으로
직접 무늬를 그려
넣은 화려한 색깔의
타일스토브도 있습니다.

—5—
전통적인 타일스토브
'카헬외펜'을 제작하는
장인 하로 베르거 씨

—6—
타일스토브 위에 올려놓은
세라믹 소품들

4　　　　　　　5　　　　　　　6

아주 적은 양의 장작만으로도 장시간 난방이 가능하고 장작이
매우 고온에서 연소되기 때문에 매연도 많이 생기지 않는다고
합니다. 주문이 다소 늘었다고는 해도 (지금은 고급품이 되어버린)
타일스토브를 설치하는 사람은 아직 극소수이기 때문에 사용자가
갑자기 급증하지 않는 한 벌목 걱정은 하지 않아도 된다는군요.
베르거 씨의 가게에는 타일스토브 외에도 다양한 세라믹 소품들이
진열되어 있으며, 따님인 리자 씨가 만드는 동물 모양의 귀여운
장식품들도 구경할 수 있습니다.

— 7, 8 —
식기, 꽃병 등 다양한
세라믹 제품들
— 9 —
리자 베르거 씨가 만드는
동물 모양의 소품들

7   8   9

32

아담해서 편안한

KLEINES CAFE
클라이네스 카페

– 위치 –
FRANZISKANERPLATZ 3, 1010 WIEN

소형 대리석 테이블 일곱 개가 놓인 이 카페는 빈 도심 유명 카페 중에 가장 작은 카페입니다. 빈 토박이 건축가 헤르만 체크(Hermann Czech)가 설계한 빈의 명소로, 배우 한노 푀슐(Hanno Pöschl)이 1970년부터 운영해왔습니다. 그 명성과 인기 때문에 앉을 자리 찾기가 결코 쉽지 않지만 프란치스카너 광장에 추가로 야외 좌석을 마련하는 늦봄~가을에는 자리를 잡을 확률이 다소 올라갑니다. 테이블을 확보한 운 좋은 분들은 클라이네스 카페의 명물인 오픈샌드위치를 꼭 드셔보시기 바랍니다. 클라이네스 카페의 야외 좌석이 영화 「비포 선라이즈」에 등장하는 것은 많이들 알고 계시지요? 점쟁이가 셀린의 손금을 봐주며 강인하고 창의적인 여인이 될 것을 예언하는 장면이지요.

— 1, 2, 3 —
말 그대로 '작은'(klein) 카페인 클라이네스 카페에서 앉아서 쉬어 갈 자리를 찾기란 쉽지 않습니다.

1 2 3

── 마치며 ──

어느덧 길거리에 크리스마스 조명이 화려하게 내걸렸습니다. 크리스마스 시장도 섰습니다. 곳곳에서 포도주 데우는 냄새, 향긋한 계피냄새가 은은하게 피어오르며 쌀쌀한 공기를 달랩니다. 잠시만 기다리면 금방 식을 글뤼바인(데운 와인)을 그새를 못 참고 홀짝이다가 숨구멍으로 길을 잘못 든 알코올 섞인 뜨거운 김에 콜록거립니다. 심장 부근에서 뜨끈한 기운이 퍼집니다. 코팅 안 된 위장이 안주를 달라고 외칩니다. 사람들 손에 들린 구운 소시지나 기름기 흐르는 넓적한 빵을 쳐다보며 나도 사먹을까 잠시 망설입니다. 저렴하다 할 수 없는 가격이지만 부스비용을 빼고도 이문을 남기려면 그 정도 받을 수밖에 없다는 얘기를 상인들로부터 들은 후부턴 투덜거리는 일도 그만두게 되었습니다.

　빈에서 맞는 네 번째 성탄절. 장터에서 매년 꾸준히 같은 자리에 부스를 차리는 상인들의 얼굴마저 슬슬 익숙해지려고 합니다. 첫 겨울, 그리도 이국적이던 빈의 연말이 나도 모르는 사이 익숙한 일상의 일부로 변해 있었습니다. '아, 여기가 내 집이로구나.' 유럽의 성탄절은 온 가족과 함께 집에서 정겨운 시간을 보내는 '집의 편안함'과 유난히 결부된 명절이라는 점에서, 저는 어쩌면 마침내 지극히 성탄절다운 성탄절을 보내게 된 건지도 모르겠습니다. 사람들이 흔히 말하듯, 다른 게 고향이 아니라 잠시라도 정붙이고 살아가는 곳이 바로 고향이라는 말이 맞는 것 같습니다.

　　　이렇게 현지인과 여행객의 중간 어디쯤 되는 어정쩡한 하이브리드 상태로 살아가고 있는 저의 빈 생활에 관심을 갖고 집필을 제안해주신 도서출판 마티 식구들에게 감사드립니다. 잠시 다녀가는 이들이 잘 모르고 지나칠 수 있는 다소 색다른 정보를 독자들과 나누고 싶은 욕망에서 시작한 작업이었는데, 원고를 쓰는 과정에서 외려 제 자신이 빈을 한층 더 상세하고 꼼꼼하게 관찰할 수 있는 소중한 기회와 재미를 얻었습니다. 낯선 사람의 질문 세례에 선선히 응해준 빈의 여러 상점 주인과 점원들께도 고마운 마음을 전합니다. 빈의 공예 전통, 디자인 전통을 다양하고도 창의적인 방식으로 이어가고 있는 그분들 덕택에 빈의 또 다른 면모를 일별할 수 있었습니다. 작업하는 동안 따스하게 격려해주고 관심을 보여준 부모님과 친구들, 빈에 관한 다양한 서적과 아이디어를 빌려준 여러 지인들, 고맙습니다. 그리고 무엇보다도, 빈에 정착해 사는 경험을 공유한 남편은 수많은 곳을 함께 다니며 통역과 사진촬영에 큰 도움을 주었고, 아내가 관심 쏟는 소재들을 집필 내내 함께 재미있어 해주었습니다. 그에게, 그리고 낯선 뒷골목을 거니는 세상의 모든 나그네들에게 이 책을 바칩니다.

　　　마지막으로 위의 모든 분들과 독자 여러분께 따끈하게 데운 글뤼바인 한잔 올리며 저는 물러갑니다.

　　　위하여.

　　　빈에서
　　　노시내 드림

--- 재료(네 잔 분량) ---

레드와인 1병

물 250ml (혹은 오렌지주스나 사과주스도 OK)

설탕 3큰술

계피 1토막 (혹은 계피가루 1작은술)

정향 4개

팔각(스타아니스) 1개

오렌지 껍질 혹은 레몬 껍질

--- 조리법 ---

포도주와 물 또는 주스를 냄비에 붓고 다른 모든 재료를 넣은 후
끓기 직전까지 온도를 높입니다. (향신료와 와인의 맛이 변하므로 팔팔 끓이시면 안 돼요!)
아주 낮은 불에서 15분가량 데워 향신료의 향이 우러나오도록 합니다.
국자로 머그에 담아냅니다.

찾아보기

빈을
소개합니다

노시내 지음

초판 1쇄 인쇄 2013년 3월 18일
초판 1쇄 발행 2013년 3월 22일

발행처: 도서출판 마티
출판등록: 2005년 4월 13일
등록번호: 제2005-22호
발행인: 정희경
편집장: 박정현
편집: 이창연·강소영
마케팅: 김영란
디자인, 일러스트레이션: 땡스북스 스튜디오

주소: 서울시 마포구 서교동 481-13번지 2층 (121-839)
전화: (02) 333-3110
팩스: (02) 333-3169
이메일: matibook@naver.com
블로그: http://blog.naver.com/matibook
트위터: http://twitter.com/matibook

ISBN 978-89-92053-74-7 03920

값 16,000원

빈 구역

빈은 23개의 구로 이루어져 있습니다. 빈의 구시가지가
1구에 해당하며, 1구의 경계가 링슈트라세(예전 성곽 자리)입니다.